以 知 为 力　识 见 乃 远

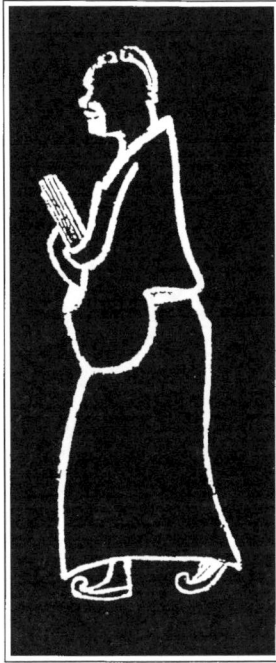

东汉墓砖 "抱简图"
原砖现藏加拿大皇家安大略博物馆

子墨子曰吾非與之並世
同時親聞其聲見其色也
以其所書於竹帛鏤於金
石琢於槃盂傳遺後世子
孫者知之

书于竹帛

中国古代的文字记录

（六十周年纪念版）

钱存训 著

中国出版集团 东方出版中心

图书在版编目 （ CIP ） 数据

书于竹帛: 中国古代的文字记录: 六十周年纪念版/
钱存训著. 一 上海: 东方出版中心, 2022. 11 （ 2025. 9重印 ）
ISBN 978 - 7 - 5473 - 2092 - 1

Ⅰ. ①书… Ⅱ. ①钱… Ⅲ. ①图书史—中国—古代
Ⅳ. ①G256. 1

中国版本图书馆 CIP 数据核字 (2022) 第 208538 号

书于竹帛： 中国古代的文字记录 （ 六十周年纪念版 ）

著　　者　钱存训
责任编辑　朱宝元
装帧设计　@热带宇林　rainforest

出版发行　东方出版中心有限公司
地　　址　上海市仙霞路 345 号
邮政编码　200336
电　　话　021 - 62417400
印 刷 者　上海盛通时代印刷有限公司

开　　本　890mm ×1240mm　1/32
印　　张　12. 25
插　　页　24
字　　数　276 千字
版　　次　2022 年 11 月第 1 版
印　　次　2025 年 9 月第 6 次印刷
定　　价　78. 00 元

2012 年 5 月 11 日，芝加哥大学、中国国家图书馆、哈佛大学燕京图书馆、普林斯顿东亚图书馆联合举办"文本中国：中国古籍文献与保护研究国际研讨会"。102 岁高龄的钱存训先生出席大会开幕典礼。

1984 年 11 月，钱存训先生应邀赴台，与北平图书馆存台善本合影，书箱封条宛然当初墨迹，内心十分激动。

THE UNIVERSITY OF CHICAGO

THE PRE-PRINTING RECORDS OF CHINA
A STUDY OF
THE DEVELOPMENT OF EARLY CHINESE INSCRIPTIONS AND BOOKS

A DISSERTATION SUBMITTED TO
THE FACULTY OF THE GRADUATE LIBRARY SCHOOL
IN CANDIDACY FOR THE DEGREE OF
DOCTOR OF PHILOSOPHY

BY
TSUEN-HSUIN TSIEN

CHICAGO, ILLINOIS
AUGUST, 1957

钱存训先生博士论文

1957 年，钱存训先生获得芝加哥大学博士学位时与家人合影。
左起：三女钱孝岳、钱存训、夫人许文锦、二女钱孝峨、长女
钱孝岑。

October 25, 1960

Mr. Carroll Bowen
University of Chicago Press

Dear Mr. Bowen:

We would like to see "The Pre-printing records of China:
a study of the Development of Early Chinese Books," by T.H. Tsien,
published in the Chicago Studies in Library Science series.

In our opinion this is not only a good scholarly study but
it also fills in a gap in the early history of writing. I would
expect it to become a standard source in library schools and in
those book collections which try even in the most general way to
represent the history of books and writing.

Sincerely,

Howard

Howard W. Winger

HWW:bh

P.S. In case I did not make myself clear, we
think this is well worth publishing.

1960 年 10 月 25 日，芝加哥大学文格（Howard W. Winger）教授致函芝加哥大学出版社卡罗尔·G. 鲍恩（Carroll G. Bowen）先生，推荐出版钱存训先生的博士论文。（此图由芝加哥大学图书馆提供）

THE UNIVERSITY OF CHICAGO
CHICAGO 37 · ILLINOIS
DEPARTMENT OF ORIENTAL LANGUAGES AND CIVILIZATIONS

October 27, 1960

Mr. Carroll G. Bowen
University of Chicago Press

Dear Mr. Bowen:

I understand that a manuscript of my colleague, Professor T. H. Tsien, entitled "The Pre-printing records of China: a study of the Development of Early Chinese Books," is to be considered for publication by the Press.

I am very familiar with this manuscript. It is in my opinion by far the best thing of its kind. It ought by all means to be published.

Within the limits of my knowledge Mr. Tsien is the foremost authority on Chinese books. He is widely and favorably known in this field, and I should think that a book by him would be well received.

Sincerely yours,

H. G. Creel

HGC/mm

1960 年 10 月 27 日，芝加哥大学顾立雅（Herrlee G. Creel）教授致函芝加哥大学出版社卡罗尔·G. 鲍恩先生，推荐出版钱存训先生的博士论文。（此图由芝加哥大学图书馆提供）

Tsuen-hsuin Tsien, The Pre-Printing Records of China, A Study of the Development
of Early Chinese Inscriptions and Books.

    This manuscript by Mr. Tsien is a lucid and scholarly account of
the early historical development of Chinese written records from about 1400 B.C.
to about 700 A.D. with special emphasis on the materials and technology.
The discussion, which covers a very wide range, and includes all archaeological
materials that bear inscriptions, bones and shells, bronze and pottery,
stone and jade, bamboo and wood, and silk and paper. There is a chapter
devoted to each of the first four groups of materials and one each devoted
to silk and paper. In addition, there is a chapter on tools and vehicles
of writing, namely, the writing brush, ink, ink-slabs, and book-knife as
eraser.

    The manuscript does not claim to be a study of the detailed contents
of these early written records, nor does it claim to be a study of the
historical development of the Chinese script. But, instead, it provides
general information on the nature and amount of these various kinds of
materials, and presents an excellent summation of the views held by
modern scholars on the major problems concerning such records. The study is
based on a careful consideration of practically all archaeological and
textual evidences. This is to my knowledge no other book covering the same
scope as this manuscript. Its publication will be welcome to students of
Chinese culture and civilization.

    For the improvement of the manuscript, a number of mistakes,
mostly in translation and romanization, are listed and discussed as follows.
A few additional bibliographical references are also suggested.

(1) Mistakes in romanization

1961 年 1 月 6 日，哈佛大学杨联陞（Lien-sheng Yang）教授关于芝加哥大学出版社出版钱存训先生博士论文的审稿意见。（此图由芝加哥大学图书馆提供）

中國古代書史

第一章 緒論

(一) 中國古代文化的遺產

人類的歷史，大部份多賴文字記錄的流傳，得以保存迄今。中國
人對於文字記錄的方法和技術，在世界文化發展史上，自有其特殊
的地位。譬如現代通行的書籍和讀物，其基本特質是將文字用黑墨印
在白紙上。在製作材料和生產方法的演進中，中國的貢獻，可說是
最基本也是最重要的。紙在公元前後由中國發明是人所共知的事
實，遠在公元七八世紀，中國人便首先應用雕版印刷，而活字印刷的發明，
歐洲谷登堡 (Johann Gutenberg, c. 1397-1468) 之前四百餘年。[註二] 在紙、墨和印刷術的
製造和特質上，中國的黑墨，可以溯源到遠古時代，雖然是特質尤其光澤
和持久，向為西方讀者所稱頌。[註三] 中國的印刷術較

錢存訓著

印刷術雖是人們公認的"文明之母"，而紙則更是印刷術的發明
的前驅。但當紙還未普遍應用在中國一般學者都公認，在古代

結合採用以後，書籍才能大量生產，流通廣遠。

《书于竹帛》中文本手稿

《书于竹帛》各语种版本封面

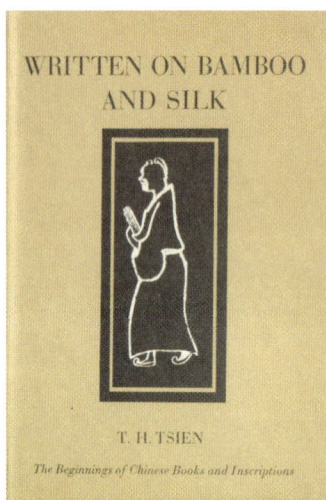

英文初版本
（芝加哥大学出版社，1962 年）

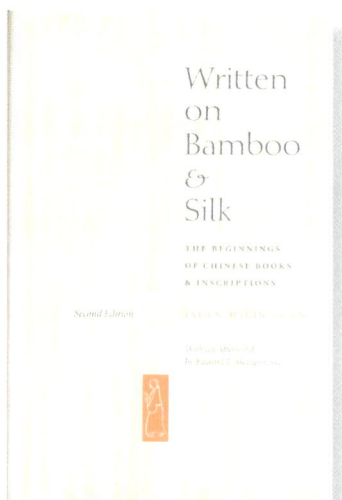

英文增订再版本
（芝加哥大学出版社，2004 年）

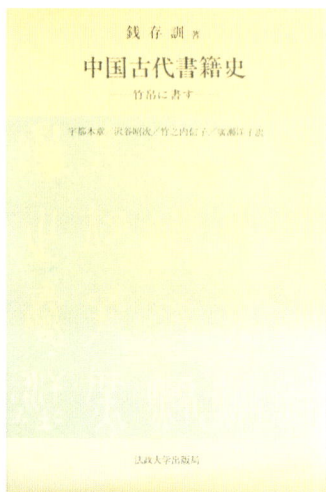

日文本
（东京法政大学出版局，1980 年）

韩文本
（汉城东文选出版社，1990 年）

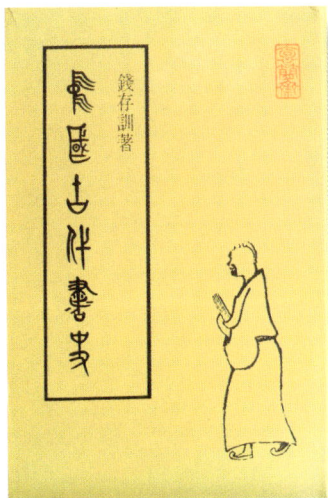

中文本第一版
（香港中文大学出版社，1975年）

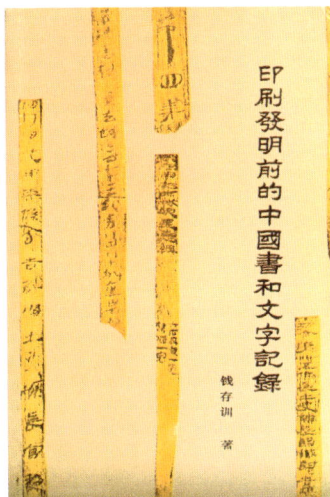

中文第二次增订本
（印刷工业出版社，1988年）

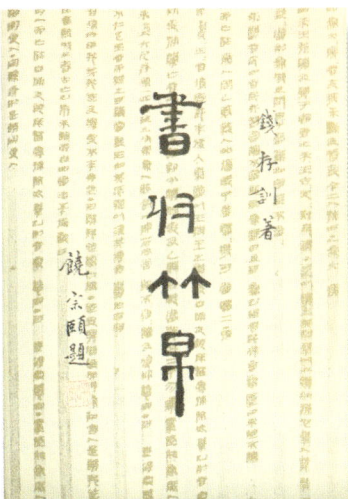

中文第三次增订本
（台北汉美图书公司，1996年）

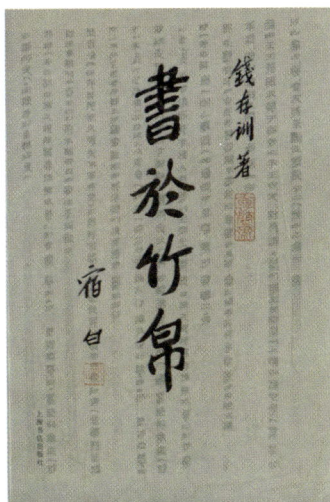

中文第四次增订本
（上海书店出版社，2002年）

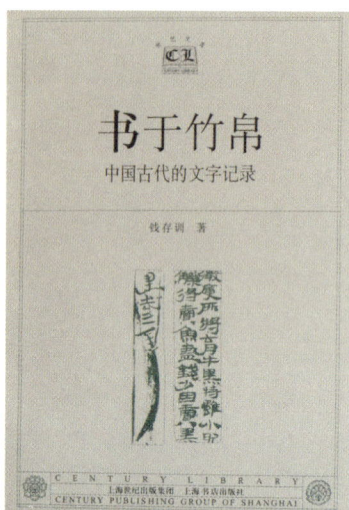

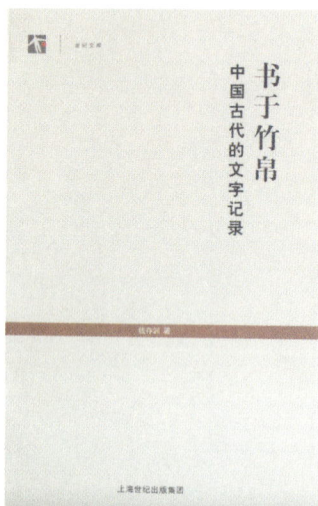

"世纪文库"本
（上海世纪出版集团　上海书店出版社，2004 年、2006 年）

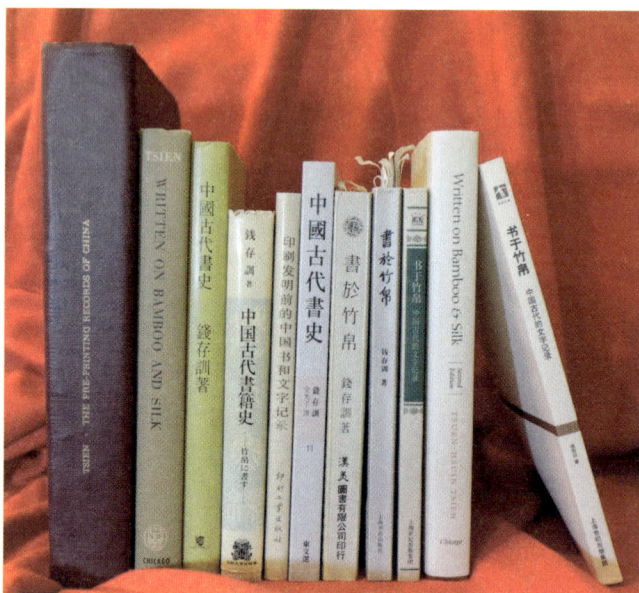

钱存训先生自存《书于竹帛》各语种版本

出 版 说 明

    钱存训先生是北美最具影响力的东亚研究图书馆学家，在中国国家图书馆和北美东亚图书馆的发展史上都有重要贡献。钱先生也是享誉世界的中国书籍史、印刷史专家，他的论著确立了国际学界对中国印刷史一系列重要问题的正确认识，提升了中华文化的国际影响力。

    1947 年开始，钱存训先生利用业余时间在美国芝加哥大学修读图书馆学学位。靠着个人的毅力和家人的支持，他在 10 年后获得博士学位，其论文题为 *The Pre-printing Records of China: A Study of the Development of Early Chinese Inscriptions and Books*（《印刷发明前中国书和铭文的起源与发展》）。论文系统介绍和研究了印刷发明前中国文字的书写、材料，记载与编排方式，书籍制作技术的发展，以及对后来中国印刷术的发明和中国书籍制度的影响，意在补充卡特（T. F. Carter）《中国印刷术的发明及其西传》，以供西方学者研究书史参用，了解中国古代文字记录在世界文化史中应有的地位。

当时中国研究在美国还是冷门学科，虽然钱存训的论文获得图书馆学院院长的推荐，但很难出版。后来，论文经过修订，改名为 *Written on Bamboo and Silk: The Beginnings of Chinese Books and Inscriptions*（《书于竹帛：中国古代书籍和铭文的起源》），经专家推荐、学院补助经费，出版社勉强接受，于 1962 年出版，初版印刷 300 册。不意，此书出版后得到学术界的一致好评，先后有 30 多篇书评在各国的学术刊物上推介此书。英国剑桥大学李约瑟博士评论说："从本书的性质与分量来看，显然是卡特的经典之作《中国印刷术的发明及其西传》一书的姊妹篇……钱著和卡特的名著完全可以媲美而并驾齐驱。"

此书中文本第一版根据周宁森博士译稿修订，定名《中国古代书史》，由董作宾先生、许文锦女士题签，劳榦先生作后序，于 1975 年由香港中文大学出版社用繁体字竖排出版，1981 年再版。日文本由宇都木章、泽谷昭次教授等合译，题为《中国古代书籍史——竹帛に书す》，于 1980 年由东京法政大学出版局出版。中文第二次增订本由郑如斯教授增补，改题《印刷发明前的中国书和文字记录》，由许文锦女士题签，于 1988 年由北京印刷工业出版社用简体字横排出版。韩文本由金允子女士翻译，题名《中国古代书史》，内增印彩色图版 15 幅，于 1990 年由汉城东文选出版社出版，1999 年再版。中文第三次增订本采用原题《书于竹帛：中国古代书史》为书名，由饶宗颐先生题签，于 1996 年由台北汉美图书公司用繁体字横排出版。中文第四次增订本仍采用原题《书于竹帛：中国古代的文字记录》为书名，由宿白先生题

2

签，于 2002 年由上海书店出版社用简体字横排出版，2004 年、2006 年再版时收入"世纪文库"。英文增订再版本由夏含夷教授作后序，于 2004 年由芝加哥大学出版社出版，2008 年、2013 年重印。在每次再版时，钱存训先生总力求加入最新的文献研究和考古发现成果，增加附注、图版等，2002 年中文第四次增订本和 2004 年英文增订再版本，增补了 20 世纪下半叶的考古资料，2006 年中文本再版时又作了修订，大大丰富了原书的内容。此书历久弥新，被学界公认为研究中国文化史、古文字学、书籍史的一部经典著作和入门必读书。

此次编校以上海书店出版社 2006 年版为底本，参校《钱存训文集》第一卷《书于竹帛》（国家图书馆出版社 2012 年版）。同时，为呈现该书全貌，根据英文增订再版本，收入了之前各中文本未收的夏含夷教授所作后序《1960 年以来中国古文字学的发展》，以及《重大考古发现（1899—2000）》《中国文化、书籍与文字记录年表》两个附录和参考文献，特别是参考文献汇集了 20 世纪考古发现和中外文献研究的成果，以此可见钱存训先生为学之博观约取、厚积薄发，并可作读者"为学之门径"。编校过程中，进一步核查了相关文献，更正了之前英、中文本存在的一些人名、史实、引文，以及引用文献中著者、书名、版本、页码等文字和排版错误，统一了注释体例，按照中、日、西文顺序重新编排并增补了参考文献，加入了西方汉学家的中文姓名，更换了部分不清晰的图版。

本书的出版，得到了钱存训先生女儿钱孝岳（Mary Tsien Dunkel）女士和侄子钱孝文先生的热情帮助和大力支持，理清了本书英、中文本的版权问题，并得到芝加哥大学出版社和香港中文大学出版社的免费授权。孝岳女士帮助获得了芝加哥大学图书馆所存芝加哥大学出版社档案中文格（Howard W. Winger）教授、顾立雅（Herrlee G. Creel）教授向著名出版人、芝加哥大学出版社卡罗尔·G. 鲍恩（Carroll G. Bowen）先生推荐出版钱存训先生博士论文的信函，以及哈佛大学杨联陞（Lien-sheng Yang）教授关于出版此书的审稿意见，并经图书馆同意授权刊印。孝文先生负责出版协商，事无巨细，不嫌烦琐，帮助联系许倬云先生，同意收入所撰《百五人瑞：钱存训先生一生行述》，邀请沈津先生撰写了纪念版序言，提供了钱存训先生的有关照片和书赠顾立雅教授《书于竹帛》英文初版时的中英文签名，以及本书各版封面、手稿和图版，重新拍摄了芝加哥大学藏汉代封泥，增补了《钱存训书史著述编年》，并对全书作了清样审校。此外，本书的出版也得到了郑如斯教授、夏含夷(Edward L. Shaughnessy)教授、李缙云先生、别立谦教授的慨允授权。在此，谨致谢忱！

本书版税，经孝岳女士和孝文先生提议，全部捐赠芝加哥大学亚洲研究中心钱存训中国研究基金（Tsuen-hsuin Tsien Research Fund in Chinese Studies，Center for East Asian Studies，The University of Chicago），以助芝加哥大学从事中国学研究的学者和学生。

今年正值《书于竹帛》英文本问世一甲子，我们特推出此书六十周年纪念版，以纪念钱存训先生为中国文化研究以及中西文化交流做出的贡献，希望此"蕴含生命的书"得到更好的传播。

东方出版中心编辑部
2022 年 11 月

4

目　　录

1

图版目录

表 目 录

百五人瑞：钱存训先生一生行述[*]

许倬云

在美中国图书馆学前辈、芝加哥大学东亚图书馆前馆长钱存训先生，于 2015 年 4 月 9 日，回归道山，从他 1910 年出生开始，享寿 105 岁。钱先生硕德懿行，学界大老，仁者大寿，他的一生跨越超过一个世纪。这一个世纪，正是中国转变极多的时代，也是世界在各方面经历了许多变化的时代。

这个世纪，中国摆脱了两千年来的帝制，经过三次革命，又经历了无数次列强的欺压与日本全面的侵华。中国的文化，也经历了大幅度的改变，从保守到革新，到新文化运动，到最近半个世纪来的巨大变化。在二战之后，华人寄留在美国，人数众多，是中国历史上从未有过的大规模迁徙。海峡两岸与海外的华人，身处于时代的动荡之中，在传统和现代之间，在中国与世界之

＊ 本文原刊《汉学研究通讯》第 34 卷第 3 期（总第 135 期），2015 年 8 月。

间，如何调适，既有困惑，也有奋斗。

在世界的整体局面，这一百年来，西方主导的现代文明，迅速地发展。今天科技文明的影响力，笼罩每一处人类的生活。资本主义与社会主义体制的斗争，两次发生全球性的热战，及长期延续的冷战。中国与西方之间，既有帝国主义剥削中国的旧恨，又有转向西化的因缘。尤其美国与中国，曾经长期是友好的关系，而在上述的背景下，却是恩仇交织，时敌时友。于是，居住在美国的华人，也在这夹缝之中，常常有无所措手的难局。

以上各个阶段的变化，惊涛骇浪，各处的中国人，都曾经有过生命中的巨大起伏。钱先生一生，经历了上述的时代剧变，大时代的变局，影响他的一生。在这一百多年来，钱先生自己确实在生命的不同阶段，积极地成就了他的贡献。他的一生，可以从立德、立功、立言三个方面，分别叙述，呈现一代巨人在艰困之中，如何因应时势，努力地参与时代的变化。

1957 年到 1962 年之间，我在芝加哥读书，钱先生和师母，对我照顾备至。因为我的身体伤残，他们给予长久的帮助，从下飞机那一时刻，钱先生来接机，到芝大毕业回台时，钱先生又送我上飞机。五年来，每逢我住院开刀，进出医院，以及疗伤时期，从医院到课堂，钱先生领我出院，送我回院。平时，师母关怀我的生活，犹如家人。上课时，每天的中午，钱师母准备两份午餐，一份是钱先生的，一份是我的；周末假期，钱府就是我的家。在图书馆读书时，钱先生总是特别替我拿一些要看的书，自己用小车推到我的桌旁，免除我提取书籍的困难。这份家人子弟一样的待遇，我现在已经八十五岁，那一段岁月的一切，念念不忘，行文至此，泪如雨下。有此机缘，我对于钱先生的生平，以及他的为人做事的风格，与读书治学的心得，都有相当长期而近距离的理解。钱先生撒手归去，我义不容辞，应当将所知所见，报导于学术界，让大家对这一位学术界的楷模，有大概的了解。钱先生的犹子钱孝文先生，曾经编过钱先生的百岁年谱，现在还在继续补充资料，准备编成完整的传记。本文叙述，当然不可能像孝文兄正在进行的著作同样完整，不过在他大作完成以前，本文作为先驱之作而已。

钱先生，字公垂，讳存训，1910 年 1 月 11 日（因为阴阳历换算的错误，他的官方资料出生日期是 1910 年 12 月 1 日），出生于江苏省泰县，书香门第，翰苑世家，其尊翁曾有清代朴学的著作，因此，他一生在学术界，也是家学的传统。他六岁时，在私塾读书，接受四书五经的教育，后来进入新制的当地小学和泰州淮东中学（后来成为泰州中学）。十五岁时，日本屡次在中国造成事故，那一年是五卅惨案，又是杀害中国工人。中国的青年学生，举国愤怒，钱先生也义愤填膺，主编《青年旬刊》，鼓吹民族自强，宣传革命，为当地军阀的驻军逮捕入狱，经过家人营救，方能回家。家人为了安全起见，送他到南京，由大哥存典先生照顾。次年，他与三位同学，投笔从戎，加入北伐军方振武部，随军进入北京。北伐完成，他也退伍南返。这一段军旅生活，虽然短促，却因为他曾经驻扎在杨柳青，使他有机缘能够直接观察中国传统彩色套印的技术。

回到南京以后，他投考金陵大学，兼读历史和图书馆学。当时中国只有三家大学开有图书馆课程，金陵是其中之一。为了筹措生活费，他在金陵女子大学图书馆，担任编目员。承蒙金女大校长的特许，他也可以在金女大选读功课。于是，他在两校选读

3

的功课，跨越的范围很宽。在一般的历史课程中，除了中国历史，他还选过欧洲史、俄国史、印度史和中日交通史，有关图书馆的编目学、书史等类科目，也选过翻译学、政治学、社会学和科技历史。在他从金大毕业时，他的学历是主修历史，副修图书馆学。这一段的经历，使他的学问基础，比一般图书馆学或历史学，都更为广阔，而且具有实务的经验。

1932 年，从金大毕业后，经校方推荐到上海交通大学，担任大学图书馆的副馆长，主管西文部。那个时候，中国图书馆拥有大量西文图书的书藏者不多，他以管理交大图书经验，编印了西方图书编目规则和西方图书目录，这是中国第一个有关西方图书编目的专业规则。在交大任职五年，1937 年，被国立北平图书馆延揽为南京分馆的主任，专职管理以科学工程为主的图书，这是他与北平图书馆终生关系的开始。北平图书馆在清朝末年开始筹备，称为"京师图书馆"，收藏是以"文津阁"的藏书为主体，再加上八国联军劫掠后圆明园剩下的图书，其中最珍贵的是《永乐大典》200 多部，堪称世界最大的《永乐大典》遗存。北馆也陆续搜集了不少藏书家的书藏，并接收了北京一些皇室单位的书藏。于是，北馆实质上是中国的国家图书馆。中央图书馆在南京成立以后，南北两馆是平行的两大国家图书馆。

任职交大期间，钱先生结识了后来的钱师母许文锦女士。钱师母籍贯苏州，据钱师母见告，钱先生每逢周末，必定从上海赶夜车到苏州，清早就在许府报到，到周末的晚上，又赶夜车回上海。1936 年，他们在南京金陵大学礼堂结婚。然后在上海新居。这一段美好的姻缘，从沧浪亭互许终身，到 2008 年师母故世，其中除了 1947 年到 1949 年之间两地分隔，七十年来，他们相敬相爱，互助互谅，比翼连理，彼此扶持，孟梁垂范，蔚为人间佳话。他们有三位千金：孝岑（Ginger，1937—2008）、孝峨（Gloria，1940—2019）、孝岳（Mary，1944—　）。孝岳与夫婿 Alex Dunkel，居住亚利桑那州，她在百事可乐主管推广业务三十年，成绩卓越，现已退休。

其时，滞留在美的中国留学生，大多还没有安顿。钱先生伉俪是少数有家有室的留美学人。虽然自己的收入也并不丰厚，钱府已是芝城青年华人依靠的"家"。家中同学们来去不断，每逢周末和假期，更是一屋子人。除了在家接待学生以外，他们夫妇还参加中国教会活动，和曾经在华的传教人士（例如，天主教的伏开鹏神父，新教华北传信会的 Ellen M. Studeley 女士）共同组织"美中西部中国留美学生服务协会"（CSAS），帮助解决中国羁美留学生的生活困难，例如协助滞美人士转变身份、交友婚嫁等事。他们是青年人依靠的长辈——在困惑迷茫时，他们安慰鼓励；在困苦艰难时，他们伸手救援；在节庆思乡时，他们给予家的温暖——凡此，是许多当年老留学生，至今还常常提起的事。我在 1957 年到达芝城，五年之久，忝列门墙，受他们二老照顾之恩，已如前述。此处不赘。

回到他还没出国前的情况。1937 年，他转任北平图书馆驻南京分馆主任。这时候，日本进迫中国，频频肇事，政府已经准备必要时的措施。北馆的图书，开始分批南运。1937 年，抗战爆发，1938 年钱先生调任上海办事处，处理北馆图书运到上海租界的工作。分批运到上海的图书，主要是善本书，及一些有关科技发展的参考图书。他的全家，包括老母和四五位弟妹，以及子侄十余口，都搬来上海租界，和钱先生新婚的家庭同住。

他在上海办事处的工作，主要是将东南地区书刊，寄往已经迁到昆明的北馆和内迁的主要大学。那些善本书，非常珍贵，不敢冒险经过战区运送内地。因此，北馆的善本书，仍旧存放在上海的租界，其中最重要的一些，放置在李玄伯（宗侗）先生在法租界的书库（据《李宗侗自传》，应为"车库"）。过了一年，胡适之先生与北馆的袁守和（同礼）先生商量，将这些重要的珍本图书，运送美国寄放在美国国会图书馆，等待将来战争结束后，再运送回中国。政府还特派蒋慰堂（复璁）先生，潜返上海，督办这一任务。这一个执行任务的责任，就交给钱先生处理了。钱先生自己和李府的工人，亲自打包装箱，准备交运。困难之处，在避开已经占领上海的日本人耳目。幸而，钱师母的闺友有一位兄长，在江海关担任验货员。经过他的同意，钱先生自己每天步行押运，用平板拉车，运送海关验收，名义上是美国国会图书馆在上海采购的图书，钱先生自己虚设行号，开发票，报关交运。1941 年，太平洋战争爆发前，3 000 多卷、100 余箱的图书，终于从此离开上海，运去美国。1945 年，抗战胜利，政府还都南京，教育部特颁发奖状，表扬他保护重要文物的功绩。——这是他一生非常重要的工作，既辛苦，又冒风险。有人问起他，你为什么干冒如此危险？他回答："这是我的责任。"

这批图书，留在美国国会图书馆，二战结束，1947 年钱先生奉派赴美，准备将这些图书运回中国。当时内战已亟；他先将家眷送到远离战争的贵阳，然后回上海，转赴美国。1949 年，国民党当局撤往台湾，钱先生在美国，也无法回去接眷，在国会工作，是北馆与美国国会图书馆的交换馆员身份，并不是美国的职务；他的奉派公干的身份，也不容许他在美申请工作。幸而，芝加哥大学的顾立雅（Herrlee G. Creel）教授，有一批中文图书，乏人管理，就向袁馆长请求借用钱先生，替他整理这批图书。由于移民法规，如上所说，他不能申请正式工作，因此，他在芝大只是顾先生的私人助手，薪俸也是由顾先生的研究费用支付。这一工作，确实开始了他大半生的事业。

这批珍本图书，在 1965 年，由美国转运台湾，存"中央图书馆"。其时，胡、袁二公均已归道山；蒋、李二老，见面，执手互贺，又思念故人，悲欣交集。蒋慰堂先生转任台北故宫博物院，将这批图书，存放在故博山洞的仓库贮存，并且特制安全装置的书架置放原装的书箱。1984 年，钱先生应台北故宫博物院邀请，赴台，特往故博，眼看书箱的封条，宛然当初墨迹，内心十分激动。后来，他始终念念不忘，希望见到这批图书最终回归北馆。2009 年，他吩咐我，替他交涉，希望台湾同意，将这批图书，归还北馆。当时，虽然我尽力为之，仍因两岸关系微妙，任何举动，都可能节外生枝，以致不能成功报命。对他的嘱咐，我没能完成，只能劝解。回忆过去，钱先生和李师玄伯先生，都是我的恩师，胡适之先生和蒋慰堂先生也对我有提携之惠。他们在这一历史事件中，为了保护中国的文物，均曾经尽力以赴——今天，我也已老迈，作为旁观的后生小辈，作此见证，郑重盼望世人，明白前辈学者们珍惜中国文化传承的苦心孤诣。

芝加哥的中国研究，是顾立雅先生开始的。他在北京学习时，为了自己的需要，购买了研究上的基本图书，再加上著名汉学家劳佛（Berthold Laufer）的书藏，本来赠送芝大的纽伯瑞图书馆（Newberry Library），也经过校方转移给中国研究图书室。这一批书藏，存放在东方研究所的地下室。东方研究所本身的研究工作，是两河和埃及的考古学，其实没有中国研究。顾先生和另一位研究中国近古史的柯睿格（Edward Kracke）教授，为了将就这批图书，也在该所借用了研究室。于是，设立了一个东方文化研究系，包括中东和远东的研究。不过，该系的学生，几乎都是兼跨另外一个学科系，双修专业和区域研究。

钱先生接管这图书室，书藏已将近十万本，可是并没有编目。钱先生最初是一个人，和顾教授的一位秘书工六月女士（June Work）合作编目。1949 年底，他得到美国的永久居留权，也因此调整在芝大的工作，担任东亚语言文明系的教授衔讲师，兼任远东图书馆馆长。该年年底，钱师母和三个女儿，也终于来美团聚。钱师母也投入图书整理工作。钱先生分类编目，钱师母书写封皮和卡片。钱师母的一笔娟秀的小楷，今天还可以在芝大图书的架上见到。芝大送往国会图书馆作联合编目的卡片，引起国会图书馆同仁的惊佩："有如此好的书法！这是图书卡片的珍品。"他们贤伉俪，共同努力，将这十万卷书，几乎整理大半，芝大才从联邦的资助，取得经费，雇用正式的图书馆员和助手。钱师母才离开了志工的职务，那时已经经过七八年了。我在芝大读书时，钱师母还在地下室写卡片。

50 年代开始，美国政府设立发展区域研究的经费，帮助各大学购置图书。芝大每年得到相当的联邦补助款，发展为东亚研究重点大学之一。钱先生是图书馆的专业人员，对中国文化和书籍的知识，又非常丰富，因此，在他手上，芝大陆续购置的图书，都是非常珍贵而且实用的。我自己的经验，国会和三四家主要大学的东亚书藏，都起步甚早，不仅有很好的善本珍本，例如唐代敦煌写经、五代吴越钱氏刻本宝箧佛经，以及元、明刊本，有些甚至是孤本的图书。芝大的手抄本和私人文书，也颇有别处未见的，例如，清朝末年一些著名学者彼此来往的信件和手札，这些都是世间难有的珍贵资料。除了图书之外，钱先生还为芝大收集了一些文物，例如，汉代的封泥、敦煌卷子以及古代经卷等等。1978 年离职退休时，芝大远东书藏 20 余万卷，中文占三分之二，已经是美国大学五大图书馆之一。他在主持远东图书馆时也训练助手，有些后来进入图书馆专业，在各处大学图书馆工作。

1957 年到 1962 年之间，我在芝大读博士学位，除了上课，大半的时候，都是在图书室内，查书、看书，因此，有机会亲眼目睹钱先生的工作方式。他每天工作一段时间后，必定在书架之间巡行，随手把书架上放错或是放倒的图书，放回应有的位置。我记得他的名言："最难找到的遗失图书，是在书架上插错了地方。"在几十万本书中，要找到一本插错位置的书，犹如大海捞针，他随手纠正，就为了避免这些小错误造成的大麻烦。同样，他核对卡片，每天收集助手们编辑的卡片，自己重新过目检验，以求精确。这种点点滴滴的工作，琐碎而必要，使芝大图书馆训练的图书馆员，经过谨严的训练，都有别的大学罗致，独当一面，或者在东亚大馆，担任梁柱。当然，对于使用图书馆的研究人员来说，假如没有这些精确的编目和排列，寻找一本图书，就不是方便的事情了。

1958 年，远东图书馆迁移到当时的总馆哈珀图书馆（Harper Library）；同时，中文图书以外，又增加了日文和韩文图书。1970 年，迁入芝大新建的雷根斯坦图书馆（Regenstein Library）。地方宽敞，设备齐全，是许多大学图书馆中，著名的合用又舒适的大厦。设计这座大厦时，钱先生是建筑委员会的委员。他建议，整个外形不要采取对称，宁可是不规律的多角形，以便将来在任何角落，增加一翼，或者在某一处加盖一二层，都不致妨害外观。我后来在匹大服务，匹大的图书馆形状规整，方方正正一片，全无增建的余地，四周也没有空地可开拓空间；至今大家非常懊悔，设计建筑式样，没有预留将来扩张的余地。

钱先生在芝大图书馆系开设的东方图书馆学课程，以及在东亚语言文明系开设的史料导读，都是芝大训练东方学年轻学者的必修课。他在图书馆工作，一些研究生经常会向他请教，应该查看哪些书。他会自己带领学生，从书架上取书，仔细地解释，这些书的内容如何，以及怎么样和研究专题配合。在我离开芝加哥大学前最后一年，他也在图书馆内，为我设立了一个小的玻璃隔间，让我做帮助研究生解决研究专题和寻找书籍的桥梁。这也算是我短期分担了他的工作。

1962 年，他在芝大的东亚语言文明系和图书馆学研究院担任正教授，兼任远东图书馆馆长。1969 年，他接受联邦教育部的委托，在芝大开设远东图书馆学暑期讲习班，训练各处的专业人员。他在图书馆系，指导博士研究生，训练高级图书馆员，正式的学生和暑期训练班的学员中，有不少人已经是美国著名大馆的馆长。台湾、香港的一些重要图书馆，也有他的门生子弟。

钱先生在发展芝大远东图书馆和教学以外，也全力以赴做自己的研究工作。他在芝大一面工作，一面选修研究所的课程，十年之力，完成了图书馆学研究院的博士学位。在这一个阶段，他深受芝大当时图书馆学研究院几位资深教授的影响，对于文字记录发展历史，以及这些记录和传播讯息的关系，有深刻的感受。从这一角度，他对于古代印刷和书籍史的研究工作，实已摆脱了传统版本学的范畴。一方面，他有很多利用考古学资料以及实体的文物，直接从事工艺范畴的研究；另一方面，由于注意讯息传播的影响，他也在考察书籍历史时，常常顾及知识传播和当代文化以及社会之间的关系。这些特点，使得钱先生的研究工作，不受图书馆学的限制，而成为文化史与社会科学之间的交叉。

他在攻读博士学位时，研究工作是印刷以前的书写方式和其发展，这成为他的博士论文题目。毕业以后，他将博士论文改写，成为第一部英文的研究专书，书名是 *Written on Bamboo and Silk: The Beginnings of Chinese Books and Inscriptions*（《书于竹帛》），1962 年由芝加哥大学出版社出版。新书问世，立刻成为中国研究和图书馆研究的热门书，三个月之内，第一版售罄，从 1962 年到 1969 年，连续两次再版。这本书的中文本，名为《中国古代书史》，是在香港中文大学出版社出版的。

这本书曾经经过韩日的学者，翻译成韩文、日文，各种版本陆续经过增订，流传广远，成为图书馆界的经典著作。该书内容，主要是讨论青铜器上铭刻的文字、陶文、玉件刻辞，然后，再讨论丝帛、竹简、木板上的书写。其中材料，几乎都与考古学有密切的关系。在这本书中，读者可发现许多有趣的问题，从来不被注意，却是经过钱先生的解释后，恍然大悟。例如，为什么中文的排列，是从上到下、从右到左？他的解释：中文用竹简书写，竹片窄窄的一条，从上往下写，左手持简，右手书写，最为方便，写完以后，右手将竹简顺手放在右边，如此进行，竹简编列成册，就形成了从右到左、从上到下的体例。相对而言，西方古代的文字，例如，埃及的纸草，却是必须左边压住，右边向右一行行推开，就发展了从左到右的体例。另一例子：刀、笔二字，常常连用，如果书写者要临时削竹简，哪有这个功夫？他的解释：刀是书刀，用来削除错误的文字；孔子著《春秋》，"笔则笔，削则削"，以为行文时的改正。书刀是写作必备的工具。经过如此解释，少数存留下的青铜小刀，在使用方面，就有了着落。

另外一部重要的专书，这部书乃是李约瑟（Joseph Needham）编著《中国科学技术史》系列的一个分册。1967 年，李约瑟邀请他，在该系列的第五卷第一册撰写一章。没料到，因为材料众多，论述复杂，从一章扩张到 100 余页，终于又扩张到一部 30 多万字的专书。费时十五年，钱先生终于完成了这一部巨著，成为这一领域内的经典著作，英文所谓 "A definitive Work"，是关于这个题目至矣尽矣的著作。在李约瑟的巨著系列中，这部书占有独特的地位。

这部讨论中国造纸术发明以后造纸、印刷与出版的著作，正好接上《书于竹帛》——一本讨论古代抄写的书籍；这一本书，论述纸张和印刷出现以后，信息大量传播的新现象。该书分成十章，其中造纸、印刷（包括制墨和装订）以及传播，各三章，另外绪论一章，以及提要，引用的资料 2 000 多条。1982 年全书完成，1985 年由剑桥大学出版社出版，1987 年立刻重版到第三版，成为李约瑟巨著系列中，最为畅销的一本。因为这本书的成功，李约瑟东亚科技研究所聘请钱先生为终身研究员。

这本书的资料，很多是考古所获的实物，也有不少留传的古籍和刻版。以纸张本身而论，中国古代纸张的实物，不断经由考古学家在各处发现；每次有新的考古资料，钱先生必定纳入书稿。这本巨著，耗时十五年才完工；有好几次，就是因为新的材料出世，为了讨论这新资料，他不惜整章整节，全部改写。他工作谨严如此，也无怪著作能够成为经典。

这本书的中文译本有多种版本。大陆的版本，书名为《纸和印刷》，1990 年上海出版，是由刘祖慰翻译，作为送给李约瑟先生的九十岁寿礼。台湾的译本，则是由刘拓和刘次昕父女翻译，书名为《造纸及印刷》，1995 年由台湾商务印书馆出版。日文和韩文也均有翻译本，在本文同时刊载的书目中，可以查到，此处不赘。

在这部巨著中，钱先生自己觉得，应该特别关注之处则是，印刷术发明造成的影响，乃是将中国文化的载具，即文字资料，经过印刷，深入社会各阶层，也广布于中国文化涵盖的地区。因此，印刷术的出现，于中国文化区的整合与扩大，有重大的影响。他特别提出，在西方，印刷术出现的影响，却完全不同。他以为西方民族国家涌现的过程，与各民族均可用自己的文字传述自己的历史资产，彼此之间颇有关系。印刷术出现于欧洲以后，自由思想得以挑战宗教权威，从宗教改革到启蒙运动，一切的知识传播，都与印刷文献的传播有密切的关系。钱先生这一类的讨论，正是反映他从专门的科技史上，看出社会与文化史的意义。

另外两部著作：《中国书籍、纸墨及印刷史论文集》和《中美书缘》，两者都是散篇及杂文，前者是《书于竹帛》和《纸和印刷》的副产品；那两本书中，一些特殊的课题，钱先生都经过自己深刻的研究，然后才落笔。这些研究工作，也就是上述二书的前者。例如，书刀的研究，在《书于竹帛》中只是几节陈述；可是，为了证实如此陈述，钱先生写了一万字的论文。《中美书缘》则是论述，中国与美国之间书籍与文献的交流：一方面，论述西文的译著，对中国近代发展的影响；另一方面，则是美国各处重要中文书藏的发展过程。其中许多项目，都是他亲身的经历，言之娓娓动听。他的许多著作，散见于书刊与研究报告，大家可以参看与本文同刊的书目，由钱先生及门弟子潘铭燊先生编，钱孝文兄增补，非常详细。

钱先生硕德大年，一生经历宏富，成就非凡。举凡保护珍贵书藏、建立芝大远东图书馆、研究书籍历史、教诲训练后进，无不功绩斑斑。他为人仁善，爱护后生，都是仁者的楷模。如本文前面所说，我自己深受其惠，终生不忘。其做事勤奋，一丝不苟，乃是其事业成功的原因。君子三达德，"立德、立功、立言"，钱先生当之无愧。博厚高明、天赐大年，在他 102 岁时，还是不断工作，直到最后三年，身体渐衰，才颐养天年。钱先生是基督徒，我借用《圣经》上的话语，他的一生确实符合"美好的仗已经打过"。在 105 岁的时候，钱先生安静地归去。我自己深受钱先生的庇护，被视同自家子弟，数十年如一日，他们的言行，终生不忘。现在我也已经 85 岁，为钱先生撰写行述，感激不已，盼望以此篇幅，将这位长者的言行，缕述如上。

六十周年纪念版序

沈　津

　　2015 年 4 月 9 日，钱存训先生在美国芝加哥御鹤西去，享年
105 岁。他的去世，是中美两国图书馆事业的重大损失。钱先生
是著名的图书馆事业家，早年为美国芝加哥大学图书馆学研究院
杰出博士研究生，后任美国芝加哥大学远东图书馆馆长、芝大图
书馆学研究院及东亚语言文明系教授。

　　钱先生是图书馆事业之名宿大儒、人杰翘楚。他和我是忘年
之交，我们的结缘，不得不话说从头。早在 1986 年初，我在香
港《明报月刊》（1986 年第 1 期）上读到钱先生的《欧美各国所
藏中国古籍简介》（又见台北《古籍鉴定与维护研习会专集》）。
在那个年代，这方面的资讯极少得见，所以这也是我最早了解美
国东亚图书馆收藏中国典籍的文章。

　　没多久，我就以访问学者的身份去美国纽约州立大学石溪分
校世界宗教高等研究院图书馆做研究了。那时，诺贝尔物理学奖

得主杨振宁教授在石溪主持物理研究所的工作，他希望我每星期六上午可以到他办公室见面。对于这种可以聆听教诲、可以请益的机会我岂能放弃。所以，在石溪的近二年中，我有很多机会向杨教授报告我的学习、工作、生活以及在美各东亚图书馆的所见所闻。他也可以对我的一些问题解惑，或提供帮助。

有一次，杨教授问我："你在美国作访问和研究，是否还有想见的学者？"我如实说很想见钱存训先生和翁万戈先生。前者是芝加哥大学远东图书馆的前馆长，对美国各东亚图书馆馆藏极为熟悉的学者；后者是美国纽约华美协进社的社长，他收藏的清代著名学者翁方纲的手稿本，是我想看的。杨教授听后马上说，这个容易。说着就打开书桌的抽屉，拿出一个小通讯录，上面记有许多人的电话和联络地址。他立刻就拨通了钱、翁的电话，向他们介绍了我，并说明了我的企图。

根据我保存的钱先生致我的信件，最早的一通是 1986 年 9 月 12 日，信中说："前闻先生来美访问，呕图良晤。你有意来芝参观我校中文善本收藏，曷胜欢迎！我校远东研究和远东图书馆将于明年一月中举行建立五十周年纪念。如果你今年不回国，届时希望你来参加一些庆祝活动，并作一次学术报告，我们将感到十分荣幸。如果你年底离美，就安排在今年十月底或十一月初，可在此小留二三天，也作一次报告，谈谈你在美国各馆参观印象和你对编制美洲所藏中文善本联合目录的意见。希望你决定后早日告知，以便作出安排。"

我是在次年的 1 月 16 日由纽约飞抵芝加哥的，是钱先生亲自开车到机场接我。安顿我后，他就取出一张他手写的"沈津先生访问芝加哥日程（1/17 至 1/24）"，详细写明了我在芝的时间、参观地点、陪同人员等，以及一张拟贴在芝馆门口广告牌上我要作演讲的"广告"。钱先生的细致安排让我感动。如今，这些亲手写的原件都和他后来致我的原信、传真、邮件被我当成"文献"而珍藏。

钱先生在学术上的贡献，我也是通过不断阅读他的大著才逐步了解的。入古出新，不拘旧说，器识弘旷，使钱先生在学术上不断有所突破。我以为，这是他得天独厚的家学渊源，自身的锲而不舍，方使他的才学过人，而又得种种机缘，理所当然地完成了他的历史使命。

钱先生的曾祖即为钱桂森，为清道光三十年进士，内阁大学士，曾任安徽省学政。精研小学，家有教经堂，藏书丰富。祖父钱锡彤，工书画。父亲钱慰贞，精研佛学，为太虚法师弟子。钱先生早年在南京金陵大学主修历史，从黄季刚、胡小石习国文、文字学，又从缪凤林习中国史；副修图书馆学，受教于刘国钧习中国书史，从李小缘习图书馆学。毕业后，先后在上海交通大学图书馆、北平图书馆南京分馆及上海办事处工作。由此可见，钱先生在国内受过完整的图书馆训练和实践。他曾告诉我：在学术上，他受刘国钧的影响；在行政上，获袁同礼的指导；在图书馆大众化通俗化上，受教于杜定友，同时在图书馆编目规则上，也完全是采用杜定友的一套。

一位成功的文史学者，他在学术上的创新、慎重以及考据功夫，往往是取得成功的基础。20 世纪 90 年代初，在温州白象塔发现了《佛说观无量寿佛经》残页，为了厘清这张残页是镌刻还是活字排印，钱先生花了很多功夫收集证据。他在给我的二封信中，都提到此事，所云："温州白象塔发现之佛经残页，可能为北宋活字本之说，不知尊意如何？""其中关键似在回文中'色'字横排，刘云谓系指示方向，尚待觅得其他回文规则。吾兄见闻广博，如有所知，乞便中见告。"没多久，他又写道："有关白象塔佛经照片，前电温州博物馆，寄来黑白及彩色照片，曾放大复印，附上一张供参考。'色'字横排应是重要证据，曾遍检回文，尚未见到此种无规则之旋回排列方式。另有高见，请便中惠示。"后来，他写就的《现存最早的印刷品和雕版实物》即阐明了他倾向于活字排版的观点。

五十年来，国内以及美国图书馆学界，我所熟识且最服膺的为我的导师顾廷龙先生和钱先生。他们二位都是年高德劭、殚见洽闻的伟器宏才，是当代最重要的图书馆事业家。他们对图书馆事业以及文献学、版本目录学的贡献是有目共睹的。先师对我的教诲自不必说，然钱先生的所有著作或新刊之文，无论是在内地或港台地区，每有推出，皆会寄我，使我得以分享、研习。从《中国科学技术史》第五卷第一分册《纸和印刷》，到《中华文史论丛》的中文版抽印本，我几乎都有拜读。我以为，这是前辈对我的一种提携。

先师和钱先生不仅是同行，而且分别在东西半球的两个重要图书馆任馆长之职，虽远隔万里，但最为有意思的是他们两人竟然有着"亲缘"关系。先师 1998 年骑鲸西归后，钱先生即撰有《怀念顾起潜先生》一文。文中忆及先生八十寿辰时，芝大同学编辑《中国图书文史论集》为贺。先师有《沈子它簋拓本题记》

载入，文末言："今年为我姨丈钱存训教授八旬双庆，马泰来先生等将编印论文集为寿，征文下逮，耄荒不敢辞。今年三月获访芝城，承钱丈伉俪优渥款接，铭感不能忘。"先师时年八十有六，却尊称钱先生为姨丈，盖因先师的继母许葆真，为浙江海宁人，和钱太太许文锦是姻亲。

早在1945年3月，文博界的大佬徐森玉先生陪同钱先生到上海合众图书馆与先师相见。是年，先师42岁，钱先生35岁。直至1947年8月，钱先生赴美，先师赶去送行止。这期间，他们都有共同的朋友，来往颇多，时有见面餐叙。三十二年后的1979年，中美建交后，美国政府派遣的第一个美国图书馆界访华代表团中钱先生在列。当钱先生莅沪再和先师把手言欢上海图书馆时，先师年已七十有六，而钱先生则为古稀之年。

钱先生的《书于竹帛》是百年来中国图书出版史上最为重要的书史著作之一。此书经过不断修订，多次再版，版次之多当推为首列，也可见此书的学术价值，以及受读者欢迎的程度，喻之为畅销书也不为过。

《书于竹帛》一书，最初是先生1952年至1957年在芝加哥大学图书馆学研究院修完博士学位的论文，是用英文作的，译成中文的题目是《印刷发明前中国书和铭文的起源与发展》（后改为《书于竹帛》），由美国芝加哥大学出版社在1962年出版，列为"芝加哥大学图书馆学研究丛书"之一。此书于1975年由香港中文大学出版社出版繁体字版，1981年再版。1980年，宇都木章、泽谷昭次教授等将其译为日文，由东京法政大学出版局出版，题为《中国古代书籍史——竹帛に书す》。此书韩文版于

1990 年由汉城东文选出版社出版。中文第二次增订本由郑如斯教授增补，改题《印刷发明前的中国书和文字记录》，于 1988 年由北京的印刷工业出版社用简体字横排出版。此后，又有其他的本子，包括台北的版本及英文原版亦修订再版。

《书于竹帛》的写作缘起和出版后的各方好评如潮，不必我去赘述，但最为代表性和远见卓识的当推美国匹兹堡大学历史学系荣休讲座教授许倬云先生所云："这书是西文著述中至今唯一有系统介绍印刷发明前中国文字记载方式的书籍，可说凡是中国先民曾经著过一笔一划的东西莫不讨论到了。""这书以印刷术之发明为断代标准，是一个真知灼见的决定。"

钱先生曾告诉我，为了写这篇论文，他费了许多功夫。星期六、星期日全天不休息，每天约用十二个小时。暑假期间，都是早晨六时起至晚上十二时才歇息。这期间，他还要兼课。

在中国，研究书史者不乏其人，然人云亦云者多，有独立见解者少。自清末到民国，较有成就而自成一家者更是凤毛麟角。当然，叶德辉的《书林清话》是研究书史者不可不读的专著。然叶之后的几十年，查猛济的《中国书史》则以《清话》为蓝本，大量地抄袭，或是改头换面，了无新意。钱先生告诉我，台湾有一白庄出版社，出版的"白庄学术"第一种是叶松发的《中国书籍史话》，其中有多处，不仅文字，包括图版，都是抄袭《中国古代书史》。我问钱先生，为何不向出版社讨要个说法，但先生笑着说："不必了，谁又有那么多精力去管这事。"

我以为，从事中国古代书史研究最出色、最重要的学者，当推钱先生。这是毫无疑问的。当年，英国学者李约瑟（Joseph

Needham）在写《中国科学技术史》多卷本时，就说到他想"尽我们余生自己编写本书，能写到哪里就写到哪里，还是约请一些合作者，争取在有生之年早些完成它呢？我们决定采取后一种办法"。《纸和印刷》"就是这种做法的第一个果实。我们请到了关于这一课题的世界最著名的权威学者之一、我们亲密的朋友芝加哥大学的钱存训教授来完成此事，他所作的一切令我们钦佩"。所以，钱先生的这本大著，称之为"权威"著作，一点也不为过。

从 1949 年至 1957 年，钱先生在芝大东亚语言文明系任教授衔讲师，授中国目录学、史学方法、印刷史、中国现代文学选读、英译中国文学概论等课程，指导硕士、博士论文有五十人之多。1962 年始，他升任芝大图书馆学研究院教授。我熟识的几位朋友，都曾在美国重要大学东亚图书馆任馆长，他们几乎都出自钱先生的门下。

昔读庄子《逍遥游》，有云："北冥有鱼，其名曰鲲。鲲之大，不知其几千里也；化而为鸟，其名为鹏。……鹏之徙于南冥也，水击三千里，抟扶遥而上者九万里。"钱先生是道德文章第一流的人物，即如北冥鲲化之鹏，若展翅，即迢递关山，追风逐电。二十多年后，钱先生在致我的信中说："仍每周到馆二三次，查阅资料。"我在得知老人家每晚仍在不遗余力写作时，我即写信建议他不要再作拼搏了。为此，我在给普林斯顿大学的艾思仁（J. S. Edgren）兄的信（1993 年 7 月 16 日）中说："钱先生一辈子和图书、图书馆打交道，即使退休后，也还是那么深入地投入工作。这足为我辈所敬仰，亦为我等之楷模。"

在这篇小序结束之前，我想到的是：或许在美国著名大学东亚图书馆工作的专业人员在退休前，都会在由校方或馆方为他举行的欢送会上得到校方或馆方的一个评价，我在哈佛燕京图书馆时就曾参加过几次，包括燕京图书馆的吴文津馆长、赖永祥副馆长等。即似草民如我，在退休时哈佛文理学院图书馆的大馆长竟也亲临，发表了感谢词。而在钱先生的退休会上，芝大负责学术资源的副校长哈里斯（Chanucy D. Harris）教授曾出席并讲话，他对钱先生的贡献推崇备至，说："你在将原有规模很小的中文藏书，建设成为一个主要的、国家一级的东亚图书馆的过程中，起到了关键性的作用。你在推进全国东亚图书馆的发展的组织工作方面，领导能力超群，成绩卓著。无论是东亚研究领域，还是图书馆界，或是我们的大学，都因你的杰出贡献而获益。你献身美国图书馆事业的三十年为我们留下了一个极为丰富而无价的传统。"哈里斯的这个评价是恰如其分、允当相宜的，也正是钱先生的功垂竹帛，才使芝大东亚图书馆成为闻名遐迩的二酉之地。

东方出版中心为纪念钱先生《书于竹帛》出版六十周年，特准增订再版。这无疑是嘉惠学林的大好事。钱孝文兄和出版社的朱宝元先生知钱先生视我是至好小友，特嘱津为之写序。津不敏，拉杂写上几句，以告慰钱老。

是为序。

2022 年 7 月 29 日于美国北卡之落基山城

中文第四次增订本序

李学勤

　　一个世纪以前，中国有几项重大的文物发现闻名于世，就是殷墟甲骨、西陲简牍和敦煌卷子。这几项重大发现都各自导致一个专门学科的形成，即甲骨学、简牍学和敦煌学。同时，这几项重大发现又有其共同特点，它们均系古代的文字材料，因而对于中国古代书籍演变历史的研究，有着极其重要的价值。很早便有学者注意到这一点，如王国维先生在 1912 年，以大半年时间，四易其稿，著成《简牍检署考》一卷，主要依据新发见简牍实物与文献记述，互相印证，创获甚多，妙义纷呈。后来有不少学者追随王国维先生之后，寻绎探索，各有所得，使书籍发展的过程逐渐彰明。不过，他们的论作一般只涉及中国书籍历史的个别方面。将有关书籍历史文物众多方面综括贯通，进行系统而又深入研究的，我认为惟有钱存训先生的这部名著《书于竹帛》。

　　我很早就知道钱存训先生这部书。1979 年，我初次访问美国芝加哥大学，参观钱先生苦心孤诣经营多年的东亚图书馆，有幸拜见钱先生，蒙以此书香港中文大学出版社中文版相赠。大家知道，70 年代国内各地陆续出土了大量简牍帛书，如临沂银雀山汉简、长沙马王堆帛书、云梦睡虎地秦简等，为国内外学术界所瞩目，学者们当时正集中力量研究整理。我自 1974 年参加整理小组工作，细绎钱存训先生大著，实在获益匪浅，对这部书的博大精当，亦得有大略认识。

《书于竹帛》一书，英文初版印行于 1962 年，而其稿本则在 1957 年业已完成，迄今已逾 40 年了。钱先生就此书不断增补修订，出有中文、英文、日文、韩文多种版本，风行学界，至今不衰。由于书的内容一直处于研究前沿，其对学人的帮助影响，可以说是历久弥新。揆其原因，我想是钱先生充分运用传世文献与考古文物两方面的材料和研究，不仅说明中国古代书籍如何产生和演进，而且指出汉字的历史发展及其重要作用，揭示了中国人对整个人类文明的巨大贡献。钱存训先生在本书的"绪论"中说："中国文字记录的丰富、延续和普遍性是世界文化史上所独具的特色，没有其他民族或国家的文献可以相比。中国古代典籍在质和量方面的发展，更显示出古代中国在文化传播和学术研究上的辉煌成就。这些成果乃是中国文化的基石。因此要了解中国文化的起源、发展和承传的过程，主要便得从这些古代文字记录的遗产中去探索。换言之，要了解中国古代典籍的制作、保存、传播和散佚的流绪，更需要从当时社会、经济和文化发展的背景中去研讨。"

钱先生特别标举"中国文字记录的一个重大特点，便是它独有的持久性和延续性。这一特点使得世界上一个有创造性的远古文化，得以继继绳绳，绵延至今。中国文字除了一般文字通有的音、义以外，还有其特殊的形体，这种具有特殊形体的文字，超越了时间上的变化和空间上的限制，团结了中华民族，更造成了世界上一个最伟大的文化整体"。我相信，凡是读过《书于竹帛》的人，都会被这一意义重大的论断所感动。尤其是我们中国人，不可把这部书看成堆积饾饤的材料书，更要仔细体会作者融贯于全书篇章中的根本精神。钱存训先生著述甚丰，据统计与《书于竹帛》主题有关的中英文著述有五十余种之多。列入李约瑟博士主编《中国科学技术史》的《纸和印刷》卷，更可与《书于竹帛》对看，此书已有上海古籍出版社 1990 年出版的刘祖慰先生译本。最近，并有青年学者以探讨钱先生对中国书史研究的贡献撰成论文，在北京大学取得高级学位。实际上，钱先生书内有好多真知灼见，有待引申阐发，下面试举两个例子。

第一，书中第二章谈到已知甲骨文单字逾 5 000，其中仅 1 500 多字可解，"有些学者认为，以此有限字汇，殷人不可能写出长篇作品。作者认为这种说法并不可信，因为甲骨文的字汇并不少于周代金文和长篇作品中所包含的字汇，而金文使用的时间却较甲骨文约长三倍。……贞卜文是一种特殊性质的记录，仅适用于某些特殊的场合，因之它所包含的字汇，只是整个文字中有限的一部分。换言之，殷人也一定写过较现存甲骨文字为长的作品"。这一论点正确而且重要，足以表明《尚书》中一些"商书"和《诗经》中的《商颂》等文献，可能出自商代。

第二，第九章论及中国文字书写的传统顺序是从上到下、从右到左，"这种直行书写的原因虽不可确考，但可推测这一特点应和中国的文字构造、书写材料、应用工具以及生理和心理等因素有关。中国古代的象形文字，如人体、动物、器皿，大多纵向直立而非横卧；毛笔书写的笔顺，大多是从上到下；竹木材料的纹理以及狭窄的简策，只能容单行书写等等，都是促成这种书写顺序的主因。至于从右到左的排列，大概是因为用左手执简、右手书写的习惯，便于将写好的简策顺序置于右侧，由远而近，因此形成从右到左的习惯"。劳榦先生于本书的"后序"里，引申了这个意见。1992 年，法国东亚语言研究中心的游顺钊先生，在《中国语文》该年第 2 期上发表《古汉字书写纵向成因》，也独立地提出汉字书写顺序与使用竹简有关，还讨论了这一点和若干汉字形体纵变直接联系。这对研究汉字发展是有很大意义的。类似这样的例子，在本书中真是不胜枚举。

最后想说一下，钱先生这部书的标题曾几次更易，原作《书于竹帛》，其后改称《中国古代书史》《印刷发明前的中国书和文字记录》等等，窃以为还是《书于竹帛》最为惬当。此语源于先秦，文意古雅，突出体现了我国先民使伟大文化流传久远的独特创造，我们很高兴上海书店出版社的新版恢复采用这一标题。

承钱先生不弃，允许我在《书于竹帛》新版卷首写几句话，极感荣幸，志此以表敬意。

1998 年 9 月 28 日草于美国达默思大学

1999 年 4 月 5 日改定于北京清华园

中文第四次增订本自序

本书原以英文写作，由美国芝加哥大学出版社于 1962 年出版，其后被译成中文、日文和韩文，并多次增订，分别以不同书名在国内外各地发行，受到国内外学术界的重视。继 1996 年台北增订本出版后，最近又承上海友人盛情相助，再次增订，重版发行，同时英文原版亦已修订再版，使此书的生命得以再次延续更新，值得庆幸。

关于此书的写作动机和出版经过，已在"写作缘起"及他处说明，不再重复。但是这书的一再修订重版，实受许多国际知名学者的评介所鼓励（见本书"后序"及"附录"）。他们的意见不仅增强了作者的自信，也使中国古代文化所具有的特色和贡献以及在世界文明中的应有地位得到肯定。

此书英文本出版之初，许倬云教授就为文表扬说："这书是西文著述中至今唯一有系统介绍印刷发明前中国文字记载方式的书籍，可说凡是中国先民曾经著过一笔一划的东西莫不讨论到了。"他特别指出："这书以印刷术之发明为断代标准，是一个真知灼见的决定。"稍后，英国剑桥大学李约瑟博士也认为："从本书的性质与分量来看，显然是卡特的经典之作《中国印刷术的发明及其西传》一书的姊妹篇。"他说："我们可以断言，钱著和卡特的名著完全可以媲美而并驾齐驱。……钱氏和卡特一样，全书行文清晰利落、要言不烦，是写作的典范。"李氏对此书的重视，导致他邀请作者参加他的巨著《中国科学技术史》大系中《纸和印刷》分册的写作，成为此书的续编（原书名及译本见本书"绪论"注释〔20〕）。

另一位看重此书的学者是日本京都大学平冈武夫教授，他在日文本的序言中说："中国的文化，就是汉字的文化。……这部著述追源出土最古书写的文物，也追寻其后各时代汉字流变之踪迹……可以说这是一部由殷墟到敦煌这重要时代整个汉字书写的全部历史。"我曾在书中指出中国文字记录的延续、多产和广被性是世界文明中所独具的特色，他对此更加发挥说："在人类历史上的任何时期，最多人使用的文字，是汉字！在最广大地域使用的文字，是汉字！被使用最长久的文字，是汉字！表现最多种语言的文字，是汉字！蕴藏书籍最丰富的文字，也是汉字！"他的综合归纳，特别强调汉字的伟大，可在本书的"绪论"中获得详细的解释和确证。

中国古代的书籍和文字记录的多彩多姿、源远流长，是中国民族精神之所寄，也是世界文明中特有的奇迹。可是由于近代中国所受的外侮和屈辱，中国人对自己固有的文化传统丧失自信而盲目自贬，甚至现在还有人认为废除汉字采用拼音是文字演进的规律和迎合世界的潮流，却没有深思汉字的特殊功能。假使没有汉字形体所独具的延续性和凝固性相维护而采用拼音文字，中国早已成为许多以方言立国而分崩离析的国家了。近代欧洲各民族以方言立国，足资证明。中国历史上的分久必合以及许多少数民族之能融入一个大家庭，汉字的优越性和融合性实不容忽视。本书虽非专论汉字功能之作，但对中国古代文字记录及其载体所传承的特色和重要性，都做了有系统的分析和总结，可供读者参考。

新版所增资料中，以近年出土的考古实物为主，尤其新发现在殷墟以外各地和周初的甲骨、战国及秦汉墓中出土的大批竹简、帛书和木质、丝质、纸质古地图以及敦煌遗书中最早的写本等较为重要，其他迄至 2000 年底所发现的考古资料也都加入正文或附注。另有芝加哥大学所藏汉代封泥及湖北云梦睡虎地战国秦墓出土竹简中所见的"纸"字，皆为他处所未及，也在增订本中略加介绍。结论中对中国文字书写的传统顺序，从上到下和自右至左排列的原因，前人都未加注意或解释其原因，作者就个人所见也在结论中试加推断，并引用联合国教科文组织对世界通行的各种文字阅读速度所作的比较研究，证明直行阅读实较横行阅读为快，希望读者注意。

此次上海版修订重印，多承复旦大学图书馆吴格先生倡议相助，中国社会科学院历史研究所李学勤所长赐序，北京大学考古系宿白教授题签，芝加哥大学夏含夷（Edward Shaughnessy）教授及彭柯同学盛情协助，钱孝文提供资料并相助排校，上海书店出版社有关编辑的精心编审，并得文锦及亲友多方鼓励、殷勤支持，谨表衷心的感谢。我对原书各章曾重加增改，文辞也略予修饰，图版亦有多幅更动，并另增入附录数篇，内有北大别立谦同学所编译《〈书于竹帛〉评介摘要》，使此书得以旧貌换新颜与读者相见，实是本书的幸运，也是作者的荣幸。

此书年前在台印行，承蒙台湾大学图书馆学系卢秀菊教授热心相助并指导排校，胡述兆教授热心支持，北京大学郑如斯教授相助增订，香港中文大学饶宗颐教授题签，因上海版系根据台版修订而成，谨在此重申谢意。

在此书修订完成前，不幸有几位与本书有关、亦师亦友的前辈先后凋谢，令人伤感。其中有我在大学时代聆听他讲授《中国书史》的刘国钧教授（1899—1980），当年指导此书写作的芝加哥大学东亚语言文明系前主任顾立雅教授（Herrlee G. Creel，1905—1994）和夫人顾乐贞博士（Lorraine J. Creel，1915—1995），图书馆学研究院前院长文格教授（Howard W. Winger，1915—1995），鼓励我写作《纸和印刷》的英国剑桥大学前院长李约瑟博士（Joseph Needham，1900—1995）和夫人鲁桂珍博士（Lu Gwei-djen，1903—1991），翻译此书和另一册《纸と印刷》的日本山口大学泽谷昭次教授（1932—1995），以及阅读此书原稿的旧友吴光清博士（K. T. Wu，1905—2000），他们对我的专业研究都曾有重要的启发和帮助，谨以此书的新版表示对他们的深切怀念，并对他们在学术上的成就和贡献致以崇高的敬意。

2002 年新春于美国芝加哥海德园

写 作 缘 起

"书于竹帛"是一句表示古代典籍的成语，可以用来说明中国古代书籍演变的一段历史。自上古以至公元后数世纪的这一段时期，竹和帛乃是书写的主要材料。此书以之为主题，乃是因为与本书所述的范围正好相符；虽然书中除竹帛以外，对其他古代的书写材料亦加叙及。墨子曾说："吾非与之并世同时，亲闻其声，见其色也，以其所书于竹帛、镂于金石、琢于盘盂，传遗后世子孙者知之。"中国古代的文化遗产，最初是依赖竹帛得以流传至今。

关于中国印刷术的发明和演进，中外学者已经做了不少研究，但对于印刷术发明以前的书籍历史，尚少有系统的叙述。印刷术发明前的书史，时间比印刷史为长，而对探讨中国学术思想之渊源及传播，尤为重要。一般西方学者所写有关书籍通史，对中国古代书籍制度的叙述，不是空白就是十分简略。对中国书籍演变的个别问题，中外学者虽然曾做过一些专深的研究，但是有系统的全面考察之作，迄今尚付阙如。因此，综合讨论中国古代典籍制度的专书，除了能作为一般学者修习图书目录学和书籍历史的参考外，也为研治中国文化史、科技史、考古学及情报信息等其他学科的专业研究者，提供中国古代文化传播和继承的信息。

研究中国书籍的演变，不可能不涉及铭文。《说文》："著于竹帛谓之书。" 铭文是指一般刻勒于金石等坚硬物体表面上的文字。铭刻虽然不能称为书籍，但这两种文字记录的方式并非不能互换。典籍记载常刻勒于金石，而铭文亦常转录于书籍之中。因此，本书对各种文字记录的源流及演变，都一并加以探讨，不论它们的形式是书籍还是铭刻。

自 19 世纪末叶以来，在中国境内外的一些古代遗址，先后发现了大批古代文字记录和书写的材料。特别是在最近数十年间，不少罕见的古代典籍和书写工具先后出土，对研究中国书籍制度的演进，提供了不少重要的实物证据。本书即就现存文献资料和考古学上的实物，对中国古代典籍制度的起源和演变，做一综合性的研究。上自公元前 14 世纪，今日所见最早的中国文字起始，以迄公元 700 年左右，即印刷术发轫时期。这二千多年是中国文字记录和书籍发展的滥觞时代，所有的各种书写材料、内容、记载方法、编排，以及若干中国书籍所特有的形式，皆于此时期逐渐形成。印刷术发明以后，这些特色乃被继承，成为中国典籍和文化传统的重要部分。印刷术的发明是书籍发展史上的一个里程碑，但它只是改变了生产的方法和增加了产量，至于书籍的实质、内容和形式，与采用印刷术以前都没有重大的分别。

本书首章，讨论中国古代文字记录的特色和重要性，及其演进的社会背景和学术因素。其后数章，分别叙述各个时代的主要文字载体，包括甲骨、青铜、陶器、玉石、简牍、缣帛和纸卷，详细讨论其内容、书体、制度及其特质。另有一章讨论各种书写工具的形式和演变。最后一章，总结以上各章所述要点，以通俗语言做概括性的阐释。本书的重点在考察铭刻和书籍之起源及其形体的演变，如材料、形式、技术、方法等。各种书写材料，都分别根据考古学和文献上的资料，详细研讨。至于各种古籍作品的作者、时代以及内容等问题，因属学术史的范围，本书虽偶亦述及，但未加深考。

本书根据的资料，主要是考古发掘报告、古物和铭刻的影本或拓本以及学者对这些古物的研究和阐释。在讨论各种书写材料及工具时多辅以实物图版，以佐说明。同时参用文献上的资料，以阐释或补充实物资料之不足，也间或引用训诂学上的解释，因为远古的象形字和会意字，常能表示物体的形态和反映当时的思想。

本书原以英文写作，题名 *Written on Bamboo and Silk: The Beginnings of Chinese Books and Inscriptions*，由美国芝加哥大学出版社在 1962 年出版，列为"芝加哥大学图书馆学研究丛书"之一。当初写作这部书的动机，主要是使西方学者在研究世界图书发展史时，能对中国文化在这一方面的贡献增加了解。当时，西方对中国学术研究的兴趣，还没有普及到各个专题领域，同时这书的题材比较冷僻，因此出版社估计读者不多，销路有限。不料出版后受到各国学者的一致好评和推介（见本书附录四），三月之内第一版就已售完，不久又二次续印。最近更对全书重加增订，加入自 20 世纪 60 年代以来所见新资料及夏含夷（Edward

Shaughnessy）教授长序，将于 2002 年再版发行。

第一版英文本出版后不久，正文部分即由周宁森博士译成中文，嘱为校阅，迟迟未及完成。其间因全汉昇教授的敦促，选用书中译文几章，先后发表于《香港中文大学中国文化研究所学报》，开始受到中文读者的注意。1972 年夏间承芝加哥大学马泰来同学相助，将全部译稿加以修订，并补译前言、图表和附注，更将内容重加增删，补入 10 年来新发现的考古资料，又承澳洲国立大学巴纳（Noel Barnard）教授寄来长沙出土的楚帛书新摹本作为插图。全书复承劳榦（贞一）教授审阅一遍，写作后序，加以补充引申，使中文本的内容较见充实，也有好多论点和英文本不尽相同。修改完毕后，即采用董作宾先生以甲骨文所题的"中国古代书史"作为书名，由香港中文大学出版社于 1975 年出版，因此这部书的中文本得与国内外的中文读者见面。

在中文本编订的同时，有几位日本学者也来信要求翻译，最后由宇都木章和泽谷昭次两位教授根据英文本着手日译，其后又得竹内信子和广濑洋子两位女士加入合作，并参考中文本再度增订，将迄至 1979 年止所见新资料加入附注，另编制"日文参考文献书目"和"事项、书名、人名索引"，又承京都大学平冈武夫教授写作长序，指出汉字的伟大和重要性，发人深省。继中文本出版之后，日文本即以《中国古代书籍史——竹帛に书す》为题，由东京法政大学出版局于 1980 年出版。

我曾在日文本的"序言"中说，这部书虽是概论性质，主要根据前人的各种专题研究成果加以系统地综合阐释，但其中也有不少个人的见解值得特别提出，如竹、木应用于书写的先后，篇、卷名称的考订，帛书的特殊用途，纸的起源新证，《说文》中"纸"字定义之诠释，以及推测中国文字之直行书写与自上至下、自右至左排列顺序的原因等等，皆为前人未加注意或与作者意见不同，都在书中试作解答。同时也指出中国古代文字记录的多产、延续和广被性，对中国文化的多彩多姿所做出的贡献及其在世界文明中所具有的特殊地位，皆特别提出并加以表扬。

1984 年夏间作者回国访问，得到国内友人的鼓励，建议将这部书在大陆用简体字重排出版。承北京大学图书馆学系郑如斯教授的热情相助，再次增订，将 20 世纪 70 年代以来新发现的考古资料补入正文和附注，内容及图版也略有更动，并改用《印刷发明前的中国书和文字记录》作为书名，由北京印刷工业出版社于 1988 年重印出版。不久，此书又承台湾大学卢秀菊教授相助，第三次增订，由台北汉美图书公司于 1996 年出版繁体字本。韩国汉城东文选出版社也于 1990 年出版金允子女士的韩文译本，书前增印彩色插图 15 幅，1999 年再版。如今的上海版将是第四次增订本。此书先后多次修订和传译，受到国内外读者的重视，使作者感到十分荣幸。

回顾这书从 1955 年开始写作，迄今不觉已将半个世纪，其间得以陆续修订、增补、传译，流传广远，实为始料所未及。诚如平冈教授在日文本的"序言"中所说，这是"一部幸运的书，也可说是蕴含生命的书"。当然，这些收获，多承各方面的专家和学者合作相助，国内外友人提供资料，多方鼓励，以及文锦和家中亲人的热情支持，这使本书的内容不致陈旧，并得以继续成长，谨在此特别致谢。

第一章

绪　论

一、　中国古代文化的遗产

  人类的历史，大部分多赖文字记录的流传，得以保存至今。中国人对于思想与活动的记载方式和技术，在世界文化发展史上，自有其特殊的地位。譬如现代世界上通行的书籍和读物，其基本特质是将文字用黑墨印在白纸上。在制作材料和生产方法的演进中，中国的贡献可以说是最基本也是最重要的。纸于公元前后在中国发明并应用于书写，是人所共知的事实。远在公元 7 世纪至 8 世纪，中国人便首先应用雕版印刷，而活字版的发明，亦远在欧洲谷登堡（Johann Gutenberg，约 1397—1468）之前 400 年。[1] 由煤烟制成的墨，可以溯源到中国远古时代，其优良的特质，尤其光泽、吸附和耐久性，向为中外人士所称颂。[2] 在纸、墨和印刷术被结合采用以后，书籍才能大量生产，流通广远。

  印刷术由反体取得正文的原理，是中国人最早设想的一种巧妙构思，而纸则更是文字记录最重要的载体。一般学者都公认，在古代文化交通的各种成就中，没有一种发明是可以和造纸术及印刷术的重要相比的，二者对现代文明皆有极其深远的影响。甚至在现代的日常生活中，虽然另有其他各种传播媒介，但至今都还不能代替纸和印刷术所具有的基本功能。[3]

甚至在纸的发明以前，中国在文字记录的载体上，就已经有不少重要的发展。譬如远在古代，一些世界上其他民族所罕用的材料，像竹简和缣帛，只有中国人用以书写。其他如兽骨、青铜、石板等，虽亦曾为其他民族所采用，但在中国却使用得更普遍，也更精巧。至于毛笔，在中国很早就用作书写的基本工具，不仅影响了中国文字的风格，更创造了书法，成为中国杰出的艺术之一。由于笔墨和竹帛的结合使用，对后世影响深远的古代思想和著述，就都记录在这些原始的材料上而得以世代传承。

中国人很早便致力于文字的机械复印。公元前 1000 年左右，浮雕的阳文印章和铜器字范的应用，以及其后使用雕刻 100 多字的大型木章，都已显示出这种努力于代替手抄复本的趋向。在纸的质量改进之后，印刷术发明之前，用刺孔镂花的纸版复印图案和画像，以及用纸墨拓印碑文的方法都已很普遍。尤其拓本技术，很近似雕版印刷，因此促进了文字大量复印的可能性。

中国文字记录的一个重大特点，便是它独有的持久性和延续性。这一特点使得世界上一个有创造性的远古文化，得以继继绳绳，绵延至今。中国文字除了一般文字通有的音、义以外，还有其特殊的形体，这种具有特殊形体的文字，超越了时间上的变化和空间上的限制，团结了中华民族，更造成了世界上一个最伟大的文化整体。在古代世界曾经使用过的各种古文字，都已先后夭亡，只有中国文字仍为今日通行的一种活文字，在继续广泛地使用。3000 年前所使用的一种书写符号，虽然数量已经增加，形体也有变化，但其构造的原则依旧，今天仍然继续使用，作为日常生活、大众传播和文化交流的重要媒介。

中国文字的悠久历史，不仅保存了中国人的理想与抱负，记录了历史上的盛衰与兴亡，更使得这代代相传的文化传统，能得长存于天壤之间。因此，现代生活及社会上的许多现象，从口头上的成语、书写的顺序，以至一般礼俗习惯、思想行为、政教制度，都可追根溯源，有迹可寻。譬如中国文字的直行书写，甚至目前用现代技术印刷的书籍，有时仍采用狭直的行格，或在行格之间加用线条。有人以为这是增加版面的美观，而不知这种形式乃是根源于古代简牍的形制而来。这个悠长的中国文化传统之形成，主要的原因是自古以来，继续不断地采用古代的经典作为基本教材的结果。因此千百年来，人们只有钻研古圣先贤的著述才能平步青云，在社会上飞黄腾达，而其中所代表的古代思想、行为和制度，乃成为中华文明的传统。

中国文字的另一特色是它的普遍性和广被性。这种具有形体的文字，即使各地方言不同也可以共同使用；不仅中国人在使用，也是东亚许多其他民族的共同文字。他们虽各有自己的语言，但也采用中国文字的全部或一部，作为思想传播的媒介，如越南、朝鲜、日本及琉球，中国文字的应用于书写和书籍，在历史上都有一段很长的时期。直到如今，中国的方块字，仍被一些国家采用作为他们文字的一部分而无法割离，成为今天世界上被最多数人使用的一种文字。[4]

中国古代文献的丰富和多产，也是世界文化中的另一项奇迹。中国古代的著述，无论质量和数量，都有很辉煌的成就，中国古典著作很多是世界上第一流的作品，这已为许多国际学者所公认。而中国历史文献的丰富和详细，更没有其他民族的记载可以相比。自公元前 722 年春秋时代以来，直到今日，几乎没有一年缺少编年的记录。以数量来说，中国十三经的字数要数倍于同性质和同时代产生的《旧约圣经》。至于中国书籍的产量，直到 15 世纪末，比世界上其他各国书籍的总数还要丰富。[5]而中国的丛书、类书、方志、家谱卷帙之繁，亦少有其他文字的著作可以相比。

公元前 1 世纪左右，因为书籍的数量增加且内容繁杂，由此产生了一种详细的分类制度，这是世界上最早将人类知识加以系统化的一种创举。最初的方法是将各种性质的书籍，归纳为六大类和若干细目。公元 3 世纪所制定的一种四部分类法，在 5 世纪定型为经、史、子、集，为中国目录学家沿用了 1 500 余年，至今仍为编制古典目录者所采用。英国哲学家弗兰西斯·培根（Francis Bacon，1561—1626）将人类知识归纳为历史、诗歌和哲理的三分法，是现代西方各种图书分类法的基石，他的分法除了经部以外，其他和中国的类目完全相同。培根又在哲理之下，再分为神道、自然和人文三项，这和中国古代经典中将知识分为天、地、人的思想极为相似。中国自从隋代以来所编制的各种类书，便早已采用这种天、地、人的观念，以统御从各种文献中所摘出的繁杂条目。由于培根对中国文化的景仰，在他的著作中曾多次提到中国的发明和事物，因此他所提出的三分法，很可能受到中国思想和分类方法的影响。[6]

中国文字记录的丰富、延续和普遍性是世界文化史上所独具的特色，没有其他民族或国家的文献可以相比。中国古代典籍在质和量方面的发展，更显示出古代中国在文化传播和学术研究上的辉煌成就。这些成果乃是中国文化的基石。因此要了解中国文化的起源、发展和承传的过程，主要便得从这些古代文字记录的遗产中去探索。换言之，要了解中国古代典籍的制作、保存、传播和散佚的流绪，更需要从当时社会、经济和文化发展的背景中去研讨。以下略述其中要点，以供思考。

二、 贞卜和祭祀文字

中国古代的文字，不仅是人与人往来的工具，也是人与鬼神之间的媒介。前者可说是横面的交流，后者乃是直线的联系。中国文字在发展的初期，后者的分量和前者同样占有很重要的地位。我们知道，古代的甲骨文字是殷人占卜和祭祀时的一种记录。殷代是一个具有高度文明的农业社会，宗教信仰是殷人生活中重要的一环，天、地、鬼、神俱为人们所膜拜。尤其是祖先的庇荫与预兆，更为其子孙所祈求。他们认为奢侈的葬仪、丰厚的陪葬物品以及不断的祭祀，能讨祖先的欢心，因而得到更多的荫佑。

殷人将文字记录应用在各种不同的场合，作为人鬼之间交流的桥梁。祭祀时，用文字昭告鬼神来享受奉献；祈祷时，也用文字来表达愿望。这显然和西方文化中口祷或默祷者不同。占卜时，贞人常将所贞问的事刻在龟甲或牛骨上，有时并将应验的事契刻在所卜问的事件之后。因此，殷人当时的卜祭和生活记录，乃得以保存。周代继殷之后，甲骨继续作为占卜之用，但是卜辞则另书于竹帛，而系于龟甲之上。蓍草亦曾用于占卜，其辞见于《易经》。

周代遗留下来的记录，大多保存在青铜器上。这些铭文中，常有受祭祖先和作器人的名字，他们所祈求的是祖先的荫佑、子孙繁衍、长乐永康。铭文之所以刻在坚固的金石上，是深恐其他的材料会腐朽销蚀，不能永久保存，因而子孙便不能得到长远的庇佑。墨子说："又恐后世子孙不能知也，故书之竹帛，传遗后世子孙；或恐其腐蠹绝灭，后世子孙不得而记，故琢之盘盂、镂之金石以重之。"[7]

祝祷文字有时也刻在石碑或玉版上，公元前 4 世纪的《诅楚文》，便是石刻的祭文，诅告于秦代所祭祀的三河水神。至于竹木简策，本为人和人之间文字交通的工具，但有时亦作为祭祀时的用品。甲骨文中，有作为当时书籍的"册"字，象征一捆竹简；它有时加一"示"旁，便有用作祭祀的意义。甲骨文中有"工典"一辞，便是指贡献典册于神主之前而举行祭祀。至于封建诸侯之间的盟约，通常要奉祀于神灵之前，以为保证。盟约通常有三份，载有背盟者愿神殛之的文字，其中一份便埋在盟约之地，献于神灵之前。

缣帛和简策一样，原是书写的一种载体。但先秦诸子中，常述及帛书用于祭祀鬼神，尤其卜巫一类超自然的神秘文字，也多记载于帛书。当纸在公元前后发明之后，不久即被采用作为葬仪中的廉价代替品。为鬼神焚化冥宝纸币的风俗，至今仍在盛行。

古时，人们设想鬼神都是识字的，因此在祭祀时，以文字代替口头祷告。这种广泛地将文字应用于人与鬼神之间的交流，也是使古代文字记录数量增加的主要原因之一。

三、官书和档案

周代封建制度的发展，使得王室与诸侯大量使用文告，并建立档案制度。在此时期中，由于天子、诸侯、百姓以及政府各部门之间联系的需要，文书的数量大大地增加。春秋时代，诸侯之间的关系，更增加了法定文件的重要性。至于礼节在政治及社会上的地位，也增加了礼仪及史书的价值。甚至日常生活的细节，亦常载入文字记录。

天子与诸侯，以及诸侯之间的契约关系，必须明文记载，方能有效。诸侯分封，一般都赐以食邑、奴隶、财产、书籍和史官。诸侯对天子，则有臣服、纳贡、忠谏以及在军事上支援的责任。如诸侯渎职，得受制裁，《左传》称："昔武王克商，成王定之，选建明德，以藩屏周。……分之土田陪敦，祝宗卜史，备物典策，官司彝器。"可见典籍记录以及掌管典籍的史官，也是封赐之一种。至于诸侯会盟，决议也著于文字。若有争议，则诉之盟府。公元前634年，齐孝公侵鲁，齐侯曰："鲁人恐乎?"对曰："小人恐矣，君子则否。……昔周公、太公股肱周室，夹辅成王，成王劳之而赐之盟，曰'世世子孙，无相害也'，载在盟府，大师职之。"[8]所谓"盟府"，乃是当时的一种外交档案。这些记载和盟约，有时铭刻于铜器之上，世代永存。譬如，公元前

43

9 世纪的一个铜盘上，曾镌有勘定矢、散两个氏族边界的一件 357 字的盟约。其他很多金文，也都有此类法律性的记录。

因为诸侯间频繁的往来，无数的外交文件便产生了。根据《左传》中的记载，从公元前 722 年至公元前 703 年的 20 年间，便有 50 次会盟、40 次攻伐、35 次朝觐及出使、16 个盟约，以及很多其他交往的记载。这些都是当时的各种档案和史实的记录。

诸侯和朝廷中的公牍，如征伐、委任、褒扬、廷告等也占有很大的数量。战时征兵令亦书于简策之上。战绩和俘获，不但书于竹帛，更琢之盘盂，刻勒碑石，以为永久纪念。臣属朝觐天子，常书于笏。古笏为玉、象牙或竹所制，朝觐时系于腰带之间。朝廷的册命文告，通常也书于简策。古代流传下来的书籍中，完善地保存着这种种活动的记载。甚至许多繁琐的小事，也会偶尔留存，像周公对其兄弟的一个要求，也有记录。一位西方学者说："这样一个请求也记载下来，实在不可思议……我们不得不说周人喜欢写作。"[9]

四、史官的职权

古代的知识分子大多是贵族，一切书籍都是由他们写作、使用和保管。这些士大夫阶级占全人口的若干比率，如今已不可考，所能知道的是人数大概不少，因为当时所有的贵族，都必须先接受诵读与写作的训练。贵族教育子弟，是为了要造就服务于政府机构的人才。《论语》称"学而优则仕"，说明了教育和行政的关系。至于教材，除了射、御等科目外，大部分是古代的典籍。《国语》中记载，在公元前 600 年左右，楚太子箴（后为楚恭王）所学习的课目有《春秋》《世》《诗》《礼》《乐》《令》《语》《故志》《训典》等古籍。教育完成之后，学生才能入仕政府。

有关文字记录的史官，通称为"史"。𢽱字象征右手持物，常见于甲骨文和金文。这右手所持之物，有很多不同的解释，或说是简策，或说是盛策之器。[10] 但大多数的学者，都同意此物必然与文字记录有关。王国维说"史"是专门保管、研究及写作的官吏。在金文及古籍中，"史"的意义似乎是指各种和文字记录有关的官吏。"太史"是文案的高级掌管人，他的地位和一般大臣地位相当。一般的"史"相当于现代的书记，他们在政府各机构中，充当记录、写作或是档案保管一类工作。另一种史官的名称是"作册"，他们受雇于诸侯，负责起草册命和记录。

史官或书记的主要职务大概是记录宫廷中的重要事件，天子、诸侯的言行和政府机构中的各种活动。很多金文和古籍中常有一个公式化的文字——"王若曰……"，这就是说，这些文件不是王自己写的，而是史官受命而作。总结以上的各种任务，我们可以说，"史"是经过一种专业训练，专门从事著述、抄录、阅读及保管官书和档案的政府官员。

史官的职位是世袭的。世袭这种职务的家族，通常有一个与书籍或记录保管等相关的氏名。历史上和现在有很多的姓氏，譬如简、籍、史、董等，他们的祖先大概都和这种职业有关。《左传》记载，公元前 527 年，晋国有一个史官的后人名籍谈，被讥以不知自己家庭的历史。周景王说："且昔而高祖孙伯黡司晋之典籍，以为大政，故曰籍氏。及辛有之二子董之晋，于是乎有董史。女（汝）司典之后也，何故忘之？"籍谈不能对。宾出，王曰："籍父其无后乎，数典而忘其祖。"[11]这是说他虽然继承了祖先的姓氏，但没有承袭这种传统的任务。所谓"数典忘祖"的成语，乃是从这一故事而来。

史官在古代政府中的地位是很重要的，因为他们有掌管政府文件和档案的权威。史官是文告的起草人，而这些文字对统治者及封建诸侯间的关系都很重要。为了确保文字中没有中伤当权者的言论，不仅选择最可信的人担任史官，并且派他们到各诸侯国去掌管各种典籍，也许还给天子递送情报。前面提及《左传》记载周人克殷之后，太公被封为诸侯，授予很多赏赐，其中便有典籍和史官。

一国典籍的迁移，及史官逃往他国的事实，更进一步地说明了政府档案的重要性。《左传》记载，公元前516年，晋国军队逐走了东周的王子，于是王子朝和他的亲信乃"奉周之典籍以奔楚"。[12]太史公司马迁也说他的祖先曾世袭掌管周室的典籍，公元前7世纪中叶，"司马氏去周适晋"。[13]另一个史实，不仅说明国家典籍的重要性，且证明档案保管者的权力，他们有时会带着文件逃亡。《吕氏春秋》说："夏太史令终古出其图法，执而泣之……乃出奔如商。……殷内史向挚见纣之愈乱迷惑也，于是载其图法，出亡之周。"[14]一切历史上的记载，大都偏祖史官而斥责统治者。这种逃亡，大概是和现代的出卖情报相同。特别是在朝代交替或朝纲式微的时期，更显出这些典籍在统治者争权夺位中的重要性，有时史官和档案的逃亡流失，也是促使旧朝廷削弱和倾覆的一个重要原因。

五、 私家著述和藏书

公元前 5 世纪末年开始的战国时代，是中国历史上的一个新纪元，政治、社会、经济上都有了重大的变化，由于土地制度及其他各种改革，封建制度逐渐解体，平民开始接受教育并进入政府工作，贵族阶级无法继续垄断教育，因此社会地位的变迁乃日渐加剧。这个时代乃是中国教育普及化的先驱，也是中国社会转型的一个最早的实例。

社会经济制度的变更和教育的普及，促进了知识的广布。在这时期中，各种哲学理论及科学思想兴起，形成了此后 2 000 年间中国传统思想的主流。后来的史家根据各种思想的特质，把这些不同的学说分为儒、道、阴阳、法、名、墨、纵横、杂家和农家。这些不同的学派，大概都是起源于周朝的王官。虽然有些现代学者怀疑此种说法，但无论如何，这些民间学者在哲学、科学及文学上的崛起，正说明了知识已由贵族专有而普及于平民。

一般认为在战国以前的著述，大部分都是官方文件，或是不署撰述人名氏的集体写作。现存先秦史料和诸子的著述中，很少关于战国以前私人著作的资料。在这时期中，著作的观念尚未形成。采用某人名义作为书名的书籍，不一定完全是某人的著述，也许是他的门人记述他的言行，也许是某一学派的学者，用其学派中最权威的人名作为所著的书名。流传今日的先秦著作，都多少曾经汉代学者删定，因此很难确定在某一部书中，哪些是原著，哪些是后人所增添。

诸侯间的争霸，使他们争聘著名文人、政客和军事家为他们策划计谋。这些养士和食客便是今日所谓的"智囊"，他们的工作便是读书、讨论、写作以及计划谋略。据说吕不韦在咸阳曾招致食客 3 000 人，他们写出个人的闻见，编成长达 20 万言包括各家学说的《吕氏春秋》。完成之后，将此书陈列在国都的城门上，并悬赏千金，给能增减一字之人。这个故事说明，在那时已有这样一部完整而有系统的长篇巨著，同时能读书和写作的人数一定极为可观。战国时代，学者拥有自己平日用作教学和写作的藏书，已很普通。墨子说："今天下之士君子之书，不可胜载。"他们周游列国，也携带书籍，以便途中阅读。公元前 4 世纪时，诡辩学者惠施行事"多方，其书五车"。纵横家苏秦，在游说秦惠王分化六国失败后，曾搜遍他的藏书，最后找到一部兵书《太公阴符》。他精研此书之后，说服六国合纵，共抗强秦。正如古代希腊一样，在中国图书馆的发展过程中，私人藏书是在官书档库建立之后，但是在政府设立中央管制的藏书之前。

六、 焚 书 之 祸

公元前 221 年，秦并六国，建立了统一的帝国，土地分封的时代乃告结束。虽然大帝国只延续了 15 年，但这是中国历史上的第一次统一，给中国社会带来了十分重要的变化和深远的影响。封建制度被废弃，度量衡制度标准化，书写的字体亦加统一而简化。为了增强统一，秦廷采取了一系列的管制方法，言论与思想的控制，只是其中之一。大量的古籍被毁弃，历史上著名的"焚书坑儒"事件，便是这新王朝统治政策的一部分。

　　焚毁书籍作为思想控制的方法，并不始自秦始皇，先秦法家思想中早有此说。《韩非子》记载，商鞅为秦变法，"教秦孝公……燔《诗》《书》而明法令"。韩非子也说："故明主之国，无书简之文，以法为教；无先王之语，以吏为师。"[15]焚毁书籍的方法，实际上早已为一些封建诸侯所采用，因为早在春秋时代，已有文献不足征之感了。

　　公元前 213 年，秦始皇称帝之后，丞相李斯建议："非秦记皆烧之，非博士官所职，天下敢有藏《诗》《书》百家语者，悉诣守尉，杂烧之。"[16]毫无疑问，很多图书是被焚毁了，其中主要是当时各国的历史记录、儒家经典和法家以外的诸子百家学说。但也有部分得以保留，因焚书令中，有很多种书籍是明白规定不在焚毁之列的，特别是《秦史记》和博士官所藏的书籍，以及医药、卜筮、种树等实用书籍都加以保存，也有很多私家藏书亦未被焚毁。

　　焚书令只严厉执行了一段很短的时间，禁书的种类亦有相当的限制，当李斯在公元前 208 年死后，焚书令的执行可能便松弛了。可是当公元前 206 年秦室覆亡，项羽攻陷咸阳，焚烧秦宫室，因为不加甄别，可能将秦代官方留存的书籍又都付之一炬。现在已经没有汉代以前的史料可以覆按，我们无法估计，到底有多少书籍因政府的管制而亡佚，有多少因后来的灾害而毁灭。总之，这是中国历史记载中书籍和文献所遭受第一次最大规模的损失。

七、古籍的整理

　　公元前 206 年，农民革命将秦朝推翻，汉朝继承大统。经过百余年内修政治、外张武功，汉武帝时代便成为中国历史上的一个辉煌的时期。嗣后，汉朝崇儒，更奠定了中华民族文化的基石。儒家思想代替了其他各派学说，而唯我独尊。儒家学者经过太学及考试而入仕政府。由于儒家的学术是基于古代的经典，因而儒家的胜利，便导致古籍的复兴。公元前 191 年，秦始皇所诏颁的"挟书令"被废止，其后数十年间，儒家的古籍乃逐渐复出。

对古籍做有系统及广泛的收集，直到汉武帝时方才开始，"于是建藏书之策，置写书之官，下及诸子传说，皆充秘府"。[17]丞相公孙弘广开献书之路，"百年之间，书积如丘山"。[18]政府派人四出搜寻存书，重赏征借私人藏书，加以抄录。以往政府档案文献，都由起草官书的机构保存。如今中国历史上第一个皇家中央图书馆建立起来，有系统地收藏和管理各种书籍。

全国性的搜求藏书继续不断，收集之书，更加有系统地整理和考订。公元前 26 年，光禄大夫刘向和军事专家、史官及侍医各一人，负责校订经传、诸子、诗赋、兵书、卜筮、医药等书。每书校完之后，刘向便将各种书籍的篇目分别条列，更将内容摘要记录，上奏于朝廷，称为《别录》。刘向工作了 19 年，终其一生，未能完成校雠的工作。刘歆乃继承父业，从事这项艰巨的工作。刘歆是一位著名的经学大师，他将当时所有藏书分为六类，编成第一部分类书目，称为《七略》，计分六艺、诸子、诗赋、兵书、术数、方技等六大类，其下又分 38 小类。刘向的《别录》是中国最早的一部解题书目，刘歆的《七略》则创造了中国目录学上主题分类及著录编目的制度。

这两种目录如今都已散佚，但我们知道，刘歆的书目里所收的书籍约 600 种，共 1.3 万篇卷。约在一个世纪后，班固在他的《汉书·艺文志》里采用了这个书目，其中种数及篇数亦大致相等。这些著述中，大约有 150 种或四分之一完整的或部分保留至今，其中包括一些辑自其他书籍的断章残句。虽然《汉书·艺文志》里所记载的著述，现在大多已不存在，但是从目录的著录中，我们可以窥见这些著述的大概内容和当时学术发达的大致情况，也可显示汉代的国家图书馆藏书之一斑。

不仅政府在搜集书籍，私人也在收藏。皇族、官吏以及学者对于藏书都颇有兴趣。如河间王刘德、淮南王刘安，更悬重赏并抄录副本给愿意出让先秦著述的人，即使是断篇残简也加以收罗。著名学者蔡邕的个人藏书便有一万余卷。我们知道在公元前中国已有书店，扬雄（前 53—后 18）的《方言》里曾述及"书肆"，书籍的买卖应当更早。据说王充（27—约 97）幼年清贫，没有钱买书，只得在洛阳的书肆里浏览，想来那时的书籍价高，不是一般人所能拥有。

汉代的文学、历史等各种著述数量激增。儒家的石经和一些学者的传注，成为当时及后世学者解释经典的标准。更有许多哲学、科学，诸如天文、数学、植物学、医学、农业和工艺等等的著述产生，使得汉朝的文化更加灿烂辉煌。

虽然书籍在大量生产和收集，但由于几次政治扰攘，兵祸连绵，散失也不少。公元 23 年，义军讨伐王莽，长安沦于火海。东汉光武帝（25—57 年在位）复位之后，方再进行搜求古籍的工作。据说光武帝从长安迁都洛阳时，有 2 000 辆载满书籍的车辆随行。至 2 世纪初，东汉的藏书已较前增加了三倍。但东汉末年董卓之乱，洛阳被毁，无数书籍复被掠夺或焚毁。当190年由洛阳迁都回长安时，很多用缣帛写成的书籍，都被用作帐幕或囊袋。另外的书，不是被焚毁于洛阳，便是在装载西运时沉于河底。很多劫后残存的书籍，更被毁于208年的另一次新的动乱中。隋代的牛弘曾说，东汉200年间书籍的几次大毁灭，是中国古代书史上另一次重大的损失。

八、 宗教文学的盛行

自220年汉亡，至589年隋朝一统以前，其间有300余年政权分裂，战祸连绵，加之西北边界的外族入侵，实是中国历史上的"黑暗时期"。南朝诸代，中国的学术文化幸能继续繁衍。北朝有匈奴、羯、鲜卑、氐、羌各民族分据中原，相继立国。但中国文化延续未断，即使在北朝诸胡的国内，汉语文字仍为日常生活的主要工具。知识分子仍然宗奉儒家传统，道家学说蜕变而为宗教，佛教于公元初传入中国而盛行于此时，当诸胡入侵，政治不修，人们开始从这种遁世的新信仰中寻求慰藉。

佛教的传入，不仅在中国思想史上是一件划时代的重大事件，即使在学术发展及文化普及方面，亦复影响深远。最初，佛教在学术界没有重要的地位，只在民间流传。由于宗教需要文字相助传播，佛经乃陆续被译成中文。第一部佛经译本出现于东汉，3世纪时译本数字大量增加，僧人竺法护译经达149种。不仅北朝诸帝皆皈依佛门，即在汉人统治的南朝，佛经亦成为皇家藏书的重要部分。隋朝（581—618）统一后，佛教书籍的产量到达了最高峰，佛经翻译更受到鼓励。581 年，文帝令抄录佛经，置于各大都邑的寺院，同时又别制抄本，藏于秘阁中。终文帝之世，计抄写佛经 13 万卷，修治故经 400 部，"天下之人，从风而靡，竞相景慕，民间佛经多于六经数十百倍"。[19]

606 年，炀帝定鼎东都，下令设立一个专门的翻经馆，更召聘专人负责其事。《隋书·经籍志》中的著录，包罗当时国家所收藏的重要文籍，其中除主要的四部之外，并在子部增入佛、道两类。其中计收道家经典 377 种，共 1 216 卷；佛教经典 1 950 种，共 6 198 卷，佛经总数几达《经籍志》的二分之一，卷数约占六分之一。这是中国正史中最早将宗教文献列入收藏的开始。佛经在数量上能与儒、道两家经典相抗衡，实由这一时期中佛教的广被，而佛经大量生产的需要，便成为刺激印刷术发明的一种重要因素。此书的断代迄至公元 700 年前后初唐时期印刷术发轫之初，以后的发展将在续篇中再加详述。[20]

注释

〔1〕参见 Thomas Francis Carter, *The Invention of Printing in China and Its Spread Westward*, 2nd ed. rev. by L. C. Goodrich（New York, 1955），41, 212；张秀民：《中国印刷史》（上海，1989）；钱存训：《中国科学技术史：纸和印刷》，刘祖慰译（北京、上海，1990）。

〔2〕德国汉学家劳佛（Berthold Laufer）说："中国墨的优良，绝非西方的产品可比；欧洲的艺术家误认其为'印度墨'（India Ink），使用了许多世纪，直至如今，仍无其他物质可以比拟。"见 Frank B. Wiborg, *Printing Ink: A History with a Treatise on Modern Methods of Manufacture and Use*（New York and London，1926），2，41－42。

〔3〕钱存训：《中国对造纸术及印刷术的贡献》，马泰来译，《明报月刊》第 84 期（1972），第 2—7 页；另见联合国教科文组织《信使》（*Corrier*） 月刊 14 种语文版；参见钱存训：《印刷术在中国传统文化中的功能》， 《文献》1991 年第 2 期，第 148—159 页。

〔4〕据估计，目前全世界以英文为母语的人口约为 3.1 亿，作为第二语言的 人口近 3 亿，总共约有 6 亿。使用中文的中国汉族人口约 11 亿，加上 其他地区使用汉字的人口应在 12 亿以上，为使用英文的两倍。另据 *Cambridge Factfinder*，3rd ed.（Cambridge，1998），456，1990 年统计全 世界最通行的 20 种母语语文中，中文居首位，共 10.7 亿人；其次为以 英语为母语者，共 4.27 亿人。

〔5〕西方学者如翟理斯（Herbert Giles）等谓，直至 17 世纪或 18 世纪中国 著作的数量，比世界上其他国家全部书籍产量的总和还要丰富。据作 者估计，在公元 1500 年以前，中国书籍的总数应比西方各国为多，迄 至明末，著录的书约有 2.5 万种、25 万卷。但自西洋印刷术发明以后， 书籍产量激增，到 15 世纪末，所谓"摇篮本"即已达 3 万种，而德国 一国所产即占其中三分之一。因此，中国书籍的数量便逐渐落后了。

〔6〕培根在其著作中，引证有关汉字的原理与应用，以及造纸、陶瓷、火 药等中国的发明之处颇多；详见 Tsuen-husin Tsien，"A History of Bibliographical Classification in China，" *Library Quarterly*， vol. 22 （1952）：308。

〔7〕《墨子》卷八。

〔8〕《左传》定公四年，又见僖公二十六年。

〔9〕顾立雅《论〈尚书·君奭〉》，见 Herrlee. G. Creel，*The Birth of China: A Study of the Formative Period of Chinese Civilization*（New York， 1937），254－255。

〔10〕史，《说文》："从又持中。中，正也。"清江永谓"凡官府簿书谓之 中"；吴大澂谓"象手执简形"；王国维谓"是盛筭之器"；马叙伦谓 "中是笔，记事的会意"；陈梦家谓"史为田猎之网"；劳榦谓"中是 一种'弓钻'，为钻灼卜骨之用"。清代诸家之说，具见王国维《释

史》所引，见《海宁王静安先生遗书》卷六；近代诸家之说，参见李
孝定：《甲骨文字集释》（台北，1965）第 3 册，第 953—970 页。

〔11〕《左传》昭公十五年。

〔12〕《左传》昭公二十六年。

〔13〕《史记》卷一百三十《太史公自序》。

〔14〕《吕氏春秋》卷十六。

〔15〕《韩非子》卷四、卷十九。

〔16〕《史记》卷六。

〔17〕《汉书》卷三十。

〔18〕《太平御览》卷六百一十九。

〔19〕《隋书》卷三十五。

〔20〕本书的续编，见 Tsuen-hsuin Tsien, "Paper and Printing," in *Science and
Civilisation in China*, Joseph Needham ed., vol. 5, part 1（Cambridge,
1985, rev. 3rd ed., 1987）。中文本：《中国科学技术史：纸和印刷》，刘
祖慰译（北京、上海，1990）；《中国之科学与文明：造纸及印刷》，刘
拓、汪刘次昕译（台北，1995）；郑如斯编订《中国纸和印刷文化史》
（桂林，2004）。日文本：《中国の纸と印刷の文化史》，久米康生译
（东京，2007）。

第二章

甲 骨 文

一、 甲骨文的起源和性质

现存中国最早的文字，大多是书写或契刻在兽骨和龟甲上的刻辞。这些甲骨刻辞都是商代后期和周初的文字记录，也是3 000年前王室档案的一部分。殷人广泛使用甲骨制作器具和装饰，特别是用来作占卜、祭祀和书写材料，这些乃是上古中国文化独具的特色。占卜时使用兽骨并不自商代始，更可追溯至远古。中国许多新石器时代的遗址，曾发现不少兽骨和龟甲的碎片，上有灼痕，只是没有文字。[1]殷人可能承袭了这种用甲骨作为祭祀的传统，加上文字，以作贞卜的记录。

根据记载，周代继续使用甲骨祭祀，但贞卜文字主要书于竹帛。[2]近年来颇有一些周代早期的甲骨出土，但刻有贞卜文字的为数不多。大概西周承商代之后，最初仍继续商代传统将卜辞契刻于甲骨。稍后，因竹帛使用已很普遍，书写当较契刻为简便，因此，卜辞便逐渐改写在简策和缣帛上，而不再承袭商代制度，将甲骨广泛应用作为记录文字的主要材料。[3]

甲骨文大致可分为两大类：贞卜文和记事文。非贞卜的记事文较少，有些记事乃是贞卜文的一部分。甲骨文中最普遍的是祭祀、战争、田猎、旅行、疾病、风雨、吉凶和其他关于神灵、自然现象以及与人事有关的记录。当帝王需要决定或预知在当晚或十日内可能发生的福祸事件时，通常便以甲骨来祈求祖先或神灵之助。贞卜完毕，贞人或祭师便将疑问、解答，以至卜后的征验之辞，记载在甲骨上。现存的甲骨文，大多是这一类殷人祭祀和贞卜的记载。

对商代前期纪年的考订虽尚未做出准确的结论，但采用各种方法，大部分的甲骨文仍能粗略地断定它们的年代。根据专家研究，这些甲骨文字是从公元前 14 世纪后期盘庚十四年迁都安阳后，到公元前 11 世纪中叶帝辛灭亡前这一时期内的记录。根据最近公布的夏商周断代工程报告中所推测的年代，[4]盘庚十四年即公元前 1300 年，殷亡在公元前 1046 年，所以现有的商代甲骨文字大部分都是这一段时期内的记录，前后经历八代、十二王，共约 250 年。至于这些甲骨文字中是否有盘庚时代或更早的卜辞，至今还是一个争议中的问题。

二、 甲骨文的发现和研究

约当 19 世纪末叶，河南安阳的农人在田野间偶尔发现了甲骨的碎片。最初这些甲骨被认为是龙骨，卖到药店里作为处方治病之用。1899 年，刘鹗客游京师，过王懿荣寓所，王氏适患疟疾，服药用龙骨，刘鹗发现甲骨上载有古文字，便开始收集研究，因此甲骨乃成为古物收藏家搜罗的对象。100 年来，估计有 15 万片以上载有文字的甲骨出土，其中约有 7.2 万片为 1928 年以前多次私人发掘所得。以后约有 2.8 万片为前中央研究院及河南省博物院所掘获。自 20 世纪 50 年代以来，迄今又有 6 万多片有字甲骨在各地发现。[5] 甲骨是脆弱而易碎的材料，现在所存的大多是碎片，虽有完整的，但为数很少。这些甲骨片上所载的文字，每片自 1 个以至 100 多个不等，平均以一二十字者为多。

　　私人所获虽较其后科学发掘所得为多，但科学发掘现场的情况和数据在研究上有很大的价值，更是断代研究所根据的重要资料。自 1928 年至 1937 年，中央研究院历史语言研究所采用考古上的科学方法，在河南安阳附近的小屯，前后发掘 15 次，出土甲骨共得 24 918 片。其后虽亦曾在他处发现，但绝大多数的甲骨皆自小屯出土。

　　最重要的一次发现是 1936 年，在一处整坑中有 17 096 片甲骨出土。除了数量甚少的兽骨外，其余都是龟甲，可能当时是有计划地将龟甲存储于一处。他处的发现大多是碎片，而此坑中有近 300 版完整的龟甲，有早至认为是武丁时代的，也有几片的时代可能更早。除此之外，这批甲骨文更有以毛笔蘸墨汁书写的。有些甲骨则在契刻的槽痕中，填入红色和黑色颜料以为装饰。以前很少发现的龟背甲和修整的龟背甲也在此出土。[6] 1929 年至 1930 年间，当中央研究院做第三次发掘时，河南省立图书馆也做了两次发掘，共出土字甲 2 673 片，字骨 983 片，合计 3 656 片。

　　1950 年后，中国科学院考古研究所重新进行安阳发掘工作，甲骨陆续出土。1958 年至 1959 年间，出土甲骨 648 片，有字者仅 2 片，似为武丁时期之物。继 50 年代小屯西地、东地不断发掘之后，1971 年又发现卜骨 21 片，有刻辞者 10 片。1973 年在小屯南地发掘所获最丰，共得甲骨约 7 000 片，其中有刻辞者近 5 000 片，绝大多数为有关祭祀、天象、田猎、旬夕、农业、征伐、王事等类卜辞；也有一些习刻和记事的刻辞。据考证，这批甲骨皆为殷代中晚期遗物，以武乙卜辞为主，康丁次之，文丁较少。

　　20 世纪 80 年代之后，殷墟地区除小屯、后岗、大司空村等地以外，甲骨文发现的地点逐渐扩大。如 1991 年在花园庄东、殷墟博物苑南发现一甲骨坑，出土甲骨 1 583 片，其中有刻辞者 579 片，特别珍贵的是大版卜甲很多，完整的字甲近 300 多版。这是继小屯两次最多的发现之后，又一次重要的收获，也是殷墟甲骨出土的一个新地点。近年来，甲骨文的发现更已超出殷墟地区，河北、陕西、河南、山东等地甚至长江流域均有商、周甲骨出土。[7]

　　周代甲骨出土，最早是 1954 年在山西洪赵县发现的一片，上刻 8 个字。自 20 世纪 70 年代以来，周代甲骨续有发现。1977 年陕西岐山县凤雏村两次发现周初武王克商前后甲骨共 1.7 万多片，但仅 200 多片有文字；1979 年陕西扶风县齐家村发现 22 片，其中 5 片有刻辞；1983 年河南洛阳西周铸铜遗址再次发现卜用甲骨；80 年代安徽巢湖市西周遗址也发现了 20 多片完整的甲骨；1988 年湖北襄樊地区竟发现长江流域第一片西周有字卜骨；1999 年，少数有字甲骨在北京地区的琉璃河等地发现。[8] 这些已发现的周代卜辞，其规模及内容都不能和商代甲骨相比，但对周初历史和制度的研究具有一定的作用。

甲骨文的研究，现已成为一门专深的显学，研究者需具有多方面的知识和训练，如古文字学、金石学、古代史地、考古学、人类学、天文学和历法等。据估计，自 1899 年最初发现至 1999 年止，在这 100 年中，已有几百位中外学者写成 1 万多种有关甲骨文字和商代史事的著作，[9] 为甲骨文字的诠释和中国古代史的研究，奠定了坚实的基础。

甲骨文亦可用来和古籍参照比勘，有些古书的记载证实可信，而有些却与甲骨文所载不同。自从学者断定甲骨文字的年限后，即被用以研究以往混淆不清的商代年历，或以之研究当时的社会经济情况，特别是商代的社会结构和家族制度。但甲骨文资料多甚零碎，解释各异，因之所得结论也多不相同。近年来，学者正致力于缀合甲骨碎片，使之复原，且有以电子计算机试作缀合。[10] 这样字句可以较长，较易通读，因此解释也可更为正确，作为史料当更有意义。

三、 商代的字汇和书体

商代的字汇实际有多少尚无定论，现存的甲骨上所载字数已过百万，但大多数的文字都是一再重复。现在所知的甲骨文单字已逾 5 000，其中仅 1 500 多字可解。其余，包括许多人名和地名，仍不能通读。[11]

有些学者认为，以此有限字汇，殷人不可能写出长篇作品。作者认为这种说法并不可信，因为甲骨文的字汇并不少于周代金文和长篇作品中所包含的字汇，而金文使用的时间却较甲骨文约长三倍。一些周代流传下来的个别作品，一般字汇都在 2 000 字左右，最多的也不过三四千字。[12] 贞卜文是一种特殊性质的记录，仅适用于某些特殊的场合，因之它所包含的字汇，只是整个文字中有限的一部分。换言之，殷人也一定写过较现存甲骨文字为长的作品，如《尚书》中的《盘庚》篇等，可能是商代流传下来的部分作品。商代文籍的罕见，主要应该是因为年代久远，保存不易而散佚，而不一定是由于字汇有限而未产生长篇的作品。

由现有各种不同材料上所载文字来看，商代的字体至少有两大类：甲骨文和金文。商代金文一般较具装饰性，也更近图画（图版四），较诸简单而抽象的甲骨文，更类似原始的象形文字。但由于我们对商代金文大多不识，因此也无法确定其意义和年代。大抵愈近象形的金文，年代可能愈古。它们之用于商代，似具装饰作用，正如现今仍用古体字雕刻图章印信一般。甲骨文应该是商代通行的字体。

甲骨文虽是我们现在所知中国最古而较完备的文字，但相信它的发展，至少已经有三千多年。[13] 它的构造已相当完备，而具备中国文字构成的多种原则（见表一）。甲骨文字中最多的一类是代表实物的象形字，如人体、动物，以及自然的物体和人造的器物。它们并非简单的图画，而是一些约定俗成的符号，简单有力地表现出各种实物的特性。例如：表示动物的符号都是极简单的线条，大多直立或侧影，头部在上方，以便直行书写，面部向左，因此行格自右至左。其次，便是会意字，以符号代表意念而非实物。它们代表一个动作或一种方位，或以其组合表示某种意义。

表一　甲骨文字构造原则

原则		举　　　例							释意
象形	a	人	女	子	口	自（鼻）	目	右（手）	止（足）
	b	马	虎	犬	象	鹿	羊	蚕	龟
	c	日	月	雨	申（电）	山	水	禾	木
	d	壶	鬲	弓	矢	丝	册	卜	兆
会意	e	斗	糟	狩（兽）		乳			
	f	暮	明	聿		史			
	g	上	下						
形声	h	骊	祀	妊		洹			
	i	来	风（凤）						
		1	2	3	4	5	6	7	8	

注：表中释意栏目从上至下分别为：人体全部或一部；动物正像或旁像；自然物体符号；人工器物符号；象形字组合表动作；象形字组合表意义；指示位置；象形加音符表示新意；同音字表另意。

62

最少的是形声字，它们是象形字和音符的结合，或是以同音的字来表示另一意义。形声字的少见，正说明了它们在中国文字的发展中出现较晚。大多数后来增加的新字，都是基于形声的原则而来。[14]

一般说来，与后世的字体相比，甲骨文的字体较不固定，有些字的结构变化很大，其他的字组合部分也常有变化。由于甲骨文字是用尖锐的工具刻成，所以直线比曲线多。但在金文中，则曲线多于直线。甲骨文笔画因尖挺快刻之故，尾梢都尖锐有力。

甲骨文的字体是随时间的前进而有变迁。早期卜辞最多的武丁时代（约前 1250—前 1192），字大、笔画粗重有力，甲骨通常光滑，有些在刻字处填上朱砂，增加美观。这种早期的字体，逐渐为细弱不规则的笔画所取代。除文武丁时代（约前 1112—前 1102）的一个短时期外，其他晚期的甲骨文字都是非常细小，笔画精细，结构平衡，行列整齐。陕西岐山凤雏之西周卜甲，许多字更小如粟米，笔道细如发丝，用数倍放大镜才能看清，刀法刚劲有力，运笔自如，是研究微型雕刻与书法的艺术珍品。

四、 甲骨的形式和契刻

殷人以兽骨、龟甲作为祭祀和记录的材料，其中兽骨多是牛骨，特别是水牛骨，此外也有少数的鹿骨、羊骨、猪骨和马骨。殷商时牛的用处很多，不仅用于农耕，亦用于祭祀，因此采用牛骨则很普遍。由卜辞中得知，每次祭祀所用之牛只多至数百头，甚至千头。[15]这种牛只，除少数沉在水中、埋在土内或焚化作为祭献之外，其余的多供食用，而若干骨骼则留作占卜。

龟甲大多产于南部，乃是各地方诸侯献于朝廷的贡物。据古籍所载，以龟甲作为贡物的大多是现今长江流域一带的诸侯。[16] 安阳出土的龟甲，证明确为长江流域和南方沿海各省的出产。卜辞中有"屮（有）来自南氏龟"或"贞龟不其南氏"的记载。现存的卜辞中，有关龟甲入贡的记录不下 500 余次，一次进贡的龟甲有多至千余片的。殷代王室所收到的龟甲，据记载，前后共达1.2 万余片。[17]

安阳出土的龟甲和兽骨的数目大致相等。由数量和其所载文字来看，龟甲和兽骨在用途上并没有很大的分别。但有些学者认为龟甲是主要的材料，而兽骨只是在龟甲不敷应用时的代替品。贞卜中最常用的兽骨是牛胛骨，因它有较宽阔而光滑的表面可供契刻，其他如胛窝骨、肋骨、头骨只是偶尔用之，且多用于史事的记载。

用于贞卜的龟甲有腹甲、背甲和修整过的背甲三种。腹甲通常是用整片的，背甲则多锯成两半，大概是因为背脊中央突起而不是平面的缘故。背甲之用甚为罕见，它有时修整成椭圆形，中央有一孔，显为贯串之用。在第十三次发掘中，曾发现一批切去边缘的右半背甲。但 1973 年河北藁城台西村发掘出土商代后期卜用甲骨 497 片，其中背甲、腹甲的修治与安阳殷墟出土的不同，背甲保持完整并不锯开，可知商代甲骨占卜的演变过程中也有一定的地方特点。[18]

龟腹甲的长度自 14 厘米至 45 厘米，宽度约 7 厘米至 35 厘米不等。一般来说，长 28 厘米、宽 20 厘米、厚 0.6 厘米至 0.7 厘米者最为常见。半背甲的长度自 27 厘米至 35 厘米，宽度 11 厘米至 15 厘米不等，而以小者较常见。经过修整的背甲很少见，其长度约 12 厘米至 16 厘米，宽度 5 厘米至 6 厘米。[19] 有一件大腹甲，长约 45 厘米，宽约 35 厘米，经考证与马来半岛所产的大龟甲相似。[20] 一般认为中型和小型的龟甲，取自产于长江流域的淡水龟。这种龟大概经人带至安阳蓄养，以供贞卜之用。

龟背上的胶质物被除去之后，便加以刮平磨光。龟甲内面，凿以一些长约 1 厘米的椭圆凹窟，而以一些圆洞为连贯。兽骨的处理，一般相同。每片甲骨有凹窟二三个以至 200 个不等。1929 年，前中央研究院发现武丁时代的大龟甲，有凹窟 204 个，其中 50 个曾被使用过。这些凹窟都排列整齐，在腹甲上通常两边凹窟的数目都相等。加热之后，这些凹窟使龟甲的另一面呈直行的裂痕，而圆洞则呈横行的裂痕。所以，"卜"字（见表一，d7）的长竖有短撇在其左侧或右侧，实际便是这裂痕的象形。其音读如 bu、p'u、puk 或 pou，也就是破裂时的声音。至于"兆"字（见表一，d8），则是一组呈现于龟甲或兽骨上的裂痕。

龟甲上发生裂痕之后，贞卜文便由祭师或史官书写或契刻下来。虽然绝大多数的甲骨文是刻成的，有些龟甲的内面却有以笔蘸朱砂或黑墨书写的文字。至少有 20 个这样的例子曾经被发现，但没有一个是书写在龟甲外壳的。1929 年的发掘获得 3 片兽骨，上面有未曾契刻完工的书写文字。这个发现，说明了甲骨文可能是先以笔墨书写，然后才加以契刻，但也有相反的说法，即并不书写而系直接在甲骨上施刀。[21] 刻后的文字，有的填上朱砂，特别是武丁时代的甲骨文字；更有填以绿松石以为装饰者，大多是商末之物。

甲骨文字排列的顺序和现今无大差异，直行由上到下，横行则从右至左或从左至右。经显微观察，契刻的方法似与书写的顺序不同。也许在契刻时由上而下较为方便，所以契刻者在刻不同的笔画时，每将甲骨旋转，以便取势。可能先刻好所有直行和斜行的笔画，然后将甲骨横转，仍竖着刻余下横行的笔画。小字和细笔画，每画只刻一刀，但大字和粗笔画，每画则须刻两刀，由笔画的两边刻下，剔去中间，便成一笔。但也有人认为刻字时的基本方法是逐字契刻，而不一定是先竖后横地刻。[22] 刻字的工具一说是动物的尖齿或玉刀，但最可能是铜刀和剞劂。根据最近观察摹刻实验所得出的体会是，刻字之前甲骨并不需要软化，刻字工具采用含锡量 20% 至 25% 的青铜刀，其硬度和韧性都很适宜于刻画。

五、 卜辞的内容和排列

卜辞的内容通常为天象，如日蚀、月蚀、晴、雨、风、雪等；有定期的预测，如卜旬、卜夕等；有预测将要发生的事故，如旅行、渔猎和战争等；有生、死、病、梦等人事的休咎，以及对祖先和神灵的祭祀。甲骨文最常见的是卜旬，每十日的最后一天，便预测下旬的休咎。商代之以十日为单位，正如我们现在以七日为一周一样。由于每十日作一次预测，一年便有三十六次。有商一代的统治者，似乎都奉行着这个传统。

卜辞通常有一定的格式。其上有零散的数字，是记卜兆的次序。裂纹或正文之旁，有二或三字的短句，可能是说明兆的吉凶。[23]卜辞中最主要的部分，是有关预兆的叙述，通常为数组不同形式而极简单的句子。

一篇完整的卜辞大致可分为四个部分：（1）序辞，包括贞卜的时间和贞人的名字。（2）命辞，包括问题和期限。（3）占辞，通常包括国王对卜兆的解释。（4）验辞，记验事实与预卜的结果是否相符。但今日所见的甲骨文字大多残缺不全。现选录武丁（前1250—前1192 年在位）时代的一篇较长的卜辞于下，以为示例：

癸巳卜，殻（卜者）贞：（*序辞*）

"旬亡田？"（*命辞*）

王固曰："业祟，其业来婕，三至？"（**占辞**）

五日丁酉，允业来婕自西，沚戛告曰："土方征于我东啚，弐二邑。吕方亦牧我西啚田。"（*验辞*）

这段卜辞共 51 字，是目前发现较长的卜辞之一，[24]记在一片兽骨的左面（图版二，左第四行起），骨上共有文字三段，除中间选录的 51 字外，两侧分别为 45 字和 32 字，共载 128 字。其他兽骨，亦有记载同样长篇的卜辞，如一片拼合的兽骨，上载 54字。[25]一片甲骨上，常有载字多至数百者，但均为不相关联的片断，贞卜于不同的时间。例如 1929 年发现的一片大龟甲，载有277 字，分为 28 个单位，最长的单位有 15 字。

现存甲骨文中，较长的卜辞有 98 字，载于一片兽骨的正反两面。1973 年安阳小屯南地发现商后期的一片习刻卜骨，骨辞长达 82 字，三面刻辞，正面 51 字，背面 21 字，侧面 10 字。[26] 兽骨上较长的卜辞，大多是武丁时卜旬的卜辞。一般来说，每片甲骨载有 10 字左右。因为甲骨易碎，现存者大多是碎片。

甲骨卜辞的顺序，大多从上到下，有如后来文字的排列一般。但行列的顺序似无一定的规律，有时自右而左，有时自左而右。例如图版一的龟甲，记载预卜当年收成的卜辞，右半载正面问题，自左而右；左半载反面问题，却自右而左。有时两个半面上文字的正反也不同。这种对称的排列，相信只用于卜辞，原因是为了表示文字的平衡和为了避免犯兆（裂痕）。商代其他的骨文、石刻、玉文、金文，都是从右至左直行书写，极有规律，相信卜辞不规则的排列，只是一种偶尔的例外[27]。

六、 甲骨中的记事文

甲骨文多是卜辞，但其中也有些非卜辞的甲骨文。它们或是附刻于卜辞的杂记，如甲骨的数字等；或是刻于未经灼卜的甲骨上的记事文。各地诸侯进献甲骨时，常于龟甲边缘、甲桥或甲尾，记载入贡者的姓名和贡物的数量，如"雀入百五十"或"畫入百"等。有时骨臼中亦有这一类记事文。这种甲桥、甲尾及骨臼等刻辞，是武丁时所特有，现存的不下 800 余件。

记事文，或是卜辞中的一部，或单独成文。卜辞之后，通常附有征验之辞。这种征验辞本身便是史实。如王卜某日是否降雨，通常接着便记明"某日见雨"。如王占有凶，亦随记灾祸的来临。前中央研究院的第十三次发掘中，曾得一大龟甲，其左甲桥之边缘记曰：

> 丁酉雨，至于甲寅，旬又八日，九月。[28]

这是说九月自丁酉至甲寅，连雨 18 天。因为这是非常的事故，所以特别记载下来，以证卜辞之验。这种文字只是卜辞的一部分，并非单纯的记事文。

单独的史实记载常见于骨文，有些牛骨只记宫廷大事而非作为占卜之用。有几件骨简，上载狩猎战争之史实。由此可以推知，殷人除以兽骨用作简牍来记史实外，可能还用同样狭长形的竹简来记事。目前所知，最少有两根完整和一些破碎的骨简，正面刻有装饰的花纹和填以绿松石的文字。加拿大多伦多皇家安大略博物馆藏有一件虎骨，约长 22 厘米，载 20 字，文曰：

> 辛酉，王田于鸡彔，隻大霾虎。在十月，隹王三祀劦日。

大意是说，辛酉日，王（帝辛）出猎于鸡麓，捕获了一只猛虎，三年十日祭于天（图版三、甲）。[29] 此骨为帝辛三年之物，以最近公布的纪年推算，合公元前 1073 年。此外，一根完整长 28 厘米的兽骨和两根破骨记载了一次获犀的经过。[30] 完整的骨上有日期"五月，隹王六祀"，即帝辛六年，当公元前 1070 年。可能此骨便是猎获之物，记以志庆，并奖励有功之人。

另一公元前 11 世纪前半叶的残骨简，记有一段战争史实。此骨全长应为 20 厘米，宽 5 厘米，现存仅有原物的三分之一。刻辞分5行，共56字。大意为征伐西土某些方国，俘获而族1 570人、车2轮、盾180件、衣甲15副、箭若干支。第5行末文没有完毕，应该还有第6行，估计原文应有160字以上。[31]

在这骨简的背后有一干支表。在另一骨简上亦曾发现相似的纪日表，但干支的组合有错误，可能是初学刻骨者练习时所采用的。[32]在一些零碎的骨片上也有祭祀时日和人名的表格，可能是祭祀人作为备忘录之用。有时，骨片上也载有世系谱。

人类和动物的头骨亦曾被用来记载史实。有一件头骨上刻有记载祭祀祖乙的文字。另有3片安阳骨片，经古代动物学家鉴定，都是人类的前额骨。[33]至少有3件动物的头骨上载有关于狩猎的记载。[34]其中一件，长54厘米，宽22厘米，厚19厘米，上有"白兕"字样，大概是白犀牛的头骨。其余2片是鹿头骨，载有相似的文字，其中一片上有文武丁的名字（图版三、乙），可能这头鹿是帝乙（前1101—前1076）猎获之物，用以祭祀其父文武丁的。

安阳出土的一些以鹿角制作的器物，上面有些刻有单字。[35]作为装饰等用的骨片上，有时亦载有文字。如该地发现的一支压发针上载有文字，意为"王赐二针"。[36]殷人也曾在象牙上雕刻多种花纹，但还没有发现用以记载文字。

注释

〔1〕石璋如：《骨卜与龟卜探原》，《大陆杂志》第8卷第9期（1954），第265—269页。

〔2〕《周礼注疏》卷二十四谓"凡卜筮既事则系币"，注曰："以帛书其占，

系之于龟也。"疏曰:"书其辞及兆于简策之上,并系其币合藏府库之中。"

〔3〕关于周代甲骨出土,见本章注释〔8〕。

〔4〕见夏商周断代工程专家组编著:《夏商周断代工程 1996—2000 年阶段成果报告·简本》(北京,2000),第 60—61 页。

〔5〕甲骨发现 50 年总结,董作宾估计为 10 万片,见《甲骨学五十年》(台北,1955),第 185—188 页。胡厚宣估计为 16 万片,见《五十年甲骨文发现的总结》(上海,1951),第 65 页。1950 年以来的新发现,见王宇信、杨升南主编:《甲骨学一百年》(北京,1999),第 50 页。

〔6〕石璋如:《殷墟最近之重要发现》,《中国考古学报》第 2 期(1947),第 43 页。

〔7〕胡厚宣:《殷墟发掘》(上海,1955),第 98—101、113—114、134—135、140 页;《考古》1961 年第 2 期,第 63—76 页;又 1972 年第 2 期,第 2—7 页;第 5 期,第 43—45 页。关于小屯南地甲骨发掘报告,见中国社会科学院考古研究所编:《小屯南地甲骨》上下册(北京,1980—1983)。历年发掘及研究综合报告,见中国社会科学院考古研究所编著:《殷墟的发现与研究》(北京,1994);王宇信、杨升南:《甲骨学一百年》(北京,1999)。

〔8〕山西洪赵县卜骨,见《文物参考资料》1956 年第 7 期,第 20 页;岐山,见《文物》1979 年第 10 期,第 38—43 页;扶风,见《文物》1981 年第 9 期,第 1—7 页;洛阳,见《考古》1985 年第 4 期,第 371—379 页;襄樊地区,见《中国文物报》1989 年 1 月 13 日;北京地区,见王宇信、杨升南:《甲骨学一百年》(北京,1999),第 287—288 页。有关周代甲骨,见王宇信:《西周甲骨探论》(北京,1984)、《甲骨学通论》(北京,1989,下编有三章论西周甲骨)。

〔9〕濮茅左:《甲骨学与商史论著目录》(上海,1991),收录 1903—1987 年著述共 8 000 多种;宋镇豪:《百年甲骨学论著目》(北京,1999),收录 10 946 种。

〔10〕郭若愚等:《殷虚文字缀合》(北京,1955);严一萍:《甲骨缀合新编》(台北,1975);《甲骨文合集》(北京,1978—1983)共拼合 2 000 余版。周鸿翔曾在《殷虚文字乙编》中选出 221 片,根据甲片部位、大小、字

71

体粗细、文字部位等标准，编成号码，输入计算机，据称其中 40 片可缀合，惟方法尚待改进。见 Chou Hung-hsiang, "Computer Matching of Oracle Bone Fragments," *Archaeology*, vol. 26 (1973)：176－181。近来国内学者也做出相同的实验，见《考古》1977 年第 3 期，第 205—209 页。

〔11〕孙海波：《甲骨文编》（北平，1934），录 2 116 字，其中 1 006 字可读；增订本（北京，1965）录 4 672 字，可读者 1 723 字，见《说文》者有900 余字；李孝定：《甲骨文字集释》（台北，1965），收录可读及存疑之字计 1 765 字。但各家解释，意见分歧。松丸道雄、高岛谦一合编：《甲骨文字字释综览》（东京，1994），综合不同考释，逐一列举，可知各家意见。

〔12〕根据古籍白文计算，周代字汇，《易经》约 1 600、《书经》2 000、《诗经》3 000、《礼记》2 400、《春秋三传》3 900、《论语》1 500、《孟子》2 000、《墨子》2 600、《荀子》2 800、《庄子》较多，约 3 200 字。又容庚：《金文编》四版（北京，1985），收录 3 772 字。

〔13〕据西安半坡所发现的陶文，中国文字的起源可上溯至公元前 4000 年。详见第三章《陶器款识》。

〔14〕《说文解字》录字 9 353，80% 为形声字；宋郑樵《六书略》录字24 235，其中形声字占 90%，会意字及象形字分占 7% 及 3%。

〔15〕胡厚宣：《殷代卜龟之来源》，《甲骨学商史论丛初集》（成都，1944）第 4 册，第 5—6 页。

〔16〕参见《诗·鲁颂·泮水》《尚书·禹贡》。

〔17〕胡厚宣：《武丁时五种记事刻辞考》，《甲骨学商史论丛初集》第 3 册，第 55 页。又《殷代卜龟之来源》，第 11—12 页。

〔18〕石璋如：《殷墟最近之重要发现》，《中国考古学报》第 2 册（1947），第 42 页，图版 8：2、9：2。河北藁城商代后期甲骨，见《文物》1979年第 6 期，第 33—43 页。

〔19〕董作宾：《商代龟卜之推测》，《安阳发掘报告》第 1 期（1929），第73—78 页；胡厚宣：《甲骨学绪论》，《甲骨学商史论丛二集》（成都，1945）下册，第 3 页。

〔20〕董作宾：《武丁龟甲卜辞十例》，杨联陞英译，《哈佛亚洲学报》第 11

卷（1948），第 122 页。

〔21〕陈梦家：《殷虚卜辞综述》（北京，1956），第 14 页；董作宾：《甲骨文断代研究例》，《庆祝蔡元培先生六十五岁论文集》上册（北平，1933），第 417—418 页。

〔22〕董作宾：《武丁龟甲卜辞十例》，第 128 页；赵金全等：《甲骨文字契刻初探》，《考古》1982 年第 1 期，第 85—91 页。

〔23〕郭沫若：《卜辞通纂》（东京，1933）第 2 册《考释》，第 4 页；Wu Shih-ch'ang 吴世昌，"On the Marginal Notes Found in Oracle Bone Inscriptions," *TP*, vol. 43（1954）: 34－74。

〔24〕董作宾：《殷历谱》（1945）下编，卷九，第 43 页。

〔25〕郭沫若：《卜辞通纂》，592；第 3 册《考释》，第 129 页。

〔26〕罗振玉：《殷虚书契菁华》（1914），图版 3、5。小屯南地发现卜用甲骨，见《考古》1975 年第 1 期，第 27—46 页。

〔27〕Tung Tso-pin 董作宾, *An Interpretation of the Ancient Chinese Civilization*（Taipei, 1952），24－25.

〔28〕胡厚宣：《武丁时五种记事刻辞考》，第 67 页。

〔29〕William C. White, *Bone Culture of Ancient China*（Toronto, 1945），28, 97。据许进雄君告，虎骨是一只成年老虎的右前脚上膊骨，书体是典型的第 5 期。铭文中仅"靁"字的意义不甚明白，大概是威猛的形容词。

〔30〕商承祚：《殷契佚存》（南京，1933），426、427；同书《考释》，第 62、63、71 页。

〔31〕董作宾：《中国文字的起源》，《大陆杂志》第 5 卷第 10 期（1952），第 349 页。

〔32〕陈梦家：《殷虚卜辞综述》，第 16、44 页。

〔33〕《文物参考资料》1954 年第 4 期，第 5 页，图 1—3。

〔34〕董作宾：《殷虚文字：甲编》（上海，1948），3939—3941；唐兰：《获白兕考》，《史学年报》第 1 卷第 40 期（1932），第 119—124 页；郭沫若：《卜辞通纂考释》，第 125—126 页。

〔35〕董作宾：《殷虚文字：甲编》，3942。

〔36〕胡厚宣：《殷代卜龟之来源》，第 10 页。

第三章

金文和陶文

金属和陶泥所制器物，在中国古代皆用以记载文字。金文虽亦常见于黄金、铁和锡铅合金等器物上，而最普通的记录当系青铜器上的铭文。以铜器记载文字，自商至汉陆续不绝，但用于记录史实，却以周代最为普遍。中国古代铁器的大量使用，至公元前7世纪到前6世纪才开始，所以铜器乃是中国古代文化中最普遍且很重要的一种金属器物。

陶泥和青铜是绝不相似的两种物质，但二者却有着极密切的渊源和关系。不仅铜器的形式可能脱胎于陶器，即使所载的文字，在本质上也有许多相似之处。不过后来金文发展成为较长的史实记录，而陶文仍仅是较短的标记。这种演变可能是因为陶器易碎，不宜久存，而铜器则较坚固而耐久。自从东汉大量采用石碑记载有纪念性的文字后，金文就逐渐消灭而铜器便不再用于史实的记载。由金属印章在陶泥上打印作为竹木简的封泥一事，也可看出二者之间关系的密切。印章有时亦用于砖瓦款识，许多载有款识的战国和秦汉砖瓦，至今仍有不少保存良好的实物。

一、　金文的性质和类别

金文通常记载于彝器、乐器、兵器、度量衡、镜、钱币、印章和其他各种器物之上，其中以彝器所载文字最长。各种彝器用途各异，形状甚多，约有 30 种至 50 种主要的形制。一般说来，它们的名称大都铭刻器上，或记载于古籍之中。由于其形式和用途过于繁杂，较早的一些铜器目录，只是依照各种器物的形状加以粗略的分类。

一种较新的分类法是根据它们的用途，将铜器分成乐器、酒器、水器、食器、烹饪器、兵器、农器、度量衡、杂器等等。另有以其底部形状分为圆底、平底、觚形底，或三足、四足者。[1]不论如何分类，这些器皿通常皆由两大部分组成，主体可能是圆形、方形或长方形，配上造形的结构，如柄、足、盖等。一般说来，圆形的器皿多是三足，方形和长方形的多为四足。

器物上的文字并没有固定的部位。有些因为要表示外形的美观，将文字铸在器物的外面；但较早期的铜器，无论是圆形或方形，三足或四足，铭文大多铸在器物的内部。字数较多的铭文，大多见于面积宽大的鼎、盘、簋等器物的底内。有盖和柄的器物，铭文也有时铸在盖和柄上，也有极少数铸于耳、口、颈、足等处的特别部位。[2]

青铜器具的铸造一般都很精美。一些商代遗留下来的青铜器含铜约 80% 至 85%，含锡 15% 至 20%，并杂有少量的铅及他种矿物。[3]铸铜之法，不外合范和失蜡。一种是将生铜熔解，直接倾入两半或四模合成的陶范之中，然后将合范分开便成铜器。另一种较晚的方法是以蜡做范，待蜡熔去后，模型便成。安阳出土的许多陶范，可能是殷人制作铜器的模型。周代有些铜器的铭文是每字一范，或者数字一范，然后将许多单元合成全文，很近似后世所用的金属活字，也可以说是活字版使用的先河。[4]

除作为饮食和日常用具之外，古代的青铜器皿大多用于祭祀或丧葬，贵族家庭尤多以之作为陪葬品。由于意外的发现，或盗墓者的发掘，因此这些铜器历代都有出土。有些诸侯在被他国征服以前，其祖先的坟墓已早被盗发。据记载，有些汉代的王公们更雇用职业掘墓人盗掘古墓中的财宝。[5]

自20世纪50年代以来，经由科学发掘，或在工地发现，很多重要的青铜器陆续出土。发现的主要地区有河南新郑、洛阳、浚县、安阳、郑州和辉县，陕西长安、岐山、扶风、宝鸡和临潼，山西的浑源，安徽的寿县，以及湖南的长沙。此外，南方的湖北、江西、广东、广西，西南的四川，东南的山东、江苏、浙江，西北的甘肃、青海、内蒙古，北方的河北以及辽宁等地区，都不断有新的发现。其中有些地区不仅数量很多，更有不少精品。例如陕西城固一地自50年代以来出土商代武丁王朝以后青铜器500多件，品种20多个，是已发现的青铜器杰出作品群之一；又如1976年安阳妇好墓出土青铜器468件，其中有铭文的达190件，妇好是商王武丁的帝后，其名亦见于甲骨文。其他如1978年湖北随县曾侯乙墓出土的编钟64件，有铭文2 800余字，是音乐史上的奇葩；1984年至1985年陕西长安出土的井叔家族自制的钟、鼎、方彝等器物，也都十分珍贵。这些古物，大多是在其原制造地出土，但由于馈赠、贿赂、嫁奁以及掠夺的结果，亦有些古物在他处发现。

出土的青铜器虽多，但在 1950 年以前，载有文字的不过六七千件；其中约有 1 000 件为商器，1 000 件制于秦、汉，其余 4 000 多件则都是周代之物。[6] 50 年代以后出土的青铜器，迄至 1978 年底，其中有铭文的有 1 000 多件。金文大都简短，但较诸甲骨文要长且完整。平均每器载文 20 字至 50 字，也有少于 10 字或多于 100 字的。如 1974 年河北平山县发掘的战国墓群，出土有铭文的青铜器 50 余件，其中有长铭文的 4 件，如中山王鼎有铭文 76 行、469 字，是近年发现的战国青铜器中铭文最长者，其他如中山王方壶有铭文 40 行、448 字，𫓧鏊壶有铭文 59 行、182 字。而现存青铜器铭文最长者则为西周的毛公鼎，载文约 500 字。[7]

金文的字汇不比甲骨文多，根据容庚的《金文编》和《续编》，周代和周代以前的金文，今日可以通读的有 1 800 多字，不可通读的约有 1 200 字；秦、汉的金文，可读的将近 1 000 字，不可读的有 300 余字。但现存甲骨或青铜器上所有的字数，并不能代表古代中国文字所有的字汇。因为出土的文物只是少数，而其上文字所记述的范围亦很有限，并不能代表当时全部可能的作品。

商代和两周的金文一般都是范铸于青铜器之上，较晚的金文也有雕刻上去的，像有些楚器上的文字都是刻画而成。字体的大小，一般为 2 厘米见方，但也有呈椭圆状和较大的字形。金文的排列通常与其他文字无异，都是从上到下、自右而左的传统形

77

式，但也有少数的例子是自左而右，或单数的行款自上而下，双数的行款却由下而上。[8]铭文中亦偶有重字和缺字，可能是制作时没有经过仔细的校读。

二、 金文的款式和用途

金文的发展过程和青铜器的发展相同，大致可分为四个时期：（1）殷商；（2）西周；（3）东周，包括春秋和战国；（4）秦、汉。各期的金文，在字体书法、形态结构以及文法用途上都有相异之处。这些差异，加上器具本身的形式和内容，都可以用来考证器物的年代。

商代金文一般较简短，多呈图形，这是商代金文与后世金文不同之处。这些简短的金文都是各种不同的名称，有氏族名、人名、接受祭祀的祖先的名字、器物名或制造人的名字等。许多极简短的文字，像"父乙""作父丁"主要便是人名。殷人在祭祀时，用死者的生死日期为谥号，称为"日名"。但周人亦沿用此一方式，[9]因此不能以此作为考订商器的唯一证据。

许多简单的象形文字是商代所特有的，有一些是动物的形态，如马、象、猪、狗等，另有一些是人与器物相结合的各种形象。这些形象表示祭祀、制造、战争，或其他各种社会和经济生活的现象（图版四）。这些象形字较甲骨文原始而写实，可能是殷代金文中一种较古的字体。

西周金文中有长篇的记事文，它们大多是当时战争、盟约、条例、任命、赏赐、典礼和其他各种政治社会活动的记录。其文

字结构和文法用途与今日所见周代典籍大致相似。例如周宣王
（前 827—前 782 年在位）时代的毛公鼎铭文，其字数几达《尚
书》中的一篇，文体也和《尚书》极为相似。这篇铭文共分五
段，每段均以"王若曰"三字起首，应是当时史官的记录，铸于
鼎上以垂永久。1976 年陕西临潼发现西周礼器利簋一件，器内底
部有铭文 4 行、32 字，是目前所知西周王朝最早的一件青铜器，
为周初武王伐商的公文记录。另有 1988 年在陕西安康所获西周
铜器史密簋一件，器内底部有铭文 9 行、93 字，记载周天子东
征，也有很高的史料价值。[10]

　　一些西周的青铜器上也常载有关法律的铭文，可能因为青铜
坚硬耐久，特别适用于这一类文件的保存。《周礼》："凡大约剂，
书于宗彝。"[11]《左传》昭公六年和二十九年亦有将刑法铸于鼎上
的记载。公元前 9 世纪至前 8 世纪的散氏盘，记载有关诸侯间采
邑疆界的条款。其他类似性质的铭文也有用马匹交换田地的契
约、购买奴隶的合同以及土地诉讼等记录。[12]

　　西周金文，字体一般布置均衡，笔画雄浑而端正。如图版五
所示西周的周公彝（约前 11 世纪），载文 8 行、68 字，其文曰：

　　　　佳三月，王令（命）燮（荣）眔内史曰："蓍（更）井
　　　（邢）侯服，赐臣三品：州人、東人、墉（鄘）人，拜稽首，
　　　鲁天子造厥濒（顺）福，克奔走上下，帝无冬（终）令
　　　（命）于有周。"追考（孝），对不敢蒙（坠），邵（昭）朕
　　　福盟，朕臣天子，用册王令（命），乍（作）周公彝。

79

西周的金文，一般都如图版字体所示，笔法整齐而凝重。

公元前 770 年，周室东迁，王权旁落，诸侯代之而兴。由诸侯彝器取代王室彝器的地位一事，可以看出当时王室衰落的情形。例如现存的东周彝器，大致分属 48 位以上的诸侯，而属于周王室的几乎一件没有，这可作为最好的证明。[13]

由彝器上所载的铭文，也可以看出这一时期的许多侯国有相同或个别的文化特征。一般说来，这个时期的金文常有韵脚，字体优美，较诸西周文字，字体稍短而多变化。公元前 589 年齐国的国差𦾔上有铭文 52 字，呈扇形分布于这一铜器的上半部，不仅整篇文字用来作为装饰，个别的字体亦多花巧，这和其他铭文的安排完全不同。[14]

金文字体中最引人注意的是鸟书。有些字体附有鸟状花纹，也有笔画本身便写作羽毛的形状（见表二）。鸟书的原始可追溯至商代，但其被大量采用是在战国时代的南方诸侯，主要用于纹饰兵器。[15]在现存若干不同形体的鸟书中，大多是属于这一时代。中国文字的艺术化可能便是从此开始。

表二　殷周鸟书

甲骨文	战 国 兵 器						

秦、汉以后，金文款式逐渐变异，与以前铭文中的散文或韵

文不同。秦代废封建，宫廷彝器逐渐消失。秦始皇一统天下之后，所有金属器皿都为政府收集，青铜彝器的制造实际上便告停止。几乎所有现存载文的秦代金属器具都是度量衡器，其铭文皆是有关度量衡标准化的记载。1982 年陕西礼泉县发现刻有秦始皇和秦二世诏文的两诏秦椭量一件，铜制、中空、短柄，铭文在外壁和底外，柄内刻字 3 行，为一件有重要意义和科学价值的标准器物。[16]汉代金文中大多是铸器人的名字、器具本身的大小、铸器的年代、器主的名字以及一些公式化的吉祥语。

三、镜　铭

在中国古代，青铜镜是家常用具之一，起源很早。铜镜大多呈圆形，饰以精致的花纹，后来的镜背常有铭文。最早的铜镜在甘肃、青海史前齐家文化遗址中已有发现。殷代的铜镜，安阳曾数次出土。[17]西周铜镜实物，遗传至今者有十余件，但东周者却甚多。1928 年，河南洛阳曾出土多面铜镜，皆系制作于春秋时代，制工精致美好。其中一面且有金、银花饰镶嵌，其余也都设计美观。其他各地亦曾有春秋及战国铜镜出土。但这些早期的铜镜，大多不载文字。[18]

现存较早而载有文字的铜镜，可能始自汉初，如"长相思，愿勿相忘"一类较短的吉祥语、祝贺语或格言。铜镜一般是男女馈赠的一种爱情表记，含有人在镜中、常近玉人的愿望。这些早期的镜铭，表示人们在物质和精神方面的祝愿，因此成为后来镜铭的规范。一则常见的镜铭是："大乐富贵，得所好；千秋万岁，延年益寿。"

近年在陕西安康地区出土的汉代铜镜中，有一件西汉晚期连弧纹镜，铭文长达 32 字：

> 日有憙，月有富，乐毋事，宜酒食。居而必安毋忧患，芊（竽）瑟侍，心志蘿（欢），乐已茂兮固常然。[19]

其他汉代镜铭，除了"宜子孙"之类的铭文极为常见外，更常载有制镜者的名字和制造的日期。现存汉镜中，约有百余面载有年代。镜铭中亦有政治性宣传的文字，尤其是新莽时代（9—23）的镜铭，此类文字特别多。[20]东汉时，民间的迷信和道家的神秘思想亦常见于镜铭中。现存一只铸造精巧的东汉铜镜（图版六），中呈方形，有十二支的名称，外圈有 55 字的铭文：

> 尚方御镜真毋伤，巧工刻之成文章。左龙右虎辟不祥，朱鸟玄武调阴阳。子孙备具居中央，上有仙人以为常。长保二亲乐富昌，寿敝金石〔如〕侯王。[21]

此文述及神人、仙兽、长寿、阴阳等事物，是反映当时民间信仰的一件最好的实物。汉代以后，尤其自隋、唐以降，镜铭的规格有重大的改变，一般多是四言或五言的骈文，且多重复。唐镜虽有模仿汉镜的花纹，但镜铭则多不相同。[22]

镜铭大多载于镜背花饰间的外圈或内圈，笔法大多带装饰性。战国早期的镜文，字体大多弯曲，近于篆体；汉代镜文大多为楷书。镜文中也常见有同音的别字或错字，也常有一些似是而非的古字，也许是雕刻者的错误，或是使字体艺术化的一种企图。

四、货币文字

货币文盛行于周代，为后世金石家、古钱收藏家和研究经济史的学者所重视。除少数特殊的钱币外，几乎所有古今的金属钱币都载有文字。货币文字与他种金文不同，有时因地域关系，其字体亦颇有差异。货币文大多为地名、单位数字等，由此可知钱币的种类、时代和其制造或流通的区域。但仍有很多钱币，不能确定其时代、地点，更有许多货币文完全不能辨识。

中国古代的货币，最少有五种主要形式：贝壳、布（铲）币、刀币、爰金、圜币等。贝钱流行于商代和周代的初期，目前还未发现有文字的古贝。关于载有文字的金属货币之起源，说法不一。一般公认，金属货币之使用，不会早过公元前 8 世纪。但有人认为，在商末周初时，布（铲）币已经通行。[23] 金属货币多以青铜、赤铜或黄铜制成铲、刀等形状。铲和刀是农具，在上古用作交换的媒介，后来则制成模型，以作货币之用。

布币流通于黄河流域和北方的燕、赵、鲁、魏、韩等国。根据其形状，可分为四类：空首布、尖足布、方足布和圆足布。其上通常载有铸制地名，如安邑、屯留、平阳（图版七、乙）等。有些布币载字较多，有造币厂名、数量、单位等，通常载 6 字至 8 字，如"梁正尚（币）百当寽"或"梁充釿百尚（币）寽"

（图版七、丙）。大梁是公元前4世纪魏国的都城。"金"和"寽"是当时钱币的单位。

齐国的刀币制造最精，所载文字亦较他种清晰，常见者有"齐法化（货）"或"齐建邦鈵（长）法化（货）"（图版七、甲）等字样。一般认为后者是最古的齐刀。其他刀币载有地名，如"安昜（阳）之法化"或"节墨（即墨）之法化"。安阳和即墨是齐国的主要铸币中心。

爰金，可能是长江淮河流域一带楚国流通的货币。爰金是由黄金、赤铜或其他金属铸制，其上印有铸造厂名及币值单位。爰金上印文的数目，自2字至16字不等，可分为三类：郢爰（图版七、己）、陈爰和寿春。"爰"是爰金的货币单位，郢、陈和寿春先后是公元前3世纪战国末期楚国的都城。爰金文有都城之名，可知爰金在当时是一种官币。

关于圜币的起源，众说纷纭。传统的说法，认为圜钱中有方孔，载"賹化（货）"二字（图版七、戊），是周景王二十一年（前524）发行的通货。现代学者则认为这只是臆测，凡载有"賹化""賹四化"或"賹六化"等文字的圜钱，实际上是战国末期之物；[24]而最早的圜钱，中为圆孔（图版七、丁），后来才变为方孔。

秦国首铸方孔圜钱，载文"半两"（一两等于24铢）。秦于公元前221年一统天下之后，此钱便流通全国。汉灭秦后，以半两圜钱为通货，重量较前为轻，每枚重3铢至5铢不等。汉以后，历代钱币单位屡有变更，但五铢钱的使用是最长久且普遍的通货，直到唐代才被另一种单位所取代。圜钱上的铭文通常是小篆，很易于辨识。

五、印章和封泥

古代制作印章的材料很多，有金属、玉、石、陶泥、象牙和兽角。雕刻印章和将印章上的文字印在他种物体上的技术，可能是中国人以机械复制文字的最早企图。卡特认为这便是中国印刷术发明的先河。他并认为私人使用印章，约始于秦代一统以前（前 255 年），而浮雕的阳文印章和拓印的技术，约始自公元 500 年。[25] 这些年代的断定，都不可信。以现存的古物来看，私人印章的使用和阳文印章的雕刻，以及用墨拓印等技术，都很早就已采用。安阳出土的古物中，最少有 3 枚青铜印。其中一个 2.5 厘米见方，呈"亚"字形，中有鸟状印文（图版八、甲左），与商代其他青铜器上的铭文相似，印文则是武丁时代的一员大将的名字，[26] 因此可知商代已经使用阳文的印章。

另有一批周代末期的青铜印和玉印在河南洛阳的古墓出土。上面的文字有雕刻的，也有模铸的。[27] 在河北易县和湖南长沙，也有同时代的印章发现。长沙出土的印章有金印、青铜印、绿松石印和滑石印，对于了解周、秦、汉三代的印文和印章形式的演变，都很重要。金印为阳文，有一方铜印刻有阴文，另有 2 枚圆铜印有兽状装饰，绿松石印上有鸟书。[28]

朱印的使用大抵始于公元五六世纪，而早期的印文则都是黑色的。在敦煌发现的一幅公元 1 世纪左右的绢帛上有黑色印文，[29] 虽然其文字已模糊不清，但它可能是现存最早的一方用在柔软物质上的印文。缣帛、印章和墨在商代便已存在，我们有理由相信它们在汉代以前，便早已在一起使用。

古代印文的字汇，在汉代以前约有 1 200 多字，至汉代增至 2 500 有余。[30]先秦印文大致与战国时代的金文、陶文，以及兵器上和青铜器上的字体相似。各国印文的内容和字体都不相同。秦、汉的印文多为"摹印"或称"缪篆"，字体介乎小篆与隶书之间，这种字体为《说文》所称的六种书体之一，并一直为治印家沿用至今。目前雕刻印文似乎都习用古体字，即所谓"篆书"，这不仅是为了美观，也是因为字形特殊而防止赝造。

印文除用于缣帛和纸上以外，更常用于封存竹木简牍的公文或私函的封泥上（图版八、丙）。为了保密，简牍常在主文前后用一片空白简盖定，捆以书绳，再在绳上敷以封泥，加盖印章。简牍使用后或作废烧毁，或经长久埋藏而腐朽，但封泥常在地下保存完好。百余年来，先后出土不下数千枚。其中出陕西者大多为秦代物，出汉城者为西汉物，出洛阳者为东汉物，出山东临淄者为西汉初、中期物，也有少数为晚周以至较晚的晋代之物。[31]这些封泥文字，为官员、王公、贵族的官衔和私人的名号以及地名等。

1822 年，四川最早发现古代封泥，后来陕西、河南、山东等地也陆续出土。数量最多而时代较早的一批是 1995 年在西安北郊陆续发现的秦代封泥 2 000 多枚，载有秦代中央职官名达 130 多个，也揭示了一些秦代都邑、郡县、宫殿、苑囿的名称，对研究秦代史地、制度及书法都具有很重要的价值。

近年来，一些地区更出土了与封泥使用有关的附属物品，如陕西清涧县发现一件战国时期圆形有盖的封泥筒，江苏仪征西汉墓地出土断面呈凹形的封泥匣，凹槽内填有封泥和细绳。这些文具对考证古代封泥制度极有价值。[32]

我们知道印章在商代已经使用，但我们不能确定封泥的使用始于何时。《左传》襄公二十九年（前544）论到"玺书"，但不曾提及封泥。《吕氏春秋》卷十九《适威》："故民之于上也，若玺之于涂也，抑之以方则方，抑之以圜则圜。"《淮南子》卷十一《齐俗训》："若玺之抑埴，正与之正，倾与之倾。"这些古代文献，加上现存的晚周时代的封泥实物，可知简牍制度盛行时，封泥的使用也同时普遍通行。

封泥不是普通的泥土，而是一种有黏性、柔软、光滑的物质。可能和陶泥一样，它们也经过提炼的程序，成为一种有胶质的黏土，以筛过滤，加以冲洗、捣碎，成为泥浆。以现存样品来看，周代封泥厚而重，秦汉封泥薄而脆，晋代封泥轻而滑。时代愈晚，封泥也愈轻、愈方便。封泥的颜色常表示用途的差异：皇帝用紫或蓝，官员用褐、灰或黑，与水银和金屑混合的封泥则用于祭祀。由于封泥文大多是中央或地方政府的名称，也有许多文籍不载的城邑、职官、衙署名称，所以是研究古代，特别是秦、汉地理及行政体制的一种重要资料。[33]

美国芝加哥大学东亚图书馆藏有汉代封泥10枚、11印（见图版八、戊）。计地名有郜阳、楚、女阴、吴房、昌邑、严道6印，官名有都水、广祀、丞相、内史、詹事、侯、令、丞8印，宫室有长信，狱名有居室，果园有严道。其中"郜阳、都水"联封及"广祀令"异名反文尤为稀品。[34]

87

六、陶 器 款 识

以泥土制成并有铭文的器物可分为三大类，即陶器、砖瓦和封泥。它们通常以软而细的泥土，或硬而脆的黏土制成。其上文字不像石刻那样是雕刻上去的，而是以模铸而成，或是在泥土还柔软时以印章压印，或是在其烧制后刻画而成。这类文字通常很短，但对研究中国书法的发展亦很重要。

中国最古的陶器，如在华北、西北和东北各地出土的彩陶，约制于新石器时代的末期。这些陶器上有花纹、图案和近似文字的符号（表三）。如西安半坡村出土的彩陶，经测定为公元前4000年之物，其上有类似文字的符号。

表三　史前陶器上类似文字的符号

在甘肃辛店发现的彩陶上的图画，以及近年在其他各地史前遗址所发现的一些陶器上所见的符号，有些学者认为那些符号或图画是族徽和数字，也可能是中国文字较原始的形状。[35]但因现存这种资料不多，尚不能以之做出确定的结论。安阳出土的一些殷代陶器上也有粗简的单字，大多是数字或器物主人的名字。但有一片碎陶上，有一个以笔墨书写的大字"祀"。[36] 山东城子崖的上文化层属春秋时代，此处也曾出土了一些载有数字和文字的碎陶。其中有一件瓶的碎片，上有烧制后浅浅刻出的 9 个字——"齐人网获六鱼一小龟"，字体已很成熟。[37]

目前发现的古陶，大多是周代特别是战国时代或是更晚时代之物。在 19 世纪末叶，山东的临淄、济南和河北的易县，古陶第一次大量出土，该处原是周代的齐国和燕国的故土。河南和陕西境内，清末也有古陶出土。著名的收藏家陈介祺，由于居处邻近山东遗址，首先鉴定陶文的价值。1876 年，农人在耕作时无意掘出许多陶片，陈氏大量收购，按其上载字多寡计值。这些古陶大多是食器或容器。因为陶器易碎，所以完整者极少，大多是碎片。其上字数由一字至十七八字不等，也有一些秦代的陶文较长。1962 年至 1963 年间，战国时秦都咸阳遗址陆续发现 50 余种陶器上打印的陶文，其中有数字、单字、四个字、六个字不等。[38]

根据现存古陶，陶文字汇约 1 000 余。因为文字简短，且残破不全，所以辨识不易。陶文通常有制造人和器物主人的名字、官衔、年代、地点等。战国时代的陶文与金文相似，特别是和兵器、钱货、印章上的文字类似。由于陶文都是以印章印上的，所以与印文的字体极其相近。[39] 秦始皇颁令天下使度量衡标准化，故秦代陶文大多是始皇的诏令，其中有一片碎陶载小篆 40 字（图版九、甲），文曰：

廿六年皇帝尽并兼天下诸侯，黔首大安，立号为皇帝。
乃诏丞相状、绾，法度量，则不壹，歉疑者，皆明壹之。[40]

诸如此类的文字，常见于许多秦代金属的度量衡器具。汉代
的陶器，大多是各种大小的食器，载有年代、制造人和器主的名
字以及一些吉祥语，有的以朱砂书写，有的以印模压印，有的以
刀刻画。这些陶文字体也都与汉代的金文大致相似。1953 年和
1957 年河南洛阳发掘汉墓，出土陶器十分丰富，在仓、敦、鼎、
壶等器物上，写有朱、墨、粉三种颜色的文字。

陶文的行列顺序较甲骨文更不规则，有单列下行、双列左行
或右行等等，且有倒书者。个别单字有的写得奇形怪状，部首的
位置更不一致。这种字形的不规则，说明了战国时代字体多变，
没有一定的标准。直到秦代一统之后，书法才趋一致。

七、砖 瓦 款 识

以泥土制成的古代建筑材料上也常有文字，其中最常见的是
建造宫殿、亭台、房屋、坟墓、水井和道路所用的砖和瓦。砖文
常载在狭窄的一面（图版九、丙），但有时亦载于宽广的一面
（图版九、乙）或四面都有。文字通常是在烧砖以前用印模压成。

砖文常载年代、姓名、吉语等。例如有一件砖文是"永平元
年二月造作"，另一件是"广汉王，王大吉阳"。[41]陕西凤翔县曾
发现春秋秦故都陶瓦、板瓦的瓦面、瓦侧面以及各类筒瓦的瓦
面，常有在瓦胎未干时刻画的各种陶文，约七八十种。1964 年河

南洛阳郊区出土过大批东汉刑徒墓志砖 1 000 多方。浙江出土的
500 余方砖中，最古的制作于公元前 140 年。[42] 现存其他较早的
砖瓦有一方齐砖和一片燕国国都的碎瓦，它们可能都是战国时代
的古物。[43]

古瓦用于飞檐的都有文字，有时也用图像或图案，如青龙、
白虎、朱雀、玄武等。文字则都系吉祥语，亦有宫殿、庙宇、陵
寝、官署、道路、仓库等名称，或各种公私建筑物的纪念语等。
秦汉两代瓦当，多数在陕西、山东、河南出土，存世的约有 3 000
余片。秦瓦款识大多为图画，有文字的绝少。前人所称秦瓦，如
羽阳千岁瓦、橐泉宫当、兰池宫当等，究其书体造法，大概是汉
代修理秦宫时所造而非秦制。[44]

汉瓦文字，最初是"汉并天下""千秋万岁""长生无极"等
字样，后来采用通行吉语"长乐未央"（图版一〇），实非施于长
乐宫或未央宫的瓦片。瓦当文大多四字，亦有四字以下或多至十
二字者，如"维天降灵，延元万年，天下康宁"。四字者皆平均
分布于圆周内，中央有一圆心。字体大多篆书，作为装饰，亦间
有隶书。但文字都公式化，与图版所示，大同小异。

注释

〔1〕容庚：《商周彝器通考》（北平，1941）上册，第 21—23 页；李济：《记
　　　小屯出土之青铜器》，《中国考古学报》第 3 册（1948），第 1—99 页。
〔2〕石璋如：《商周彝器铭文部位例略》，《大陆杂志》第 8 卷第 5 期
　　　（1954），第 129—134、180—185、211—219 页。
〔3〕H. C. H. Carpenter, "Preliminary Report on Chinese Bronzes",《安阳发

掘报告》第 4 期（1933），第 679 页。

〔4〕罗振玉：《松翁近稿》，第 33 页；苏莹辉：《论铜器铭文为石器行格及胶泥活字之先导》，《故宫季刊》第 3 卷第 3 期（1969），第 20 页。关于殷代陶范，见 O. Karlbeck, "Anyang Moulds," *BMFEA*, vol. 7（1935）：39–60, Plates 1–7; W. P. Yetts, *The George Eumorfopoulos Collection Catalogue of the Chinese and Corean Bronzes*, *Sculpture*, *Jades*, *Jewellery*, *and Miscellaneous Objects*, vol. 1（London, 1929），34–39。

〔5〕《吕氏春秋》卷十《节葬》；《西京杂记》卷六。

〔6〕刘体智：《小校经阁金文拓本》（1935）录入 6 456 字，当为 20 世纪 30 年代所知的金文数字，但其中杂有赝品；罗振玉：《殷文存》（1917）录 755 字；王辰：《续殷文存》（北平，1935）增至 1167 字；容庚：《金文编》和《续编》（上海，1935）；郭沫若：《古代铭刻汇考》（东京，1933）；Bernhard Karlgren, "Yin and Chou in Chinese Bronzes," *BMFEA*, vol. 8（1936）：23；周法高：《金文诂林》15 册，附索引 1 册（香港，1974—1975）；《金文诂林补》8 册（台北，1982）；严一萍：《金文总集》10 册，附索引 2 册（台北，1983）。关于城固县商代青铜器介绍，见《光明日报》1986 年 1 月 3 日；扶风出土师虤鼎、师与钟，见《文物》1975 年第 8 期，第 57—62 页；临潼出土武王簋，见《文物》1977 年第 8 期，第 1—7 页；长安出土井叔铜器，见《文物》1990 年第 7 期，第 32—35 页。关于河北平山县战国青铜器，见《考古学报》1979 年第 2 期，第 147—170 页。

〔7〕近年出土青铜器，见《笔谈建国三十年来的文物考古工作》，《文物》1979 年第 10 期；李学勤：《新出青铜器研究》（北京，1990）；《中华人民共和国重大考古发现》（北京，1999），附录：青铜器铭文。

〔8〕容庚：《商周彝器通考》上册，第 94 页。

〔9〕同上，第 75 页。

〔10〕西周武王簋铭文，见《文物》1977 年第 8 期，第 1 页；史密簋，见《考古与文物》1989 年第 3 期，第 7—9 页。

〔11〕《周礼注疏》卷三十六。

〔12〕郭沫若：《两周金文辞大系考释》（东京，1935），第 81—82、96—99、

129—131 页；郭沫若：《金文丛考》（东京，1932）第 2 册，第 165 页。

〔13〕B. Karlgren, "Yin and Chou in Chinese Bronzes," 56‒66.

〔14〕《两周金文辞大系考释》，第 202 页；《金文丛考》第 2 册，第 127—130 页。按国差其人，杨树达认为即《左传》中的国佐，是齐国的卿。

〔15〕容庚：《鸟书考》，《燕京学报》第 16 期（1934），第 195—203 页；《鸟书考补正》，《燕京学报》第 17 期（1935），第 173—178 页；董作宾：《殷代的鸟书》，《大陆杂志》第 6 卷第 11 期（1953），第 345—347 页；W. P. Yetts, "Bird Script on Ancient Chinese Swords," *JRAS* (1934): 547‒552。

〔16〕两诏秦椭量，见《文博》1987 年第 2 期，第 26—27 页。

〔17〕孔祥星、刘一曼：《中国古代铜镜》（北京，1984）；高去寻：《殷代的一面铜镜及其相关之问题》，《"中央研究院"历史语言研究所集刊》第 29 本下（1958），第 685—719 页；中国社会科学院考古研究所：《殷墟妇好墓》（北京，1980），墓中出土铜镜 4 件。

〔18〕William C. White, *Tombs of Old Lo-yang* (Shanghai, 1934), 86‒89, Plates 120‒130; Hsia Nai, "New Archeological Discoveries," *China Reconstructs*, vol. 4 (1952): 13‒18.

〔19〕陕西安康出土铜镜，见《文物》1991 年第 5 期，第 61—65 页。

〔20〕梁上椿：《中国古镜铭文丛谭》，《大陆杂志》第 2 卷第 3 期、第 4 期、第 5 期（1951）；B. Karlgren, "Early Chinese Mirror Inscriptions", *BMFEA*, vol. 6 (1934): 20, 38。

〔21〕Yetts, *The George Eumorfopoulos Collection Catalogue of the Chinese and Corean Bronzes, Sculpture, Jades, Jewellery, and Miscellaneous Objects*, vol. 2 (London, 1929), 53.

〔22〕梁上椿：《隋唐式镜之研究》，《大陆杂志》第 6 卷第 6 期（1953），第 189—191 页；辛冠洁编：《陈介祺藏镜》（北京，2001），收拓本及解说。

〔23〕王毓铨：《我国古代货币的起源和发展》（北京，1957），第 34 页；Wang Yuquan 王毓铨, *Early Chinese Coinage* (New York, 1951), 114, 138, 153；上海博物馆青铜器研究部编：《上海博物馆藏钱币：先秦钱币》（上海，1994）。

〔24〕Yang Lien-sheng 杨联陞, *Money and Credit in China: A Short History*

（Cambridge, Mass. 1952），20－21.

〔25〕Carter，*The Invention of Printing in China and Its Spread Westward*，11－18.

〔26〕于省吾：《双剑誃古器物图录》（北平，1940）第 2 册，第 11—13 页；王辰：《续殷文存》，第 1 册，第 37、53、85 页；第 2 册，第 67 页；董作宾：《中国文字的起源》，《大陆杂志》第 5 卷第 10 期（1952），第 347 页。

〔27〕White，*Tombs of Old Lo-yang*，102.

〔28〕《长沙发掘报告》（北京，1957），第 51 页；图 19：5—7。

〔29〕É. Chavannes，*Les documents chinois découverts par Aurel Stein dans les sables du Turkestan Oriental*（Oxford，1913），118，no. 539.

〔30〕罗福颐：《古鉨文字征》《汉印文字征》（1930）。

〔31〕西安出土秦封泥，见《西北大学学报（哲学社会科学版）》1998 年第 1 期，第 76—83 页。临淄出土封泥，见王献唐：《临淄封泥文字叙目》（济南，1936），《叙》，第 1、12、27 页；《目录》，第 7—16 页。

〔32〕封泥用具，见《考古学报》1987 年 4 期，第 471—501 页；《文物》1987 年第 1 期，第 4—19 页。

〔33〕吴式芬、陈介祺：《封泥考略》（1904）。

〔34〕1968 年秋间，作者在巴黎偶逢大学同窗"十之精舍"主人，承允割爱所藏封泥十方，供作者研究简牍制度之参考，详钱存训：《封泥小识》，见《中国书籍、纸墨及印刷史论文集》（香港，1992），第 37—42 页。

〔35〕郭沫若谓系花压或族徽，见其《古代文字之辨证的发展》，《考古》1972 年第 3 期，第 2 页；唐兰谓是原始形的文字，见其《古文字学导论》（北京，1935）第 1 册，第 27 页；李孝定：《从几种早期陶文的观察蠡测中国文字的起源》，《南洋大学学报》第 3 期（1969），第 1—28 页；张光裕：《从新出土的材料重新探讨中国文字的起源》，《香港大学中国文化研究所学报》第 12 卷（1981），第 91—150 页；饶宗颐：《符号・初文与字母——汉字树》（香港，1998），对史前陶符的涵义、分类、规律、作用、分布、交流以及研究方法有详尽的讨论，见钱存训书评，《文献》1999 年第 2 期，第 258—261 页。

〔36〕石璋如:《第七次殷墟发掘 E 区工作报告》,《安阳发掘报告》第 4 期
　　 (上海, 1933), 第 724 页。

〔37〕李济:《城子崖》(南京, 1934), 第 70—72 页, 图版 52, 表 14, 插
　　 图 5。

〔38〕秦都咸阳陶文, 见《文物》1964 年第 7 期, 第 59 页。

〔39〕顾廷龙:《古匋文㬜录·序》(北平, 1936), 13 页; 金祥恒:《匋文编》
　　 (台北, 1964), 收 498 字; 徐谷甫、王延林:《古陶字汇》(上海,
　　 1994), 收单字 1 700 余, 重文 9 000, 以拓本影印, 按《说文》顺序;
　　 高明:《古陶文汇编》(北京, 1990), 收拓本及照片 2 500 种。

〔40〕Chou Chao-hsiang 周兆祥, "Pottery of the Chou Dynasty," *BMFEA*, vol.
　　 1 (1929): 34 - 35.

〔41〕王树枏:《汉魏六朝砖文》(上海, 1935), 第 1—2 册。

〔42〕关于春秋秦砖, 见《文物》1985 年第 2 期, 第 1—29 页; 东汉刑徒志
　　 砖, 见《考古》1977 年第 3 期, 第 193—196 页; 浙江砖文, 见冯登
　　 府:《浙江砖录》(1836)卷一至二, 有铭文;卷三至四, 无铭文。

〔43〕王振铎:《汉代圹砖集录·跋》(北平, 1935)。

〔44〕陈直:《秦汉瓦当概述》,《文物》1963 年第 11 期, 第 20 页。此文详述
　　 所见瓦当及板瓦原物、拓本、印本或摹本凡 342 种。参见罗振玉《秦
　　 汉瓦当文字·序》。

第四章

玉石刻辞

　　在 20 世纪开始的前后，甲骨、陶泥、简牍等相继出土，成为现代学者研究的重要资料。在此之前，金石文字是中国考古学家研究的主要对象。金文一直被认为是较重要的史料，但石刻的研究，却远在金文之先。所以较早的有关古代文字研究的著作，论石刻者多于金文。金文之少见，可能是因为铜器多半为皇室或私家所收藏，通常不易为一般人所见到，不若石刻之公开和大众化。

　　就文字记录的材料来说，石刻远胜青铜。石刻文字通常较长，数量亦多，更易于模拓。青铜器虽较轻巧且可搬移，但易于遗失或毁坏，因之不易保存永久。石大而重，一般较难毁弃，载文的面积亦较广，来源供给不乏，是一种较好的记录材料。是以秦汉以后，石刻逐渐取代了青铜器在纪功、追远等方面的用途。自公元 2 世纪以来，儒、释、道三家且以石刻作为保存其经典之用，不仅以此作为定本，并图留存久远之计。

一、石鼓文和古代刻石

现在存世的十个石鼓，是中国现存最早的石刻。制作石鼓的岩石，色质晦暗而坚硬，凿成鼓状，即所谓"碣"。汉代以前的石刻大多是这种圆柱形的碣，到了汉代才有长方形的"碑"。

石鼓形状大小并不规则，各鼓的高度自 45 厘米至 90 厘米不等，横切面的周长平均是 210 厘米。底大而平，顶略小而圆，很像是一方割切的圆柱，四周刻有文字（图版一一、甲）。每石载有韵文约 70 字，直列 9 至 15 行，每行有 5 至 8 字。这十件石鼓原载字约 700 字，但由于自然和人为的不断蚀削，目前仅存 300 多字，其中不少还残缺不全。至于现存的宋拓本，则尚存 465 字。[1]

自 7 世纪石鼓发现以来，因为文字残缺模糊，争论纷纭，对其时代和制作的渊源，以至十鼓的顺序，都无法确定。传统的说法，认为此石鼓是周宣王（前 827—前 782 年在位）时代之物。[2]因其上所载诗歌的体裁与《诗经・小雅・车攻》极其相似。石鼓文中有一首田猎的诗，起首是：

吾车既工，吾马既同；吾车既好，吾马既骒。

但仅文体相似，并不能作为鉴定时代的唯一证明，因为文体可能受较早时期作品的影响，也可能是模仿或抄袭。

现代的学者由其字体和出土的地区加以考订，认为石鼓文是公元前 8 世纪至前 7 世纪秦国之物。[3]马衡考订石鼓是秦穆公

（前 7 世纪初）时之物；[4]罗振玉、马叙伦等则认为是公元前 763
年左右之物，《史记·秦本纪》称："三年（前 763），文公以兵
七百人东猎。四年，至汧、渭之会。"石鼓于唐代初年出土于陕
西凤翔县，当汧水流向西北与渭水交会之处。石鼓文中有一诗记
汧水上捕鱼之事（图版一一、乙），似颇与此说相合。郭沫若不
信这样一个非常重要的记录会是古代日常渔猎时所作。他认为石
鼓文当作于秦襄公八年（周平王元年，即前 770 年），时平王迁
都洛阳以避西戎，襄公曾助平王抵抗西戎，其后平王赐襄公岐山
以东原为西戎攻占之地，石鼓文大概便是当时纪功之作。[5]

　　较石鼓文稍晚的石刻有三件《诅楚文》，为公元前 4 世纪末
期秦国的作品。这三件形式相似的祈祷文，都是祈求秦人所奉祀
的神祇咒诅楚国的。其中《巫咸文》在 11 世纪中叶发现于陕西
凤翔，载文 326 字；同时出土的有《厥湫文》，载字 318 字，厥
湫是河名，临近甘肃朝那；第三篇是《亚驼文》，载文 325 字，
亚驼也是河名，近山西灵丘。它们都是秦惠文王（前 337—前 311
年在位）时之物。那时，秦国正与楚怀王（前 329—前 299 年在
位）为敌，乃以此文咒诅。《诅楚文》的字体与石鼓文相似，其
中约有 30 字几乎完全相同。《诅楚文》原石今已不存，但《巫
咸》《厥湫》二石的宋拓本，今尚存世。[6]

　　祈祷诅咒他国，是古代各国诸侯之间所设立的一种监察制度。
凡一国背盟，他国即诉于神灵之前，以求最后的裁判。《周礼·春
官》曾记："诅祝，掌盟诅……以质邦国之剂信。"《左传》隐公
十一年、襄公十一年、定公六年，皆载有诅咒的事。此三件《诅
楚文》是今日所存古代诅咒他国唯一完整的文字记录。

　　秦始皇一统天下之后，东巡时立石多处，用以颂德纪功。公元前219年至前211年间，共立七石。其中公元前219年，立三石于山东峄山、泰山和琅邪台；公元前218年，复立二石于山东芝罘的东观和芝罘山；公元前215年，又立一石于河北碣石；最后一石于公元前211年立于浙江会稽。始皇崩于公元前210年，其子二世在李斯随从下，复巡行全国，并刻补记于始皇所立各石。始皇所勒文字占石的三面，补记则刻于第四面，皆属歌颂始皇德政之作。[7]

　　这些刻石都是坚硬灰暗的岩石，形状近似石鼓。琅邪台刻石虽已残缺，相信是目前硕果仅存的实物。石高凡5米，底宽2米，中宽1.7米，顶宽1米。始皇所刻原文已佚，二世所刻补记则仍存，共13行、84字（图版一一、丙），每字约3厘米见方，上下缘均有横线。补记所书字体为小篆，可能是李斯的手笔。[8]

二、碑碣、摩崖和墓志

　　汉代以后，刻石自圆柱形的碣变为长方形的碑。碣多系就地取材，表面粗糙，很显然是较原始的刻石；而长方形的碑，有时从远处选运，大小适中，表面均经打光磨平，宜于刻字。碑比碣无疑是一种较高级的成品，需要较多的人工和较高的技术，才能制成。

　　欧阳修编纂的《集古录》谓，三代以来铭刻备有而独缺西汉碑文。有些学者认为西汉可能并无石刻，虽有少数石碑被认为是西汉之物，只是尚缺乏明证。[9]有些学者则认为西汉碑文之少见，可能是王莽篡位时曾加摧毁。大概西汉时，刻石的使用尚未普遍，现在仅有少数可以确认。[10]

石碑原用以记载历史上的大事，或者纪念逝去的人物，以便流传后世。通常竖在纪念地前、建筑物的庭院内或者坟墓上，其下常有基石。有些石碑的顶端有一圆洞，这可能是古代的遗风，用以系物或迁移时用绳拖拉，较为省力。古时祭祀时，所用的牲畜皆系于碑上运往庙堂，殡葬时亦常以碑坠棺于墓穴。[11]

碑的长度一般为 1 米至 4 米或 6 米不等，通常可分为上、下二部。上部载碑名，有龙、虎、飞鸟等图案；下部为碑文。有些碑文正面是死者的传略，反面则载亲属的姓名。1920 年左右发现的东汉大臣袁安及其子袁敞的墓碑，碑文以篆体书写，在汉代碑文通行隶书时，这是少见的例子。[12]

石板立于地上者为"碑"，葬于墓中者为"墓志"。墓志石原与碑石相似（图版一二、乙），但自 6 世纪以来便逐渐标准化而定型。墓志通常有二石：一为墓石，载墓志铭；一为盖石，上刻墓主名，饰有图案花纹。根据古代文献，墓志源于西汉，但今日尚无西汉实物被发现。现在最古的二方墓志是 106 年至 163 年东汉之物。[13] 墓志在汉代并不普遍，直到南北朝时方才流行，其时北魏武帝下令以砖代石，禁止奢靡。[14]

1928 年至 1930 年间，在新疆高昌古国遗址出土了 120 多方墓砖，其中有早至公元 500 年者。这些墓砖文字以红色或黑墨书写，间有刻后以朱砂填注的。学者据之考订高昌古国在公元六七世纪时的年代。由于居留于高昌的胡人也采取中原式的葬法，可知那时中原文化对周边地区影响深远之一斑。[15]

墓地的地契亦常为陪葬之物，上载地界、地主之名，有时更详载墓地交易的经过。这类地契，常刻于锡铅合金（图版一二、甲）或铁质的简上，有时亦刻于石和砖上。自汉代以来，葬买地券成为一种风尚。

石刻除施于碑碣之外，亦有刻字于崖壁的，称为"摩崖"。名山胜迹，常有名士文人的诗文和游客凭吊之作，题刻于崖壁之上。当5世纪至6世纪时，佛教盛行，摩崖风行全国，到处可见佛偈和佛经的片断刻于悬崖之上，字体硕大，以示宗教的庄严。

自5世纪以来，许多佛教圣地的石窟，如山西云冈、河南龙门及甘肃敦煌，均塑有上千的佛像，有的高达十数米。其中塑像最多、刻文最长的当推龙门，现存 2 000 多位施主的题名中，约有半数刻于 7 世纪以前。[16] 其中最古的一件，有人名200，刻于 483 年至 502 年之间。[17]《魏书·释老志》载："复造石窟一，凡为三所，从景明元年（500）至正光四年（523）六月已前，用功（工）八十万二千三百六十六。"可知工程之浩大。建筑物的石块上，亦常刻有文字。最常见的是庙堂和坟墓前雕饰的华表和墓阙。这一类的石柱或石牌形状各异，通常成双，雕刻有多样的花纹和文字。例如 6 世纪梁文帝陵前所立的神道碑有二石，右碑是阳文，铭文自右至左，左碑是阴文反体，铭文自左至右，有如印刷所用的反体字雕版。[18] 其他各种建筑物上，如井栏、桥基、塔、墓门、石兽等，亦常刻有文字。

三、石　　经

石经的刻制是学术史上一件空前的巨作。自 2 世纪起，一直到 18 世纪末，所刻儒家经典，总计不下七次之多。[19]自东汉熹平和曹魏先后刻立石经，以及后来各代所刻，石经便成为当时儒家经典的定本。这是校勘史上罕见的一个实例。

公元前 2 世纪，汉武帝以儒家思想定为一尊，同时授予研究各经的学者以"博士"的官职。此后，儒家经典便成为读书人研修的主要课程，代代相传，经文全靠手抄，加上各家经师不同的注释，鲁鱼亥豕，矛盾混淆之处，在所不免。《后汉书·蔡邕传》说：

> 经籍去圣久远，文字多谬，俗儒穿凿，疑（贻）误后学。熹平四年，（蔡邕）乃与五官中郎将堂谿典……等，奏求正定六经文字，灵帝许之。

这是历史上一个非常重要的决定，因为石经不仅恒久而统一地保存了儒家经典的正统经文，同时也导致了后来以木板雕刻儒经，成为官府最早采用雕版印刷术的先河。[20]

熹平刻经之举，始自 175 年，前后历经 8 年才告完成。经文刻于石碑正反二面，立于洛阳太学之东，列成 U 形，开口处向南。经文顺序碑碑衔接，各碑正面之文相连，然后背面之文相接，起自正面首碑，终于背面末碑。唐代以后的石经，则以碑为单位，首碑正面之文与其背面之文衔接，然后次碑正文连结次碑背文。

石碑上覆有顶盖，四周围以栏杆，并有专人守护。这种安全措施，可能是后来加设，以防参观的人潮对石经的损害。《后汉书·蔡邕传》："及碑始立，其观视及摹写者，车乘日千余辆，填塞街陌。"此后，教学都以这石经经文作为研读的定本。

很多文献记载都说汉石经包括"五经"或"六经"，但汉石经确实的种数是"七经"（见表四）。称为"六经"者，大抵未计算《论语》在内，汉时《论语》尚未成经，只与其他经文参读而已。称为"五经"者，似亦未计算《公羊传》，而将之归并于《春秋》。石经的底本是从汉代许多版本里面精选而来，将最佳的本子刻为正文，而附以他本的异文。

表四　汉石经底本和字数

经　名	版　本	字　数		
		每行	总数	现存
易经	京房本	73	24 437	1 171
尚书	欧阳高本	73	18 650	802
诗经	鲁诗	70~72	40 848	1 970
仪礼	戴德本	73	57 111	670
春秋	公羊高本	70	16 572	1 357
公羊传	严彭祖本	70~73	27 583	954
论语	鲁论	74	15 710	1 333
总计		**70~74**	**200 911**	**7 257**

总字数，见张国淦：《历代石经考》第1册，第1页；现存知见字数，见马衡：《汉石经概述》，《考古学报》第10册（1955年），第9页。

关于汉石碑的数目，说法也各有不同。有人认为是 40 块，也有人认为是 46 块或 48 块。如将经文字数除以每块所载字数，则石碑应有 46 块。[21] 根据现存残碑，各碑每面有 36 行至 40 行，每行有 70 字到 74 字，因之一碑可载 5 000 余字，全部石经所载字数，应和七经全文的 200 911 字数相近。每碑约高 175 厘米，宽 91 厘米，厚 12 厘米，每字约 2.5 厘米见方，字里行间没有线格。为节省空间，段与段之间以点或空格分开，仅有极少数的段落另起新行。

主持石经的校对、监督及书写的人，其中至少有 25 人的姓名可考，有的名字见于史书，有的见于经文跋尾。[22] 刻石人陈兴的名字，见于《论语》的跋文中，为目前我们所仅知的石经刻工。据说，石经乃是蔡邕一手所书，但各经字体不尽相同，而蔡邕于公元 178 年石经刻立之初便被放逐，且一手书写 20 余万字也是一件不大可能的事。我们现在不能确知是由一人专写一经，还是由数人共同书写一经。总之，校对、书写、刻石等全部工作必是许多人分工合力而成。

石经于 183 年刻制完成。其后不久，便遭逢 190 年董卓之变，损毁了不少。220 年魏文帝即位，下令修补石经。近年发现的《春秋》和《诗经》的残碑上，便有许多文字是经过修补或重刻的。自从 6 世纪中叶以来，石经不仅被迁移了许多次，有些石碑甚至被当作修建房屋的材料。《魏书·孝静帝纪》记载，546 年自洛阳迁都于邺时，一部分石碑沉于河底。579 年余碑迁返洛阳，到了 586 年又再迁往隋代的都城长安。

宋代和近年发现的石经残碑，大多数是在洛阳太学遗址出土，只有一块《公羊传》的残碑在长安发现，但此碑可能是后人伪造。7世纪初，编纂《隋书》的魏徵曾收集石经，那时的石经全文仅残存大约十分之一。[23]

时至今日，汉石经已无完整者存世。现今所知见的残文仅7 000多字，绝大多数是根据宋初和最近数十年中发现的残碑，加以摹写或拓印而得。早期的残存，只有五经（不包括《易经》和《春秋》）中的2 000多字，1922年至1934年间发现的数百片残碑，分属七经，总数约5 000多字。现存最大的一块残碑是1934年在洛阳出土的《公羊传》残文，正面长49厘米、宽48.5厘米，反面长48厘米、宽47厘米。正反大小不一，可能是震断不均之故。正反两面共存624字（图版一三、甲）。另一较大者为《周易》残石，亦系20世纪30年代洛阳出土，高67厘米，宽38厘米，厚17厘米，共存507字。1962年河南洛阳偃师县汉太学遗址发现《尚书》残石两块，存300余字，比过去所发现的《尚书》残石文字的总和为多。石经有序，刻于经文之后。另一次重要发现是1980年，该地获汉石经残石600余块，其中有字石96块，一般10字左右，最多者正反两面共26字，共存366字，皆隶书，其中可确认者293字。残石内容以《仪礼》占多数，此外，有《春秋》《鲁诗》《论语》以及《仪礼》校记、《鲁诗》校记、太学赞碑等。[24]

《后汉书》对汉石经的记载甚详，但《儒林传》说石碑为古文、篆、隶三体书法，则是大误。后来许多著作，如司马光的《资治通鉴》和欧阳棐的《集古录目》都以误传误。现在从出土的原物，可以证明汉石经字体只有一种隶书，魏石经才有三种字体。

魏石经刻于 240 年至 248 年间，共有三经，即《古文尚书》《春秋》和部分《左传》。魏石经分载于 35 块石碑，每碑高 192 厘米，宽 96 厘米，分别以三种字体书写，即古文、小篆和隶书。文字的排列有两种形式，或在隶书之下并列该字古文和小篆，成品字形；或每字将三种字体，按古文、小篆、隶书的顺序排列成行（图版一三、乙）。前一种排法的石碑，每碑有 2 行至 26 行，每行 74 字；后一种排法的石碑，每碑有 32 行到 34 行，每行 60 字，正反面均有字。因之，魏石经每碑字数约 4 000，总数 14.07 万字。石经立于太学讲堂之东，列成 L 形，共长约 70 米。[25] 因为魏石经和汉石经立于同一地址，都曾受到损毁、修补、迁移等同样的遭遇，以致二者常被后来的学者所混淆。

四、 释、道经典刻石

佛经刻石较儒家经典为晚，但在数量和规模上则更见宏伟。3 世纪初期所雕塑的石佛像虽亦常载有文字，[26] 但佛家经典的刻石却是 5 世纪中叶以后的事。佛教徒以石刻经，希望异日佛教或遭受迫害时，经文仍能永存。北齐唐邕在 6 世纪所刻的佛经缘起里曾说：

缣缃有坏，简策非久；金牒难永，皮纸易灭。[27]

因此，自 2 世纪东汉末年以来，由梵文辛苦译出的佛经，经历了多次对佛教的镇压，但依赖石碑，经文得以保存。

佛经的经文或片断，常刻于悬崖之上或岩窟之中。现知佛教最早的刻石，是 450 年刻于江苏徐州云龙山悬崖上的"阿弥陀佛"四个大字，字用楷书，每字 45 厘米见方。[28] 山西太原风峪山的岩窟内有刻于 551 年的《华严经》，石碑凡 126 块。顾炎武曾谓获得此经的拓本 124 纸，每纸 23 行，每行 57 字。[29]

山东境内各山，至少有五处刻于 6 世纪的重要摩崖。泰山石刻《金刚经》，字作隶书，共 296 字。泰安徂徕山有三处摩崖，刻有《大般若经》和《般若波罗蜜经》的片段，成于 570 年。邹县境内共有 17 处佛经摩崖，[30] 高约一米至六七米，宽自一米至四五米，每字约 60 厘米见方。这种硕大无比的摩崖，无疑会使人产生对佛教庄严伟大、深不可测的观感。通常这些摩崖只是佛经的片段，目的不一定是为了保存佛教经典，而只是为了提高宗教的威望。

所有的石刻文字中，最伟大的创作可能要属北京房山石经山上的佛经刻石，共计刻有 105 部佛经的全文，分载于 7 000 多块石碑上，全文共达 420 万字，是 7 世纪初至 11 世纪末约 500 年间刻成的（图版一四）。这个石窟在房山之东高峰，共有 9 个洞，其中最大的石经洞高达 30 米，中贮碑 147 块，共载 14 部佛经经文，碑文皆系楷书，立有目录（见表五）。洞壁及石柱上并塑有佛像。洞前有一石台，围以石栏，门、窗、家具等都属石制。其余石碑分藏其他洞穴或地下室中。[31]

107

表五　房山石刻佛经

刻石日期	主持人	经数	经　名	卷数	碑数
605—631	慧思、 静琬	1	大涅槃经	40	120
640—809	静琬传人（导公、仪公、会暹、 玄法）	1	正法念处经	70	210
		1	华严经	80	240
		1	大般若波罗蜜经	520	1 560
		14	妙法莲华经等	?	147
983—1100	辽帝	23	陀罗尼经	?	180
1026—1057	可元	1	大般若波罗蜜经	80	240
		1	大宝积经	120	360
1091	通理	62	杂经	431	4 080
总计		105			7 137

　　这一项伟大的刻石工程，乃是北齐僧人慧思所倡始，他许愿要刻石经十二部，如果佛教遭难时，佛经仍能留传后世。这项工作的实际执行人是慧思的徒弟静琬。自 605 年到 631 年，静琬刻了 120 块石碑，载录《大涅槃经》的全文。历经以后几个朝代，这项工作未曾停止。从刻石的数量和所动用的人工来看，这个工程的巨大和历时的久远都是无可比拟的。

　　道教经典的刻石较诸儒、释二家为晚。道教之形成，多少受了佛教的刺激，道经刻石也可能受了佛经刻石的影响。道经刻石

108

以《道德经》为多，自唐代以来，《道德经》刻石至少有八次，最早是 708 年，立于河北易州，同处又有 738 年和 893 年两次所立者。此外，在河北邢台有 739 年的《道德经》幢，江苏焦山有 880 年的《道德经》幢。[32] 至于其他的道教经典刻石，在规模和数量方面都远逊于儒、释二家。

五、玉 器 刻 辞

玉通常是指坚硬而贵重的玉石和翡翠。上古时，人们用以制作钻、斧、装饰品以及其他用具。玉的用途很多，中国人特别喜爱它的光泽和美观。古时，玉常用以作权力和宗教信仰的象征、天文和音乐的器具，以及个人的装饰品等。古人相信玉可以保持尸体不致腐朽，因此也常将之雕成各种形状，用以陪葬。在举行祭祀和典礼时，玉常和铜器一起使用，以示隆重。玉器和青铜器，不仅设计和式样相似，在某些场合，功用也很相同。但在祭祀时，青铜器的地位较重要，而玉器则用作装饰和陪衬。

玉亦是一种书写材料，但载有文字的古玉，流传到今日的却很少。现知最早载文的古玉出自安阳古墟。其中有一玉符，上刻 3 字，可能是商代官员的通行证。[33] 另有一条玉鱼，上书朱文，似乎是用以驱邪。[34] 另一件小玉饰，上刻 11 字，分成 2 行，说明此物是乙亥年商王赐给其大臣雝的一件赏赐。[35] 看来，远在商代，玉和其他多种书写材料一样，已被用以雕刻和书写文字。

玉简在古代祭祀中所占的地位很重要。新王即位，以之作为封禅之用。祭文书写或刻于玉简之上，贮于石匮之中。[36] 据称有一方白玉简上刻有 170 个隶体字，是汉高祖封禅时所用。传说汉武帝曾在泰山得一玉策，能知寿数的长短，上书"十八"二字，但倒读为"八十"，其后果然应验。[37]

近年出土的一批玉简，可以证明玉亦曾用于陪葬和祭祀。在河南辉县一处 3 世纪的古墓中，出土有玉简 50 余件，简长 22.5 厘米，宽 1.2 厘米，并未刻有文字，但由其形式和大小来看，可以推测是预备用来书写文字的。1940 年前后，河南沁阳附近出土公元前 6 世纪的玉简和石简 11 件。其中有 7 件为松绿色和青灰色带有白条纹，最长的有 7 厘米。每简载文 2 行或 3 行，以黑墨书写，但均已模糊不清，仅有极少数的字略可辨识。另有 3 片暗灰色的石简，底宽顶尖，大小不一，最大的一片长 22.4 厘米，载字约 50 个，分 3 行或 4 行排列，最小的一片，仅载 1 字。

玉简文字中有"韩玠"的名字出现，三处有"丕显晋公"的字样，可知这批玉石简当属春秋中叶晋国之物。在河南巩县，也曾发现过 12 件公元前 550 年的青铜钟，其上所载的人名和字体均和这批玉石简上所载相似。巩县在沁阳之南，中隔一条黄河，都是晋国和后来韩国的土地。由这些铜钟和玉简出土的地点，其上所载有关晋、韩二国的文字及其字体的相似，可以断定这些石、玉简是公元前 6 世纪晋国的古物。

又 1965 年在山西侯马陆续出土了一批玉石简，计达数百件。简作圭形、朱书，文字长达 220 字左右。其内容各家解释不一，郭沫若认为是公元前 386 年赵敬侯章和赵武公之子赵朔争位时的盟书，立盟者如不守信誓，即身受其罪，祸及子孙后代；唐兰则以为是公元前 424 年赵桓子嘉的盟书。综合各家意见，这批石简乃是魏、赵、韩三家分晋前赵氏兄弟叔侄争位时所立的盟约。[38]

1980 年，河南温县在三四十年代出土东周盟誓的遗址又发现了大批石简、石璋、石圭，共 4 500 余件，其中多数为石圭、墨书，其数量超过侯马盟书数倍。据考证，盟主是晋国六卿之一韩氏（韩简子），与侯马盟书年代相近，为春秋晚期（晋定公十五年，前497 年）遗物，是研究东周盟誓制度及古文字、书法艺术的重要资料。[39]

玉简除用于祭祀之外，也为帝王和臣属在朝廷上记事之用。《礼记·玉藻》："笏，天子以球玉，诸侯以象，大夫以鱼须文竹，士竹本象可也。"显然，各种不同材料的简都是为了记事之用，大臣先在简上记下准备要说的话，而帝王的回答和训令也记在简上。罕有的美玉为帝王专用，质地较差者始供臣下使用。这种书写用的简，长方形的称为"圭"，刀形的称为"笏"，其上均有孔，可系于衣带之上。圭长约 42 厘米至 66 厘米，顶尖；笏长约 52 厘米，中宽 6 厘米，两端宽 5 厘米。圭和笏大多用深绿玉或其他颜色的玉制成，[40]简面狭窄，载字的行数很少。

现存已雕或未雕的古玉为数甚多，但书写或雕刻有文字的则极少，原因不明。可能玉简上书写的文字于事后大多被抹去，以便重新使用，所以其上的文字只是暂时的，并不准备保存。或者玉上刻字较难，也许需要特殊的技巧。《后汉书·祭祀志》载，光武帝以朱砂在玉简上书写，以代刻字。因为其时治印之人都不会刻玉。虽然后来能找到能刻玉的人，这个事实却说明了刻玉不是一种很普通的技巧。因此，玉器虽是价值很高的艺术品，但其史料价值却很有限。水晶和玛瑙等物，有时也用以载文，但使用时期都很晚。

六、 拓印的起源和技术

以墨拓印石刻文字的技术，是雕版印刷术发明的先河。有些学者认为，拓印对印刷的影响未免夸大。事实上，二者的原则和目的大致相同，无论材料是石块、青铜或木板，模拓和印刷都是以纸从雕刻物的表面取得复本。二者的差异，只是雕刻的过程和复印的技术不同。石面上所刻的字都是正写凹入，而雕版印刷的字则都是凸出的反文。拓刷是将纸覆在石面，用墨在纸面上捶拓。而印刷的方法则是以墨施于木板，覆纸板上，刷压纸背，将板上的反文印成纸上的正字。

古代拓印的方法，文献未有记载，相信和现代的拓印方法大致相同，即：先将薄纸一张用矾或白芨水浸湿，蒙在刻石的表面；以软刷将纸刷匀，再轻轻捶打，使纸嵌入铭文的刻画之内；等到纸干后，以细布包裹棉花做成拓包（又名扑子），蘸以墨汁，以之在纸面上均匀地捶拓；所刻的字迹，因笔画凹下，不致沾染墨汁，出现黑底白字（图版一〇、一一、一二乙、一三）；干后将纸揭下来，便可得到相同的复本。甲骨文、金文、陶文等皆可用这种方法取得复本。青铜器内部的文字，可用长柄的刷和拓包取得。若载文较长而又分布各处，则要用纸数张，分开拓印。如拓全器，须辨别阴阳、凹凸，配合墨的浓淡而成全形拓本。[41]

拓印的起源难以确定，根据传统的说法，可追溯到公元 2 世纪。但这个说法是从“摹写”一辞而来，并不可信。《后汉书·

蔡邕传》："及（熹平石经）碑始立，其观视及摹写者，车乘日千余辆。"但此处"摹写"二字，是指以手抄写，而不是拓印。再者，从石面上或其他坚硬的表面上拓印，只有在制造轻薄的纸的技术已臻完善之后方才可能。在中国西北部和新疆等处发现的公元二三世纪的古纸，厚而粗糙，似乎尚不宜用于拓印。

　　现存拓印的古本，最早的是 6 世纪的成品，但我们相信拓印的技术应在此之前。《隋书·经籍志》记载隋代皇家图书馆中藏有拓石文字，以"卷"为单位，其中有秦始皇东巡会稽的石刻文 1 卷，熹平石经残文 34 卷，曹魏三体石经 17 卷，并述及梁室所藏石刻文字，在隋时已经散佚。但这些纸卷的复本，即"相承传拓之本犹在秘府"。由此可知，隋代保藏的拓本，虽是 6 世纪至 7 世纪所拓，但是拓印的方法却是由前朝继承而来。因此拓印石刻文字的技术，一定还在 6 世纪之前。[42]

　　拓印石刻文字的技术在唐代更加发展。宫廷中至少有两处雇有专管拓印的"拓书手"。据《大唐六典》所载，崇文馆有拓书手 3 人。《旧唐书》和《新唐书》均载，718 年集贤殿书院有拓书手 6 人，以及掌管其他文书工作的书记、装潢匠、制笔匠等。[43]

　　现存最早的拓本中，有一件 9 世纪的柳公权书《金刚经》拓本，在敦煌和一印本同时被发现。另有一件剪贴裱装的册页，是欧阳询所书《化度寺塔铭》（632 年）拓本的片断和一件唐太宗所书《温泉铭》（824 年）的拓本，都是在敦煌发现的。[44]

　　后人将古代书法家刻石的文字，以木板摹刻成阴文正字，再从这雕版上拓印，以作学习书法的模范，称为"法帖"。这也是从石刻转移到木刻之一例。从石刻上拓印，较之从青铜器及其他铭文上拓印的技术为早。1051 年，宋仁宗诏令拓印青铜器文字，存诸秘阁。[45] 这是文献中所见最早有关青铜器铭文拓印的记载，当系模仿石刻拓印的技术应用于其他古物。现在所有的铭刻文字，包括甲骨文、陶文、古钱、封泥等，凡是刻画的表面，都可以同样方法拓印而取得复本。

注释

〔1〕郭沫若：《石鼓文研究》（上海，1940），第 2—3 页。按，此书所影印的宋拓为明安国收藏之"先锋"本，其"中权"本为上海艺苑真赏社影印，"后劲"本见东京二玄社《书迹名品丛刊》。

〔2〕见韩愈：《石鼓歌》。

〔3〕"秦灵公说"，见唐兰：《石鼓文刻于秦灵公三年考》，《大陆杂志》第 5 卷第 7 期（1952），第 10—11 页；苏莹辉：《石鼓刻于秦灵公三年说补正》，《大陆杂志》第 5 卷第 12 期，第 4—6 页；那志良：《石鼓通考》（台北，1958），第 67 页。其他意见，见戴君仁：《重论石鼓的时代》，《大陆杂志》第 26 卷第 7 期（1963），第 1—4 页。

〔4〕马衡：《石鼓为秦刻石考》，《国学季刊》第 1 卷第 1 期（1923），第 24—25 页。

〔5〕郭沫若：《石鼓文研究》，第 9—10 页。

〔6〕容庚：《古石刻零拾》（北平，1934），第 1、5 页；马衡：《石鼓为秦刻石考》，第 21 页。

〔7〕《史记·秦始皇本纪》。

〔8〕容庚：《秦始皇刻石考》，《燕京学报》第 17 期（1935），第 128—129 页。

〔9〕叶昌炽：《语石》卷一。

〔10〕徐森玉谓有 10 种可确认为西汉刻石，另有 4 种仅见记载而无拓本，见其《西汉石刻文字初探》，《文物》1964 年第 5 期，第 1—9、40 页。

〔11〕《礼记》的《王制》《檀弓》。

〔12〕马衡：《古石刻零拾·跋》；商承祚：《石刻篆文编》（北京，1957）。

〔13〕赵万里：《汉魏南北朝墓志集释》（北京，1956）第 1 册，第 1 页；图版在第 3 册。

〔14〕冯登府：《浙江砖录·跋》。

〔15〕黄文弼：《高昌砖集》（北平，1931）。

〔16〕关百益：《伊阙石刻图表》（开封，1935），序 1；图 64，为最早的一件题名。

〔17〕É. Chavannes, *Mission archéologique dans la Chine septentrional*, vol. 1 (Paris, 1913 - 1915), 320 - 561, 辑译题记数百。

〔18〕中央古物保管委员会编辑委员会：《六朝陵墓调查报告》（南京，1935），图版 11、20、20a、20b；《六朝艺术》（北京，1981），图 284、285。

〔19〕七次刻经分别立于东汉、魏、唐、后蜀、北宋、南宋和清代乾隆年间。

〔20〕《册府元龟》卷六百〇八载，公元 932 年，后唐宰相冯道奏称："汉时崇儒，有三字石经，唐朝亦于国学刊刻；今朝廷日不暇给，无能别有刊立。尝见吴蜀之人鬻印板文字，色类绝多，终不及经典。如经典校定，雕摹流行，深益于文教矣。"

〔21〕王国维：《魏石经考》，《海宁王静安先生遗书》（1936）第 8 册。

〔22〕马衡：《汉石经概述》，《考古学报》第 10 册（1955），第 1—9 页；赵铁寒：《读熹平石经残碑记》，《大陆杂志》第 10 卷第 5 期（1955），第 145—155 页。

〔23〕《隋书·经籍志》。

〔24〕洛阳发现石经残片，见《考古》1982 年第 4 期，第 381—389 页；《周易》残石，见《考古与文物》1990 年第 1 期，第 97—101 页，原石现存上海博物馆。

〔25〕张国淦：《历代石经考》（北平，1930）第 2 册，第 16 页。

〔26〕杨殿珣：《石刻题跋索引》增订三版（北京，1990），第 297 页。

〔27〕阮元：《山右金石志》卷十。

〔28〕《江苏金石志》卷三。

〔29〕顾炎武：《金石文字记》卷二。

〔30〕阮元：《山右金石志》卷十。

〔31〕朱彝尊：《日下旧闻考》卷一百三十一；缪荃孙：《顺天府志》卷一百二十八；《文物参考资料》1955 年第 9 期，第 48—53 页。

〔32〕马衡：《石刻》，《考古通讯》1956 年第 1 期，第 51—52 页；王重民：《老子考》（北京，1927），第 519—523 页。

〔33〕胡厚宣：《甲骨学绪论》，《甲骨学商史论丛二集》下册，第 8 页。

〔34〕董作宾：《沁阳玉简》，《大陆杂志》第 10 卷第 4 期（1955），第 107—108 页。

〔35〕《河北第一博物馆半月刊》第 30 期（1932），第 2 页。

〔36〕《史记·封禅书》。

〔37〕应劭：《风俗通义》卷二。

〔38〕辉县玉简，见《辉县发掘报告》（北京，1956），第 8 页，图 54；沁阳玉简，见本章注释〔34〕；侯马盟书，见《文物》1966 年第 2 期，第 1—6 页；《考古》1966 年第 5 期，第 271—279 页；及《文物》1972 年第 3、4、8 各期所载报导及释文。

〔39〕河南温县出土东周盟书，见《文物》1983 年第 3 期，第 78—89 页。

〔40〕吴大澂：《古玉图考》（1889），第 8—9、17—18 页。1982 年，河南登封中岳嵩山峻极峰发现唐武则天久视元年（700）的金简，长 36.3 厘米，重 247 克，正面镌刻 63 个双钩文字。用金制简当是玉石代用品，极为少见，此物相当于后世名片，女皇入山门投金简，以显示其地位至高无上。见《历史教学》1983 年第 3 期，第 63 页。

〔41〕容庚：《商周彝器通考》上册，第 176—182 页；马子云：《传拓技法》，《文物参考资料》1962 年第 10、11 期。

〔42〕王国维：《魏石经考》。

〔43〕《旧唐书·职官志》《新唐书·百官志》。

〔44〕唐拓《化度寺塔铭》现存伦敦，《温泉铭》和《金刚经》现存巴黎。

〔45〕翟耆年：《籀史》卷一。

第五章

竹简和木牍

竹简和木牍是中国最早的书写材料，在中国传统文化上，简牍制度有其极为重要和深远的影响。不仅中国文字的直行书写和自右至左的排列顺序渊源于此，即使在纸张和印刷术发明以后，中国书籍的单位、术语，以及版面上所谓"行格"的形式，也是根源于简牍制度而来。

关于文字的横直排列及其阅读效率，当在结论中再加引申，此章仅就文献上的记载以及考古学上的实物证据，综述中国古代简牍制度的材料、形式、行格、书体以及古书的单位、种类和编装，以见在纸未普遍应用于书写以前，中国古代书籍制度之一斑。

一、 书籍材料的演化

古代文字之刻于甲骨、金石及印于陶泥者，皆不能称之为

"书"。书籍的起源，当追溯至竹简和木牍，编以书绳，聚简成篇，如同今日的书籍册页一般。在纸发明以前，竹、木不仅是最普遍的书写材料，且在中国历史上被采用的时间，亦较诸其他材料更为长久，甚至在纸发明以后数百年间，简牍仍继续用作书写。其被广泛使用的原因，无疑是竹、木盛产于中国，就地取材，价廉而易得，正如纸草之于埃及、贝叶之于印度，因此被普遍采用作书写的材料。

竹、木应用于书写的起源已不可考，但其时间必然很早。战国时代以前的简策尚未发现，但由古代文字及典籍的记录中仍可看出，竹木可能是中国最早的书籍材料。"册"字象征着一捆简牍，编以书绳二道，最早见于殷代甲骨卜辞。和"册"字相关的"典"字象征册在几上，亦见于两周金文。[1]这两个字，常指史官记录帝王诰命的文件。两汉承袭此制，以简牍册传达王命，沿用直至公元 5 世纪。[2]

许多周代的文籍，皆记载简牍大量应用于命令、祝祷及公文。《诗经·出车》描写远征军士之所以迟归，乃因"畏此简书"。《尚书·金縢》记述周人克商后二年，武王有疾，周公为之祈福，"史乃册祝"。武王克商后，援引史实以作前例，《尚书·多士》说："惟殷先人，有册有典，殷革夏命。"显然，不仅在周代，早在殷初已用简牍作为正式公文、祝祷和档案的材料了。

如今尚不能断定竹帛用于书写的确切年代，大致说来，竹、木是较缣帛为先。简牍、缣帛与纸的使用，在时间上并无显著的分野，我们不能误认使用缣帛或纸张之始，简牍即已被淘汰。中国各种书写材料之使用，大致可分为三期：（1）竹简、木牍；自

上古至公元 3 世纪或 4 世纪。（2）缣帛：自公元前 6 世纪或前 5
世纪至公元 5 世纪或 6 世纪。（3）纸：自公元前后直至现代。[3] 这
种分期，年代大致不差。但也有史料可以证明，简牍使用的时间
较上述的年代更长，而缣帛的使用则为时更早。因之，竹、帛掺
杂使用的时期约达 1 000 年，帛、纸共存约 500 年，而简牍与纸
并行约 300 年。

　　虽然"简牍"已成为一个名词，竹、木的使用也相提并论，
但最初用以书写的材料，相信是竹简而非木牍。木牍的使用应该
较后，或者是作为竹简的代替品。其论据如下：第一，简面狭窄，
通常仅容字一行，当为竹简剖析为平面后的面积所局限，因此成
为简牍形式的传统。如最初用木牍，则版面宽广，不至成为这种
仅容字一行的狭直形式。第二，"简"字从竹，竹、帛并用屡见
于先秦古籍，而"牍"字的使用至汉代始见于文献。第三，文献
记载及近年出土的战国至汉初简策多系竹质，历来出土的木牍皆
系东汉前后之物，或在西北边远不产竹的地区所出土。据此可
知，竹简的使用应先于木牍，木牍可能是竹简的代用品，为汉代
在公元前后通行的书写材料。

　　近代古文献陆续出土，更证实了旧式书写材料乃系被新材料
所逐渐取代，发掘区域的时代愈晚，发现的旧式材料便愈少。例
如敦煌与居延出土的大批木牍，约属公元前 1 世纪至公元 2 世纪，
纸质材料奇少；楼兰地区之古文献，约属 3 世纪至 4 世纪，木牍
仅占 20%；吐鲁番地区的古文献，约属 5 世纪，几乎全为纸
质。[4]纸张比例的增加，证明新材料的使用逐渐普及，尤其是西
北边远地方交通困难，距当时中国产纸地区甚远，而纸张发明之

初，因其供应有限或价格太昂，未能迅速普及。

历代史书目录上的记载亦可表示出书写材料变迁的趋势，即时代愈后，则用作简牍单位的"篇"字渐少，而用作帛纸单位的"卷"字渐增。《汉书·艺文志》中四分之三皆著录为"篇"，仅四分之一为"卷"。到了东汉，著录之篇、卷各占半数。至三国时代，卷轴之数已超过简牍。及至晋代，纸已普遍使用，简牍之书已不经见，显然全为卷轴所取代。[5]

二、 战国及秦代竹简

先秦及秦代的简牍，近年来才开始出土。但据史籍所载，3世纪末，早有大批战国时代的竹简，于埋藏地下600年后被人发现。281年，有人名不准者，于今河南北部汲郡盗发魏襄王墓，发现大批竹简，皆长二尺四寸，每简40字，系以白绳。共计书籍16种、75捆，10万余字，包括史地、占卜、故事及其他古书。其中最重要的一部为《竹书纪年》，这是自上古至公元前299年此书被埋藏时的一部魏国史记。晋武帝将这批竹简收藏于皇家图书馆中，更令荀勗、束皙等为之注释，并抄录于约二尺的纸上，加以"染潢"，以防虫蛀，原简藏诸中经，副本分藏于其他三处。唐代以后，这批文籍大多散佚，只有两种传留至宋代。到了元代，《竹书纪年》又佚。[6]如今硕果仅存者，只有《穆天子传》一种。这是秦火劫余的古书，在历史上最大的一次发现。除被掘墓者用作火把而焚毁者外，据每简所含字数，参以史籍所记之总字数，估计出土的竹简总数在2 500枚以上。

历史上的另一次发现为 479 年，在今湖北襄阳附近的楚墓，出土的竹简较前述魏墓者时代更早。但数量不多，仅有青丝编简 10 余件，长约二尺，宽数分，载以蝌蚪书。[7] 时代约当公元前 505 年至前 278 年，为楚国建都该地的时期。

史籍记载中出土的竹简，如今皆已无存，现存者皆系近百年来所发现。简牍出土的重要地点，除中原的湖南、湖北、河南、山东等地外，更有西北的新疆、甘肃和青海。中原地区出土的大多系竹简，大部为战国、秦或汉初之物，时代最古；西北所出多为两汉、三国及晋代木牍。自 20 世纪初以来，出土的简牍已达数万件，所跨时间前后将近 1 000 年。这些资料不仅在研究古代历史、政治和社会制度上，增加了一批新史料，对古籍校勘尤为重要。

自从 20 世纪 30 年代以来，长沙附近的楚墓数经盗发及科学发掘，发现的文物很多。最早的一批竹简是 1952 年在长沙五里牌出土，共 37 件，其形制大小不一，而所载文字模糊不清，仅少数简文可读，大概是殉葬物品的清单。1953 年，长沙仰天湖出土竹简 43 件，年代为公元前 4 世纪。简的长、宽、厚分别为约 22 厘米、1.2 厘米、0.1 厘米，四角尖锐。每简有 2 字至 21 字不等，以墨书于竹背，竹面则未经刮平。字体落笔圆重而尾稍轻细，近似所谓"蝌蚪文"。简策是陪葬物品的清册，它们的名称及数量皆书于策上。《仪礼·既夕礼》称："书赗于方，若九、若七、若五，书遣于策。"在死者入圹时，司仪立于棺前，读此"遣策"。这种简策的发现，与古籍的记载完全相符。

1954 年，又一批竹简出土于长沙杨家湾，共得 72 件，其中

27 简无字，其余每简有一二字不等，但模糊不清。简的长、宽约为 13.5 厘米、0.6 厘米，字体与仰天湖出土者不同，时代为公元前 3 世纪中叶，较前一批稍迟。1957 年，河南信阳长台关出土战国有字竹简 28 件，每片有古文 10 字至 40 字不等。1966 年，湖北江陵境内望山楚墓中亦出土竹简两批，共 30 余简，皆是"遣策"之类，为战国末期楚国之物。[8]

1975 年，湖北云梦睡虎地秦墓出土竹简 1 155 件，另残简 88 片。其中有秦代的律令及秦昭王元年至始皇三十年（前 306—前 217）的《编年记》《语书》《律书》《为吏之道》《日书》等 10 种，简长 23 厘米至 27.8 厘米，约合秦尺一尺至一尺二寸，有丝绳两道编连的痕迹。在《日书》的简中，出现有"纸"字（见图版一五、左），将在第七章中详述。这是秦代竹简首次出土，也是中国最古的法律条文和少见的秦代历史文献。

1978 年，湖北随县战国早期曾侯乙墓（前 433 年）中发现竹简 240 多件，简长 72 厘米至 75 厘米，宽 1 厘米，共 6 600 余字，两面书写，文字与战国时期的字体相同，内容记载丧仪中所用的兵甲、车马，是目前发现年代最早的一批先秦竹简。[9]

在此以后，又有几批重要的发现。1986 年，甘肃天水放马滩出土竹简 460 枚，属战国时期，内容以《日书》为主。另有最稀见的木板 4 块，长、宽各为 26.5 厘米至 26.8 厘米、15 厘米至 18.1 厘米，正反有墨绘地图 7 幅，上有山、水、沟溪、城邑、关隘、道路、地形，并注明地名 59 处及各地间的里程距离，为战国晚期秦国所属"邽丘"的地形和行政区域图，较长沙马王堆古帛地图约早 100 年，也是目前所见时代最早的古地图。

其他有 1987 年在湖北荆门包山出土的战国竹简 448 枚，带字者 278 枚，简文 12 472 字，内单字 1 605 个，合文 31 个，字迹清楚，内容有司法文书、卜筮祭祷记录及遣策等类（图版一五、右），部分为公元前 322 年至前 316 年的纪年。另一批为 1989 年至 1991 年在湖北云梦龙岗出土的竹简 284 件，属秦代末期，内容以法律文书为主，涉及禁苑、驰道、马牛羊课、日赢等事。

对古籍的版本而言，近年所发现年代较早而内容较重要的有两批：一批为 1993 年湖北荆门郭店出土的战国中期竹简 800 余件，其中有《老子》及《论语》等古籍的最早版本。《老子》较马王堆帛书本约早 100 年，《论语》也有许多字句与今本不同。另一批有 1 200 多件于 1994 年由上海博物馆从香港购藏，可能同出郭店，其中有先秦古籍近 100 种，涉及儒、道、兵、杂等诸家的著述，字数达 3.5 万左右，都是现存最古的版本，也有很多是现已无存的逸书，而简文字数之多、内容包含之广，尤为这批竹简的特色。[10]

截至 20 世纪终，战国及秦代竹简已发现十余批，大部来自湖南及湖北，亦有若干在河南及甘肃出土，总计不下 5 000 件，内容有古籍、文书、记事、《日书》、占卜、遣策等类，是研究古文字学、古籍校勘及先秦和秦代典章制度极珍贵的资料。

三、汉晋简牍

汉晋简牍是 20 世纪初最早在中国西北地区出土的部分考古资料。当时不少国外探险家先后在新疆、内蒙古、甘肃等地考察，其后有中外合组的考古队进行科学发掘，所获甚丰。其中甘肃发现的数量最多，迄今已达 4 万余件，大多是两汉，少数为三国和晋代之物。在新疆出土的大多为东汉至晋代木牍。以下将按发现先后略述西北及中原地区的湖南、湖北、山东、河南、江苏等地的发现。

最早是 1901 年，印度考古调查团的斯坦因（Aurel stein）作第一次中亚考察时，在新疆和田境内的尼雅古址发现一批东汉木牍计 40 件，其地位于和田之北的塔里木盆地。此处原为一聚居地，至 3 世纪中叶始被荒弃。[11]

在和田东北的楼兰也出土数批木牍，但时期较晚。3 世纪中叶，晋武帝重兴西拓之策，楼兰乃成为罗布淖尔以北的军事重地。最先发现楼兰古址的是瑞典的斯文·赫定（Sven Hedin）。自 1894 年起，他曾 7 次考察中亚，1903 年在楼兰发现大批木牍、缣帛及纸质文件。其中木牍 121 件，是 266 年至 269 年间西晋早期的文献。另在 1902 年至 1904 年间，日本西本愿寺的大谷考察团也在此地区发现同时期的木牍。1913 年至 1915 年间，斯坦因第三次考察中亚时，也在此地区发现木牍 83 件，有 263 年至 270 年的纪年，其中有晋武帝泰始二年（266）的"尺牍"一枚，其余皆属公私文件。

1906 年至 1916 年，斯坦因在第二和第三次考察中所获更丰，他在敦煌附近及稍东的酒泉发现简牍千余件。该地位于甘肃走廊的最西端，自古便是中国和中亚商业及军事的要冲。公元前 111 年，汉武帝在敦煌部署兵力，以防北部的匈奴。此地发现的木牍为公元前 98 年至公元 153 年间之物，皆系有关文学、数学、占卜、历书及天文等资料,并有各兵站间的通讯记录。其中有儿童读本《急就章》的残篇(图版一六、甲)和公元前 63 年(图版一六、丙)、前 59 年、前 57 年、前 39 年及公元 94 年及 153 年的历书。[12]

1979 年,敦煌马圈湾汉代烽燧遗址中发掘简牍 1217 件,年代为汉宣帝元康元年(前 65)至王莽地皇二年(21),这批简牍对研究玉门关的方位提供了重要线索。迄至 20 世纪 80 年代末期,敦煌地区又发现汉简数批,共得木牍 2 000 多件,都系有关军事、政治、烽燧及驿站等制度的资料。1990 年至 1992 年间,敦煌附近的悬泉置汉代遗址发现一批数量甚多且内容广泛的简牍约 3.5 万余件,其中有字简达 2.3 万余件,年代最早的为西汉元鼎六年(前 111)。内容有官府文书、律令条文、簿籍、信札、医方、历谱,以及《论语》《相马经》等典籍,为研究汉武帝开发河西、经营西域的历史以及当时的人口、水利、军事设施的重要史料。[13]

居延是西北地区最早出土汉简数量较多的地区,其地位于甘肃西北弱水之滨。居延城始建于公元前 104 年,旧名"黑城子",是敦煌与武威之间的军事和政治中心。汉代于此设置烽火台,捍卫甘肃走廊的北部。过去考察这一地区者,1908 年有帝俄地理学会的科兹洛夫(P. K. Koslov),1914 年有斯坦因,1930 年有中国西北科学考察团的斯文·赫定和贝格曼(Folke Bergman)。在沿弱水东岸数处所获至丰,总计在破城子发现木简 5 200 余件,红城子等处发现 3 500 余件,总数达万余件,很多记有公元前 102 年至公元 30 年间的纪年。内容与在敦煌发现的文件相似,有报告、公文、书信、历书、《急就章》、律令、药方等。其中有一件共 77 简，用麻绳两道编连，证实"册"字造字之原始（图版一七）。简长 23 厘米，宽 1.3 厘米，全札张开约 122 厘米，为公元 93 年至 95 年该处兵站检查器物的清册，是现存较早发现的一部装订完整的"书"册。

1972 年至 1976 年间，居延地区又先后发现多数为王莽及东汉时期的简牍近 2 万件，绝大多数是木简，少数是竹简。内容是律令、牒书、诏书、爰书、劾状等文书档案。形式有简（札）、两行、牍、检、符、觚、签以及有字的封简、削衣等多种。简牍出土时，有的仍编缀成册，其编绳两道、三道不等。简上文字有一定的行文程序和文牍格式，对于研究古代文书档案制度具有重要的价值。[14]

1959 年，甘肃省博物馆于武威郊区一东汉墓中，掘得完整的简牍 385 件。其中大多是云杉木牍，竹简极少。简奇长，约 54 厘米至 58 厘米，宽 1 厘米，每简载字 60 至 80 不等，字体都是简体及变体。每简前后皆标明数字，一如现代书籍之页数。中有《仪礼》七章，其形制是现今所发现的简牍中之最长者（图版一八），也是现存经书中最早的一种"版本"。同时出土者有东汉永平十五年（72）之王杖木简 10 件，长 23 厘米，为汉代保护高年长者的法令。又 1972 年于武威旱滩坡东汉墓中发现医药简牍 92 件，长约 23 厘米，宽窄不一，质地为松木和杨木，载有约 100 种药物，其中约有 20 种为《本草》书中所未载，为迄今发现较完整的汉代医方著作。1978 年，在西北偏僻的青海省大通县上孙家寨 115 号西汉晚期墓中出土简牍 400 余件，质料为云杉，字体为隶书，主要内容为军事文书。[15]

在中原地区陆续出土的大多是汉初竹简。较早的一批是 1972 年至 1973 年间长沙马王堆两座西汉墓中所发现，皆系公元前 2 世纪之物。一墓出土竹简 312 件，另一墓出土 600 多件，其中大部为随葬物品清册，其他为医书。又一批为 1972 年在山东临沂西汉墓中出土的竹简 4900 多件，其中有《孙子兵法》《孙膑兵法》《六韬》及《尉缭子》等古代兵书残篇和阴阳书等古籍。该地二号墓中出土竹简 32 件，其中有汉元光元年（前 134）的历谱。

1973 年，河北定州西汉中山怀王刘修墓中出土竹简一批，内有五凤二年（前 56）《起居记》及《论语》620 简，计 7 576 字，内章节、词句多与今本不同；又《文子》277 简，计 2 790 字，亦多为今本佚文。1977 年，安徽阜阳县西汉开国功臣夏侯婴之子夏侯灶（前 165 年卒）墓中出土一批竹简，内有《仓颉篇》《诗经》《周易》以及《年表》《大事记》《作务员程》等十多种古籍。

1983 年，湖北江陵张家山汉墓出土大批西汉初期竹简共 1 000 余件，为公元前 2 世纪高祖至文帝时期遗物。简长 30 厘米至 33 厘米，宽 0.6 厘米至 0.7 厘米，各简之间三道编绳连缀，文字书于竹黄一面，每简字数多少不等，最多者 40 余字，全部共 4 万余字。内容有律令、《奏谳书》、《盖庐》、《算数书》、《脉书》、《引书》、历谱、《日书》、遣策等法律、军事、医学、数学等方面的重要文献。其中 500 余简的律令，包括 20 多种律名，其主体比云梦出土的秦律更为充实、完整。此外，有《算数书》100 余简，其体例与《九章算术》相近，但成书较早，这是我国发现年代最早的一部数学专著。墓中有历谱两份：一为汉高祖五年至吕后二年（前 202—前 186）；一为汉文帝前元五年（前 175）。这是已发

现年代最早的历谱，较儒略历（Julian Calendar，前 46 年）约早
150 余年。1985 年至 1988 年间，该地再次出土竹简约 1 200 件，
一部分用麻布包裹成卷形，内容为《日书》、遣策及律令，年代
与前一批大致相同。

1993 年，江苏连云港尹湾西汉墓中发现竹简 133 件，木牍 24
方，约 4 万字，内有政府档案、术数、历谱、文书和汉赋，为迄
今所见级别较高的地方文献。1996 年，长沙走马楼的古井中发现
东汉至三国有年代的竹木简 10 万多件，其中木简 2 400 件为三国
吴嘉禾（232—238）年间的佃田税务券书。另有竹简近 10 万件，
年代仍以嘉禾为主，间有黄龙（229—231）以及早至汉献帝建安
二十五年（220）的纪年简，为有关赋税和户籍的公牍及签牌、
封检及封泥匣等，详细内容尚待整理公布。这是近年简牍出土数
量最多的一次，也是少见的有关三国时代的简牍。[16]

四、竹木的整治

竹是生长迅速的禾本科植物，常见于热带及亚热带。中国大
部分地区，除极北的区域外，竹丛处处可见。古籍所载竹林亦见
于华北地区，如魏、晋、秦、齐，相当于现今黄河流域的河南、
山西、陕西、山东等省，但在现代，除了少数地方外，竹在这些
区域中已甚罕见。大约由于气候变迁，使得它的生长区逐渐
南移。

竹的各部分用途甚广，尤其竹身中空多节、坚硬轻巧且富弹
性，而竹面含有硅质，极为坚韧，可削制用以切物。自古迄今，

竹亦多用以筑屋、建桥、编筏、造车，并制造各种家具和农作器具以及弓箭、乐器、笔管等等。[17]更因其轻巧及表面的光滑，在纸发明以前，竹乃被古人选为书写的主要材料。

若干木类亦曾用作书写材料，敦煌及居延的木牍，大多是杨木及柳木。杨和柳大多产于中国北部，其中某些种类更是沙漠中绿洲的产物。在西北区域中，竹简甚少见，因竹主要产于中原。斯坦因在敦煌发现的木牍大多是白杨木，在他处发现的有松、柳、杨及柽柳。这些木类皆以色白、质轻以及易于吸收墨汁为其特色，更因在当地出产，自然便于采用为书写材料。

作为书写材料，竹的整治较木料为难。王充《论衡》卷十二中曾说："断木为椠，桥之为板，力加刮削，乃成奏牍。"竹简文字不写于竹身的外表皮，而写于刮去外表青皮后之内面，或写于反面"竹里"。至于竹的整治，先断竹为一定长度的圆筒，再剖成一定宽度的竹简，但此时仍未适宜于书写。用作书写须经过"杀青"的处理，即先剥去外表青皮，再用火烘干，以防腐朽，复加刮治，才适宜于书写。刘向《别录》曰："杀青者，直治竹作简书之耳。新竹有汁，善朽蠹，凡作简者，皆于火上炙干之。"[18]

表皮文字刮去之后，旧简仍可再用，名为"削衣"。被刮去的表皮木片名为"柿"，《说文》："柿，削木札朴也。"遇笔误时，错字可以刀刮去重写。斯坦因在敦煌曾发现为数上千载有文字的柿，都是古人在木简上习字时，刮削木简以便再用的证明。1944年在敦煌再次发现载有文字的柿，1977年甘肃酒泉烽燧遗址出土的简牍中亦夹有"削衣"，这些显然都是书刀刮削的遗迹。正如西洋羊皮退渍后可供重写一般，简牍亦可刮削后重复使用。简上文字写错了，除可用刀刮削后再使用外，也可立即用水或口水涂抹掉墨字，然后再书写正确的字，甘肃武威发现《仪礼》简上就留有此种痕迹。[19]

削制和书写简牍的工具近年亦时有发现。如长沙左家公山楚墓出土一竹箧，内有竹简、毛笔和铜削。湖北江陵凤凰山西汉墓出土的竹笥内有笔、墨、砚石及木牍。浙江绍兴 306 号战国（越国）墓中出土 51 件文书工具，放置于漆盒内，包括铜刀、刻刀、削、凿、砺石、陶线锤等。砺石用于刀、削的修磨，刀、削用来整治简牍，而线锤则是编组简册的工具。[20]

五、 简 牍 的 形 式

古代的简牍，在形式及用途上都不尽相同。竹简的形式皆狭长，直书一行，编以丝绳、麻绳或皮条而成册，一如现今分页成册的书籍。木牍虽亦常为狭长形，但间亦有长方及方形者。长方及方形的木牍自成一格，通常皆不编连。根据记载，木牍大多用于公文、律令、短简及私人函柬，而竹简则用于文学著作以及篇幅较长的书籍。

古代简牍的长度似有一定的规律，因其用途和重要性而异。经典著作的竹简，常为二尺四寸、一尺二寸和八寸，根据郑玄的说法，六经书于二尺四寸之简，《孝经》一尺二寸，《论语》八寸。由此观之，长简常用于较为重要的典籍，而短者用于次要之书，因《孝经》和《论语》直到 9 世纪才正式列入儒家经典。王充曾说："大者为经，小者为传记。"又云："二尺四寸，圣人之语。"武威发现的《仪礼》简长 54 厘米，约合汉制二尺四寸，是多年来简策出土之最长者，确实证明汉代推行用长简书写儒家经典的尊孔制度。[21]

历代简牍的发现，其长度可证实记载上尺寸的正确。据荀勖说，公元前 3 世纪用以写《穆天子传》的竹简，"以臣勖前所考定古尺度其简，长二尺四寸……"[22]《考工记》作于《穆天子传》之前，据正史所载，其简长约二尺，合汉制二尺四寸。[23]由此可见，除经典外，其他重要著作，亦载于二尺四寸之简。

汉代木牍的长度，由五寸至二尺不等。根据蔡邕的说法，用作诏令的木牍为二尺或一尺。斯坦因在敦煌发现的大批木牍，长度大多是 23 厘米或 24 厘米，相当于汉制的一尺。自汉以后，日用的木牍标准乃定为一尺，私人函柬之所以被称为"尺牍"，实源于此。最短的木牍只有五寸，为通过哨兵站检查时所用的一种所谓"符"。

各种木牍不仅功用不同，长度亦异。三尺者为未经刮削之椠，二尺者为命令，尺半者为公文报告，一尺者为信件，半尺者为身份证。可见，汉代木牍的尺寸皆为五寸的倍数，而战国竹简则为二尺四寸的分数。其不同的原因，大约是"六"及其倍数为晚周及秦代的标准单位，而"五"则为汉制。

根据以上所论，各种不同长度的简牍皆各有一定的用途但记载中也有不同的说法，表示某种特殊文件中的简策长度不一。《说文》："册，符命也，诸侯进受于王者也。象其札，一长一短。"关于此种长短不一的制度，在先秦文籍中并无资料可寻，但在《战国策》刘向序中述及中书有"短长"。虽然叶德辉和王国维都认为这是古代简牍长短不一的证明，但此处所称的"短长"，实系游侠辩士所采用辩论的正反、好恶或短长的两面策谋，而非指简牍的短长。至于汉代，汉武帝封其三子以采邑，册命书于长短不一的简牍上；蔡邕亦谓命令除用一尺或二尺之简牍外，亦常书于长短不一的简牍。[24] 由此可知，长短不一的简牍主要用于册命，与其他公文不同。按甲骨文与金文中"册"字笔画长短不一，因之这制度可能源自商、周。

简牍的宽度不像其长度，古籍中并无明文记载。《南齐书》卷二十一曾记载 479 年发现的简牍为"简广数分"。斯坦因发现的简牍，其宽度为 0.8 厘米至 4.6 厘米不等，其中大多数是 1 厘米；居延出土之《兵物册》，每简宽 1.3 厘米；长沙出土的竹简，宽 0.6 厘米至 1.2 厘米；上海博物馆所藏楚竹书宽约 0.6 厘米，厚 0.1 厘米至 0.14 厘米不等。大致说来，简宽不超过 2 厘米。但有些木牍较宽，能容五行或五行以上的文字。[25]

六、行格和书体

每简所书写的行数和字数，亦不尽相同，通常只书写一行于简牍的正面，有时亦有二行以上或正背皆书者。近年在湖北云梦睡虎地出土的战国竹简，其中《日书》一种，正、背皆书，文字连贯。荆门包山楚简一部分背面书写与正面相关文字，少数简背文字相连或独立成段，篇题则更以大字书写于简背。又如酒泉出土的《仓颉篇》也是两面连续书写。台湾所藏的 30 简中，有 7 简正、背皆书。[26] 至于字数，则自 8 字至 80 字不等，因简牍的长短及字体的大小而异。

郑玄的《尚书注》称，载《尚书》之简，每简 30 字。[27] 以此推断，其他经典，包括《春秋》在内，皆长二尺四寸，其每简所载字数定然相同。据服虔考定，《左传》每简 8 字，显然以其不如《春秋》之重要，每简只长八寸，这是经、传的分别。《汉书·艺文志》谓《尚书》脱简，有的是 25 字，有的是 22 字。荀勖于《穆天子传》序中曾说，每简有 40 字。

在敦煌发现的简牍中，有《急就章》一种，每简书写一章，共 63 字。此为棱柱形的木简，三面有字，每面一行 21 字。另一简有字二行，其一为 32 字，另一为 31 字。长沙出土的竹简，每简长度大致相同，每简有 2 字至 20 字不等。近年在武威出土的长简《仪礼》，每简多至 60 字至 80 字不等。由文献记载和古代遗物可知，每行载字不等，全视字形的大小和简牍的长短而定。

古简上字体的不同，视乎其书写的时代及其重要性而异。蔡邕在《独断》中曾说，重要文件以篆书写于竹简，次要者以隶书写于木牍。3 世纪末楷书已经流行，但 6 世纪时的政府册命仍用篆体书写。[28] 这种以传统字体书写重要文件的习惯，在古今中外历史上都大致相同，而且延续了很长的时间。孔安国古文《尚书》序说，古文《尚书》乃系以隶书抄录古文于竹简。如说汉代六经是以那时流行的隶书抄写，大致不差。从已发现的古简书写字体观察，楚简均为篆书，秦简以隶字为主，汉简虽兼篆、隶，但以隶字为多，这可见古代书体演变过程之一斑。

公元前 1 世纪流行的章草，系由隶书速写演变而来。"章"字大抵乃因史游于公元前 48 年至前 43 年间所作《急就章》的书体而得名。敦煌简牍中便有这种草书字体，其年代为公元前 58 年、公元 48 年及 63 年。[29] 较早的简牍及公元 93 年至 95 年的居延《兵物册》的字体，都有这种趋势。此乃 2 世纪时流行的行书及 4 世纪时草书发展的初步。

七、 古书的单位和种类

古书的单位和种类，因简牍的材料、长度、形状以及编连的形式不同而异，而各种名称时或互用，极不一致，因而导致今日各种名称之混淆不清。至于有关竹简和木牍的各种名称，似有如下的区别：表示竹简的单字，通常有竹字头部首；表示木牍者，有木或片字偏旁。一根竹简通称为"简"，常载有一行直书的文字。字数较多时，书写于数简，编连一处，乃称之为"册"。长篇文字的内容成为一个单位时，称之为"篇"。"册"表示一种文件较小的形体单位，"篇"则用于较长的内容单位。一"篇"可能含有数"册"。

至于"卷"，通常认为是指缣帛和纸卷的单位而言，是否可用为简牍书籍的单位，意见不一。劳榦谓居延《兵物册》77 简，以麻绳两道编之，如竹帘状，可以舒卷，故"简编则为册，卷则为卷"。[30] 陈槃于其《先秦两汉简牍考》一文中，曾试图证明这一理论，不过所提出之例证，均无一在汉代以前，而汉时"卷"已被广泛应用为纸及缣帛的单位。陈氏并指出，《汉书·艺文志·六艺略》之《书》序称今文《尚书》"二十九篇"，而其目录则曰"经二十九卷"。孔安国古文《尚书》序中有云："并序凡五十九篇，为四十六卷。"陈氏以为此处既曰"篇"，复曰"卷"，据此可以证明一篇或数篇可以卷而为"卷"。[31]

按《汉志》既有"篇",复有"卷",反足证明陈说之非。若"卷而为'卷'",则不必用"篇"字。我对此二例证的意见是:"篇"和"卷"既然分列,当系材料和单位不同。按应劭谓:"刘向事孝成皇帝,典校书籍二十余年,皆先书竹,改易刊定,可缮写者以上素也。"[32]以《书》序所称之古文和今文《尚书》,原分别是"五十九篇"及"二十九篇",经抄录于缣帛后,乃为"四十六卷"及"二十九卷",因此列于目录中的"卷",是皇家图书馆中的帛书,为卷轴的单位,而见于《书》序中之"篇",则为原本简牍的单位。实际说来,卷简原较编简为易。故居延《兵物册》的数捆简册,即使卷起,相信仍应称"篇",而不应称"卷"。

简牍除用于文籍之外,亦可作为其他特殊的用途。如符契用以取信,《说文》:"符,信也。汉制以竹,长六寸,分而相合。"此说与敦煌、居延等地发现之实物互相吻合。如居延的 24 件短简,经劳榦考释为通过哨站的证书和中央及地方官员的身份凭证。其他材料如木、缣帛、玉及金属等制作的"符",虽亦加使用,但不如竹符使用之普遍。

另一种"筭"符,乃数学上计算用之筹码,较用以书写的简为短窄。又有一种书写签语之签,用以占卜未来。此外尚有一种短简称为"笏",为臣属在帝王前奏对之用,其形体略曲而两端稍窄,以竹或其他材料制成。

木牍原用于公文,不作长篇文籍之用。如"方"主要用于政府档案或其他公文,可书写 5 行至 9 行,字数不过百。"版"形长方,表面宽广光滑,可用于绘制地图及插图。"牒"薄而短,用途皆与"方"相似，唯大小不一。"牍"较窄，长约一尺，可用于公文，亦可用于私人书柬。这些木牍，原由三尺长之木椠截成，通常单独使用，数片连于一处则称"札"，一如竹简之称"策"。

木牍可制成数面可以书写之棱角形状，为启蒙教学及习字之用。这棱柱形的木牍，原是一方柱形木牍被对角分开后的一半，三面可以书写，顶端有一小孔，为联系另一半之用。在敦煌和居延发现的《急就章》便是书于棱形木牍，与《汉书·艺文志》所载相符。这种棱形木牍的书写面积除较普通木牍为大外，更可直立于桌上，阅读和背诵某一面的文字，而不见其他二面，实为初学者方便之用（图版一六、甲）。

甘肃酒泉曾出土一件七面棱形觚，长 37 厘米，其断面成圆形，分两部书写，前半部抄录诏书，后半部为书信，共有 212字，大概是当时烽燧戍卒摹写练字的习作。

八、编装的方式

简是古书的基本单位，相当于现代书籍的一页。整篇文章，常连简为册，顺序以书绳编于一处。编连的方式，有的是先写后编，有的是先编后写，编连的绳道各异。居延出土的《永元兵物册》上面的字有些被编绳盖住（图版一七），是先写后编，由写完的短册再接连成长册。武威汉简《仪礼》简上编绳之处，均空白无字（图版一八），则是先编后写。湖北随县曾侯乙墓竹简为两道编，绳痕上下两字之间隔较大，也是先编后写之例。

古书的藏置，可能有两种不同形式：一为数简编成后卷成一捆；另一为折页形，每册简面相对，有如现今书籍的册页形式。现在发现的简牍大多散乱，学者曾试将散简重编复原。其法先将书绳两根连结，置第一简于二绳之间，打一实结，复置第二简于此结之左旁，将二绳下上交结，第三简照此类推，以至最后一简，然后再打一实结。多余的书绳，则用作捆扎全部成册之简牍。[33]上海博物馆所藏楚竹简的右侧有契口，呈凹状，用以固定编绳；每简契口处都有编绳结，以维系上下左右，使开卷及收卷更为方便。

　　折页式编连的简，如今甚少保存，古籍中亦无此法之详细记载。唯公元前 3 世纪的一方墓砖上有一图像，其中一人手捧简册形之书，看去似是竹简编连后卷成的形状（见书前插图，原砖现藏加拿大皇家安大略博物馆）。居延的《兵物册》有简 77 根，以麻绳两道编连，据称发现时亦是卷在一处的。包山楚简也是卷起，用麻织品包裹。武威《仪礼》长简则有编痕三道或四道，最近出土的医药简则有编痕三道。

　　编连织物有丝绦、麻绳及皮条。280 年发现的魏墓竹简，据记载是编以白绦。刘向《别录》谓："《孙子》，书以杀青简，编以缥丝绳。"[34]湖北江陵张家山竹简及上海博物馆所藏楚竹书皆以丝线编连，可以为证。公元 1 世纪之《兵物册》以麻绳编连，敦煌简中亦有麻绳编连者。其他用以编连简牍的材料，目前尚无实证。唯一述及以皮条编简的是司马迁的《史记·孔子世家》，谓"孔子晚而喜《易》……读《易》，韦编三绝"。20 世纪 70 年代，甘肃居延汉代遗址中曾发现用红色编绳编连的简策。

　　书绳的另一用途是捆扎，敦煌及居延皆曾发现有关征集二十丈书绳的木简。[35]木简刻有为方便捆扎用的痕道，其痕自一道至五道不等，敦煌所发现的皆为三痕，每痕捆以书绳一道或两道，施以封泥。古简所示的捆扎痕迹，有横，有竖，且有十字形者，然以横痕为多。

至于封存文件，则以一片名为"封面"的木片捆扎于文件之上，以封泥敷于书绳，再施以封印，然后送发。受文者的名字及文件内容摘要，通常皆书于封面之上。封面上封印之处，则刻一方形凹沟，贮以封泥，名为"印齿"。斯坦因在和田发现的简牍，许多皆有此印齿的痕迹。

封面只能用于单独一种文件，数种文件同时发送时，则封以布质或丝质的书囊。各种颜色的书囊表示不同的发送方式，如红色和白色是急件，绿色是诰谕，黑色是普通文件。书囊大多为方形，无缝，文件自中央开口处放入，袋的两端折转，盖于中央封口之上，捆以书绳，敷以封泥，再盖以印章。文件发送的方式通常录示于封面，由驿站传递，急件则由专骑送达。[36]

1973 年，新疆若羌米兰地区发现一唐代吐蕃古戍堡遗址，内出大量藏文木牍。其形式，简牍右端有一槽，可以捆扎加盖封泥，简牍有刮削痕迹，可多次刮削利用，每刮削一次，在边沿上刻一记号，右端常有一洞，可用绳子穿连。这说明 7 世纪以后，少数民族地区仍广泛应用简牍制度。[37]

注释

〔1〕孙海波：《甲骨文编》增订本（北京，1965），第 87—89 页；容庚：《金

文编》三订本（北京，1957），第 98—99 页。

〔2〕《隋书·礼仪志》；平冈武夫：《竹册と支那古代の记录》，《东方学报》（京都）第 13 卷（1943），第 171—173 页。

〔3〕马衡：《中国书籍制度变迁之研究》，《图书馆学季刊》第 1 期（1926），第 201—202 页。

〔4〕A. Stein, *Serindia: Detailed Report of Explorations in Central Asia and Westernmost China*, vol. 2（Oxford, 1921），674；黄文弼：《吐鲁番考古记》（北京，1954），第 2 页。

〔5〕历代补《艺文志》，见《二十五史补编》。

〔6〕《竹书纪年》散佚后，辑佚者不少。较著者为朱右曾：《汲冢纪年存真》，王国维：《古本竹书纪年辑校》，范祥雍：《古本竹书纪年辑校订补》，方诗铭、王修龄：《古本竹书纪年辑证》（上海，1981）。

〔7〕《南齐书》卷二十一。

〔8〕夏鼐：《长沙近郊古墓发掘记略》，《考古学报》1953 年第 7 期；又《文物参考资料》1952 年第 2 期，第 68—77 页；史树青：《长沙仰天湖出土楚简研究》（上海，1955），第 2—18 页。长沙杨家湾竹简，见《文物参考资料》1954 年第 12 期，第 29—30 页；信阳长台关竹简，见《文物参考资料》1957 年第 9 期，第 21—22 页；江陵望山战国楚简，见《文物》1966 年第 5 期，第 33—55 页。

〔9〕湖北云梦秦代竹简，见《文物》1976 年第 5 期，第 1—6 页；又见《睡虎地秦墓竹简》（北京，1990）。湖北随县曾侯乙墓战国早期竹简，见《文物》1979 年第 7 期，第 1—14 页，图版9：3。

〔10〕甘肃天水放马滩战国秦汉简和地图，见《文物》1989 年第 2 期，第 1—31 页。湖北包山楚简，见《包山楚简》（北京，1991）；张光裕：《包山楚简文字编》（台北，1992）。湖北龙岗竹简，见《云梦龙岗秦简》（北京，1997）。上海博物馆购藏战国竹简，见马承源主编《上海博物馆藏战国楚竹书（一）》（上海，2001），收入《孔子诗论》《缁衣》《性情论》3 种图版及释文，其他待续刊。

〔11〕西北边陲的发现，见罗振玉：《流沙坠简》（1915）；张凤：《汉晋西陲木简汇编》（上海，1931）。Chavannes, *Les documents chinois découverts par Aurel Stein dans les sables du Turkestan Oriental*；Henri Maspero, *Les documents chinois de la troisième expédition de Sir Aurel Stein en Asie Cenrrale*（London, 1953）；Bo Sommarström, *Archaeological Researches in the Edsen-Gol Region, Inner Mongolia*, vol. 1（Stockholm, 1956）。

〔12〕楼兰出土简牍，详见 A. Conrady, *Die Chinesischen Handschriften-und Sonstigen Kleinfunde Sven Hedins in Lou-lan*（Stockholm, 1920）, 117 – 140；B. Schindler, "Preliminary Account of the Work of Henri Maspero Concerning the Chinese Documents on Wood and Paper Discovered by Sir Aurel Stein on His Third Expedition in Central Asia," *Asia Major*, n. s., 1（1949）, 216 – 264；Maspero, *Les documents chinois de la troisième expédition de Sir Aurel Stein en Asie Centrale*, 52, 77, no. 246。又近代出土汉简，参见陈梦家：《汉简考述》，《考古学报》1963 年第 1 期，第 77—109 页；郑有国：《中国简牍学综论》（上海，1989）。

〔13〕敦煌马圈湾汉简，见《文物》1981 年第 10 期，第 1—7 页；敦煌悬泉置汉简，见《文物》2000 年第 5 期，第 21—45 页。

〔14〕劳榦：《居延汉简考释·释文之部》卷三（重庆，1943），第 27—30 页；《居延汉简：图版之部》3 册（台北，1957）；《居延汉简：甲乙编》2 册（北京，1980）。居延地区其他新发现，见《居延新简：甲渠候官与第四燧》2 册（北京，1990）；《居延新简：甲渠候官》（北京，1994）；《文物》1978 年第 1 期，第 1—11 页。

〔15〕关于武威汉简考释，参见《考古》1960 年第 5 期，第 11—12 页；第 8 期，第 29—33 页；详中国科学院考古研究所、甘肃省博物馆编：《武威汉简》（北京，1964）。关于王杖十简，见《考古》1960 年第 9 期，第 29—30 页；1961 年第 3 期，第 160—162 页；《考古学报》1965 年第 2 期，第 1—7 页。武威旱滩坡医药简牍，见《文物》1973 年第 12 期，第 18—31 页。青海大通县西汉木简，见《文物》1981 年第 2 期，第 27—34 页。

〔16〕长沙马王堆竹简，见《长沙马王堆一号汉墓发掘简报》（北京，1972），第 9—10 页。山东临沂兵书竹简，见《文物》1974 年第 2 期，第 15—35 页，图版 1—8。河北定州西汉竹简《文子》释文，见《文物》1995

年第 12 期，第 27—34 页。阜阳汉初竹简，见《文物》1983 年第 2 期，第 21—23 页。江陵张家山西汉竹简，见《江汉考古》1985 年第 2 期，第 1—3 页；《文物》1992 年第 9 期，第 1—11 页。尹湾西汉简牍，见《文物》1996 年第 8 期，第 32—36 页。长沙走马楼竹木简，见《文物》1999 年第 5 期，第 26—52 页。

〔17〕瞿兑之：《古代之竹与文化》，《史学年报》第 1 卷第 2 期（1930），第 117—122 页。

〔18〕《风俗通义》引，见《太平御览》卷六百〇六。

〔19〕夏鼐：《新获之敦煌汉简》，《中央研究院历史语言研究所集刊》第 19 本（1948），第 235—236 页；甘肃酒泉削衣，见郑有国编著：《中国简牍学综论》，第 37 页；汉简涂沫痕迹，见《武威汉简》，第 66 页。

〔20〕长沙楚墓中文具，见《文物参考资料》1954 年第 12 期，第 3—19 页。江陵西汉墓中文具，见《考古学报》1993 年第 4 期，第 490—497 页。绍兴战国墓中文具，见《文物》1984 年第 1 期，第 18 页。

〔21〕《论衡》卷十二。武威《仪礼》长度，见《新中国的考古收获》（北京，1961），第 83 页；又见《武威汉简》。

〔22〕《穆天子传》，荀勖序。

〔23〕王国维：《简牍检署考》，《海宁王静安先生遗书》第 26 册。

〔24〕汉武帝册封见《史记·三王世家》，褚少孙补。

〔25〕册令，见蔡邕《独断》卷一。根据近年发现的简牍统计，简册的长短主要根据文书性质的轻重、书籍内容的重要或次要、墓主地位的尊卑而决定，但不同时代和地区亦有差异，见胡平生：《简牍制度新探》，《文物》2000 年第 3 期，第 66—74 页。

〔26〕《云梦睡虎地秦墓》（北京，1981），第 12—13 页；《包山楚简》，第 9 页；苏莹辉：《"中央图书馆"所藏汉简中的新史料》，《大陆杂志》第 3 卷第 1 期（1951），第 23 页。

〔27〕《仪礼注疏》卷二十四引；又见清袁钧辑：《郑氏佚书》二《尚书注·金縢》。

〔28〕《隋书·礼仪志》。

〔29〕罗振玉：《汉晋书影》（1918），图版 1。

〔30〕劳榦：《居延汉简考释·考证之部》卷一，第 74 页。

〔31〕陈槃：《先秦两汉简牍考》，《学术季刊》第 1 卷第 4 期（1953），第 12—13 页，"篇""卷"附考。

〔32〕《太平御览》卷六百〇六引。

〔33〕A. Stein, "Notes on Ancient Chinese Documents Discovered along the Han Frontier Wall in the Desert of Tun-huang," *New China Review*, vol. 3 (1921)：243‐253。《永元兵物册》编连形状，见《居延汉简甲编》（北京，1959）；武威汉简的编连，见《武威汉简》，第 58 页；曾侯乙墓简的编连，见《文物》1979 年第 7 期，第 1—14 页；甘肃居延汉简的编连，见《文物》1978 年第 1 期，第 1—11 页。

〔34〕《太平御览》卷六百〇六引。

〔35〕《居延汉简考释·考证之部》卷一，第 74 页。

〔36〕简牍文件之封存、发送方式，见《居延汉简考释·考证之部》卷一，第 75 页。

〔37〕新疆藏文木牍，见《文物》1984 年第 9 期，第 55—61 页。

第六章

帛　书

一、　丝织文化的起源

丝织文化起源于中国，是世界学者所公认的事实。传说公元前3000年，嫘祖发明养蚕织丝，目前虽尚无直接的证据足以凭信，[1]但山西南部西阴村的新石器时代遗址中，曾发现经过人工整治的蚕茧。[2]在其他许多新石器时代遗址，亦曾发现丝织品和石制及陶制的纺轮。这些发现说明，丝帛和纺织文化可能于史前时期已在中国通行。

到了殷商时代，甲骨卜辞中常见"丝""蚕""帛""桑"等字。[3]在安阳殷墟中发现的丝帛残迹，经过仔细的研究，证明殷人的纺织技术已很进步。[4]近年来在许多殷代和周初的古墓中，曾发现玉蚕和丝帛。[5]1975年，陕西宝鸡市郊一座西周贵族墓葬中出土大批玉蚕，同时发现一些保留在铜器和泥土上的丝织物和刺绣的印痕。这些发现使人们对西周丝织技术、丝织物品种和染色、刺绣工艺等有了新的认识。[6]其他很多考古学上的证据，都说明中国古代的蚕桑和丝织工艺已非常发达。

除此之外，西周典籍中也有很多有关养蚕、纺织及缥丝的记载，可知丝织已是当时重要的家庭工业。《诗经·豳风·七月》描述当时年轻妇女终年忙碌采桑、纺织、缥丝，为贵族们制作衣裳的情形。又《诗经·卫风·氓》有"氓之蚩蚩，抱布贸丝"之语。公元前10世纪至前9世纪的金文中，亦有以丝束交换奴仆的记载。显然，在周初丝不仅是纺织的材料，且用为贸易的通货。

在长沙和其他几处楚墓中，新近发现许多丝帛遗物，证明在战国、汉初不仅已有精美的缣帛，而且还有花纹复杂的织锦和刺绣，各种实物都说明这时期的丝织品已有极高的技术。1982年，湖北江陵马砖厂一号墓出土战国中晚期之丝织品，有绢、纱、罗、锦等，品种和数量繁多，其技术质量、图案设计均反映了战国时期丝织技术的高超。锦在过去仅见于东汉，这次的发现将现存实物的年代至少提前300年。该墓出土的锦，最大的一件为267厘米×210厘米，由五幅拼缝，每幅宽50厘米，保存相当完好。[7]

在楼兰、居延、罗布淖尔等地发现的缣帛，为公元前1世纪至公元2世纪汉代之物，有素绢，亦有称为"绮"的花帛，设计精美。[8]最近在各地发现的品种更多，而纺织的技术也达到了高峰。

自公元前1世纪起，丝帛产品便经由古代的"丝绸之路"，通过新疆南部，穿越中亚而输入欧洲。腓尼基、迦太基及叙利亚等地商人，曾探测海路，以便前往中国采购丝帛。罗马帝国和中

国的丝帛交易颇巨，公元 2 世纪时，一磅生丝的价格且在其等重
的黄金之上。[9]

种桑养蚕大多在气候温暖的地区。现代蚕丝的出产地区主要
在长江流域及江南一带，约当北纬 20 度至 30 度之间。但据古籍
记载，古代产丝之地却远在今日桑蚕地区之北。《诗经》常将丝
帛与黄河流域诸国相提并论。《禹贡》列举九州的贡品，载有很
多有关当时丝织品的重要资料，并特别提及丝是兖州（相当于现
在的山东省）的产物。直到汉代，山东仍是丝织业的重要产
地。[10] 11 世纪后，经济与文化中心南移，丝织业主要产地才由中
国北部移至长江流域。蚕本是野生动物，后来才由人工培养。山
东及黄河流域一带以至东北，今日仍是野蚕丝的产区。大概古代
有家蚕与野蚕之分，古时所用的缣帛，一部分可能是野蚕丝所制
成。许多学者认为昔日的黄河流域远较今日温暖，[11] 因为气候变
迁以及政治和社会的因素，养蚕业被迫逐渐南移。[12]

二、帛书的年代

很多古代文学的记载和近来实物的发现，证明古人以丝帛作
为衣服、乐弦、装订书籍的材料以及交易的通货。但丝帛在春秋
之前用作书写的材料，尚无记载或实物证明。沙畹（Édouard
Chavannes）认为丝帛之用于书写，应与毛笔发明的时代相当，
因为只有毛笔方能书写于缣帛之上。一般认为毛笔是秦代蒙恬所
发明，沙畹作文时先秦的帛书和毛笔尚未发现，因此他认为缣帛
用作书写材料，当始于秦始皇的时代。[13] 根据近年的发现和研究，

毛笔早在商代就已使用。而公元前 5 世纪至前 4 世纪的战国缯书出土，以及文献中的记录，更使我们相信，缣帛用于书写至迟当在公元前 5 世纪至前 4 世纪，其后继续使用将近千年。

长沙出土的缯书，证明缣帛在战国时已被人用以书写。目前虽尚无战国以前的帛书发现，但由古籍中的记载，我们可知缣帛之用于书写当在战国之前。《论语·卫灵公》有 "子张书诸绅" 之语，《周礼注疏》卷三十说："凡有功者，铭书于王之大常。" 虽 "绅" 与 "大常" 原不是作为普通书写之用，但由上列记载可知孔子时代（前 551—前 479）已有文字记载于缣帛所制的物品之上。

《墨子·明鬼》篇说："故古者圣王……书之竹帛，传遗后世子孙。"《韩非子·安危》篇亦说："先王寄理于竹帛。" 这些战国时代的资料，都提及其先人曾用缣帛书写，至于这些圣王、先王的名字和他们的时代，并没有说明。可是《晏子春秋》则明白道出先人之名："景公谓晏子曰：'昔吾先君桓公予管仲狐与縠，其县十七，著之于帛，申之以策。'"[14] 齐景公与晏子是公元前 6 世纪或前 5 世纪之人，而齐桓公和管仲则是公元前 7 世纪的人物，可知春秋时代已经使用缣帛作为书写材料。

先秦文籍中虽曾述及帛书，但其用途仅限于重要的文献或与卜筮有关的记录。大概到了秦汉，缣帛方始普遍应用于书写。不仅《汉书·艺文志》中载有某书若干 "卷"，其他汉代文献中亦常述及帛素。扬雄《答刘歆书》谓，其编撰《方言》时，"常把三寸弱翰，赍油素四尺，以问其异语，归即以铅摘次之于椠"。[15] 因为缣帛较简牍便于携带，以此逐渐成为普通的通讯材料。很多传说也常把鱼腹、雁足和帛书联系在一起，作为通信的代名词。

到了晋代，纸已非常普遍，但缣帛仍被用于书写。据宋人记载，晋代有治书令史领受书写的缣帛及笔墨。[16]荀勖的《中经新簿》中录书 29 945 卷，"盛以缥囊，书用缃素"。[17]直到唐代，仍有人以缣帛作书。据《唐国史补》载，素帛有织成红黑行纹者，以供书写。甚至今日，绢素仍用于绘画，但其作为书写的用途，在公元三四世纪后，已经明显地减少。《隋书·经籍志》载南朝宋武帝登基时，曾经广求书籍，尽其所能，"府藏所有才四千卷，赤轴青纸"，可证明此时的书籍大多已用纸而帛书则不再通行。

三、帛书的发现

在中亚以及中国本土，有多处发现载有文字的缣帛。这些古代缣帛，不仅提供了不少关于各种丝帛织造的资料，更是缣帛曾作为书写材料的明证。自 20 世纪之初以至最近，考古学者先后在新疆南部作为中西交通的"丝绸之路"上发现多种丝绸实物，大多不载文字。但 1908 年斯坦因第二次考察时，在敦煌发现两件公元 1 世纪的缣帛信件，保存良好。[18]两信发自一人，是驻山西北部成乐地方的官员致敦煌边关某人的信，信内抱怨通信困难。其一约 9 厘米见方，另一长 15 厘米、宽 6.5 厘米，插入宽 6 厘米至 7 厘米的丝质信封（图版一九、乙）。两信均不落日期，但同处发现不少公元 15 年至 56 年间之物，其时纸的应用尚未普遍。

在敦煌附近，斯坦因亦曾发现一片未经染色的素帛，一面印有黑墨图章，另一面载有一行 28 字，文云："任城国亢父，缣一匹，幅广二尺二寸，长四丈，重廿五两，直钱六百一十八。"[19]

此处所述缣帛的尺寸，与古籍中所载的标准尺度相符。[20]至于缣帛的价格以重量计算，其他布匹则以长度、厚薄及粗细为准。古任城国于公元 84 年建立在今山东济宁市境内，故此缣当是公元 1 世纪末期之物。《后汉书》谓："顺帝时，羌虏数反。（任城王）崇辄上钱帛，佐边费。"[21]此缣可能便是任城王当年佐边费的一部分。敦煌文物中另有两片织造精致的素帛，其一上有深黑色梵文铭记，可证明汉代中国与印度和中亚之间有丝帛的贸易。1930 年，在罗布淖尔古墓中也发现一件丝帛残片，乃公元 2 世纪之物，右角有 10 个佉卢文字可考定中国古代缣帛的标准长度为 4 丈。[22]

这些缣帛上的零星文字，虽能证明缣帛可以用作书写，但非真正的帛书。长篇帛书的发现当以 1973 年在长沙马王堆西汉墓中出土的一批数量最多也最重要。出土的古代帛书计 10 多种，约 12 万字，全部是黑墨书写，字体为小篆、秦隶、汉隶和草书，系公元前 2 世纪或较早之物。其中有《老子》写本两种，上、下篇的次序与今本相反；《战国纵横家书》（图版一九、甲）有 1.2 万多字，大半为今本《战国策》所无；另有关于阴阳、刑德等古籍以及医方和遣策等文献，对研究中国文字的演变和古籍的校勘都极为重要。

其中另一重要发现为古帛地图 3 幅，计有《地形图》《驻军图》和《城邑图》，彩色绘制，叠存于漆盒内，绘制时期为西汉文帝初元十二年（前 168）以前。《地形图》长、宽各 96 厘米，单幅正方形，具有鸟瞰图性质。全图用黑、青、棕三色绘制，其中山脉、山峰、河流、居民聚落、道路则用各种线形及符号加以区别。《驻军图》长 98 厘米、宽 78 厘米，是用朱、青、黑三色彩绘的军事地图，其地区相当于《地形图》的四分之一，标示九支驻防军队的营地分布、中心城堡及边塞烽燧点。《地区图》长约 40 厘米、宽约 45 厘米，用彩色标绘四方形的城垣、堡垒、楼阁、街道、宫殿、街坊、庭院，均清晰可见，但无文字。这是中国现存最早的帛书地图。

这些古籍都是前所未有的重大发现，不仅篇章完整，也为帛书的形制提供了实证，尤其古帛地图更属前所未见。这一批帛书的出土，和自 20 世纪初年以来简牍的发现同样重要，为中国图书史加添了最辉煌的一章。[23]

四、 长沙缯书和帛画

自 1930 年以来，楚文物在中国中部各地大量出土。楚文化本非完全源自中原，乃是逐渐接受中原文化的影响而融入中国文化的一种混合体。长沙出土的先秦文物中，现存有缯帛书画数件，其一载有文字，其他为精美图画。这是现存以毛笔写绘在缯帛上之最古的实物。

1934 年，在长沙的楚墓中发现的一件帛书，通称"楚缯书"，宽 47 厘米，长 38.7 厘米，上有毛笔黑墨书写的文字，字体扁平，虽似两周金文，但与战国简书相近，四周有彩绘奇形图像（图版二〇）。据说，此图原贮在漆盒内藏于墓中，发现时盒已损毁，但缯帛则保存良好。现在原件颜色灰暗，几不可读，研读其文得赖近人手摹本及以紫外线摄制的照片。因为这是现存最早的一件帛书实物，所以缯书发现后，中外学者纷纷加以考释，对于楚文化的研究，提供了不少新的意见。[24]

这一件缯书的主文分两段，一直书，一倒写，各分 8 行及 13 行，约共 750 字，唯字迹多漫漶。文字的四周有以彩色绘成的图像，各有标题及简短说明，约共 254 字，全帛通计 1 000 多字。在可识读的文字中，有帝名、神名及四季、四方、五木等名词，与古籍所载及其同时的铭文所记相互吻合，显然是战国楚物。

此缯书中提及许多人名，对研究中国古代历史极关重要。其中如炎帝、祝融、帝俊等，均是古史传说中的重要人物，或是黄帝的亲属和后裔。其文四周有神秘的图像，有树木、鸟兽及奇形怪状的人物。四隅各有树木一株，分别以青、朱、黑、白四色绘成，表示四时。四周有神像十二，代表十二月，各神像下注有神名及职司，并记载该月忌宜，其月名与《尔雅》所载大致相同。一般说来，这件缯书上的文字和图画与古籍中的记载，尤其是《山海经》中的神话相似，显示古代楚文化的神秘色彩。

据称当此缯书发现时，另有一些残帛同时出土。现尚存 14 片，上有字迹，并有红色和黑色行界，可能是来自不同的原件。最大的一片残存 14 字，内容皆系有关古代天文的占辞和术语。

1973 年，湖南省博物馆对该古墓再进行发掘和清理，又发现了一件人物御龙帛画，质地为细绢，金白粉绘，长 37.5 厘米、宽 28 厘米。画中有一男子，手执缰绳，驾驭一条巨龙。龙尾上站立一鹤，昂首仰天，下角有一鲤鱼。该画所反映的大概是战国时盛行的神仙思想。这是迄今发现用白描粉彩画法最早的一件作品。[25]

1949 年，在长沙另一古墓中发现另一件古帛，高 28 厘米、宽 20 厘米，毛边，原贮于一漆棺中，与其他陶俑置于一处。虽此墓并未以科学方法发掘，但其为战国之墓似无疑问。和上述古缯书一样，此帛亦为土褐色。帛上画一蜂腰妇人侧面图像，向左而立，长衣曳地，头后有髻，发上有冠。《墨子·兼爱》篇说："昔者，楚灵王好士细腰，故灵王之臣皆以一饭为节，胁息然后带，扶墙然后起。"此节所记，正与此图所示相合，说明了当时楚国妇女装饰的风尚。图中妇人合掌作祈祷状，其顶有一鸟及一异兽，据说鸟为凤，兽是夔。凤是生命、婚姻、幸福之象；而夔则是死亡、饥馑、邪恶之征，象征着生命与死亡斗争。[26]

1972 年，长沙马王堆汉墓中出土了许多各种颜色的丝品，其中有绢、罗、纱、锦、绣、绮等品种，而最珍贵的是覆盖在棺上的一件彩绘帛画。画幅全长 20.5 厘米，上部宽 9.2 厘米，下部宽 4.8 厘米，成 T 形，用朱砂、石青、石绿等矿物颜料绘成，色彩绚烂。画面大致可分上、中、下三部分，表示天上、人间和地下的景物，或系传说，或系生活的写实，或系想象。其内容及绘画技法，较之前述战国帛画更为复杂而多姿，但没有文字。

1973 年底，在同地另一汉墓中，又发现彩绘帛画 4 件，纹彩更见精致。1976 年，在山东临沂金雀山西汉初期墓中，再次发现长 200 厘米、宽 42 厘米的帛画一幅。全部内容是背景在天空、日月之下，帷幕之中，墓主及其亲朋、仆从的歌舞、生产、游戏等生活情景。与上述长沙帛画相近，画中妇女左衽短衣，反映楚国遗风，说明战国末期至西汉初期山东南部所受楚国文化的影响。[27]

五、 帛卷的材料和形式

缣帛之用作书写材料，其品质的优良远胜于竹木。不仅质地轻软，便于携带保藏，且易吸收墨汁，更胜于简牍；表面洁白光滑，可使书写清晰；至于其纤维的伸张力强，可与钢丝相等，不易侵蚀；而在水中的膨胀性极小，故比较竹木更易于保存。近年许多帛书和帛画的发现证明，即使在地下的环境中，缣帛仍能长久保存。由于以上所述各种优良特性，缣帛在纸发明以前，便成为最佳的书写材料。

缣帛的种类繁多，名称各异。《续汉志》载有绢、锦、绮、罗、縠、缯六种。清汪士铎《释帛》则谓缣帛原有六十余种，今次为十三名："凡以丝曰帛，帛之别曰素、曰文、曰采、曰缯、曰锦、曰绣。古重素，后乃尚文。"[28]但其中仅有数种可供书写。古籍中对各种不同缣帛所下的定义，都未曾指出其明显不同之处，大致以表面的精细、粗糙、轻薄、细致、洁白等来分门别类。瑞典高本汉（Bernhard Karlgren）根据《说文》等古籍，论述各种丝帛的名称共有 15 种，但最重要的书写材料，如"帛""绢""缯"等，却未道及。[29]

见于甲骨文中的"帛"是一般缣帛的通称。平实无华的白帛称为"素"，是书写所用缣帛的统称。素是由生丝造成，不经漂染。生丝制成的"绢"，轻薄如纱，常用于书写，特别是绘画。"纨"亦是生丝所制，洁白轻薄，与绢相似。由粗丝加工织成的"缯"，可能是野蚕丝的成品，质厚而色暗，但较其他各种素帛经久耐用。与缯类似的"缣",由双丝织成,色黄。根据《释名》所载,缣面较绢精美细致,且不透水,其价格比普通的素为昂贵。斯坦因在敦煌发现的残帛,上有文字,注明为"缣",朝鲜乐浪汉墓发现的木牍上,亦有"三匹缣"等字样。[30]今人则以"缣帛"为丝织品之用于书写者的通称。

由于缣帛的质地柔软,保存时可卷可折。"卷"字常见于古代文籍中,卷轴当是帛书的主要形式。《汉书·艺文志》中所载之书,凡以"卷"称者,相信都是卷轴的帛书。据说,长沙古墓中曾发现一件红漆卷轴的帛卷,但因年代久远,出土后触手即碎,已不能展开,卷中是否有文字,亦不可知。帛书的另一种形式是折叠。长沙楚墓中的缯书,即折为八叠存放于漆盒内。马王堆汉墓中的帛书,出土时发现有两种不同的形式,用整幅抄写者折成长方形,用半幅抄写者则卷在竹木条上,同放在一个漆盒之内。[31]马王堆出土的古地图也是折叠于漆盒内。

缣帛可因需要而剪裁,故帛卷的长度以其文字长短而决定。素帛的标准长度是四十尺,合 13.3 米,故帛书长度在 13.3 米以内者皆不需缝接。唐徐坚的《初学记》卷二十一载:"古者以缣帛,依书长短,随事截之。"《后汉书》卷三十下《襄楷传》载:"曲阳泉水上所得神书百七十卷,皆缥白素、朱介、青首、朱目。"这当是汉代帛书卷轴的形制。

帛书可外加装封,以作保护。长沙楚缯书发现时原存于一漆盒内。马王堆出土的古帛地图,也是折叠放在漆盒内。1931 年,朝鲜乐浪汉墓曾发现漆套二件。此黑漆套为半圆筒状,纹以五彩,两侧端皆有一小孔以通空气,相信这就是装置卷轴的一种套箧。至于帛卷的其他形制，在下章讨论纸卷时再加推断，因纸卷源自帛卷，故纸卷与帛卷的形制也应该大致相同。

六、 帛书的特殊用途

缣帛用作书写材料，约自公元前 6 世纪开始。在古代文献中，许多资料不仅证明缣帛曾用于书写，且常记述其特殊的用途。自战国以来，"竹帛"一词便常用以代表文字的记录。缣帛之幅面较广，但价亦较昂，故仅用于竹木所不能胜任的特殊用途。

竹简常用作草稿，而缣帛则用于最后的定本。竹简虽亦用为定本，但因其上文字易于修改，且价格亦较便宜，故尤宜作为草稿之用。应劭说："刘向事孝成皇帝，典校书籍二十余年，皆先书竹，改易刊定，可缮写者以上素也。"[32]但缣帛的这种用途，大概仅限于价值重要且需要永久保存的一类书籍。

古代目录的记载，可以证明此说的可信。《汉书·艺文志》中所载的书籍单位，有四分之一称为"卷"，包括部分儒家经典及全部的天文、历法、医药、卜筮等著作，其他大多是称"篇"的竹书。不仅先秦的儒家经典用帛卷为定本，即占卜星相之书通常也著于缣帛。《周礼注疏》卷二十四说："凡卜筮，既事则系币以比其命，岁终则计其占之中否。"杜子春注："系币者，以帛书其占，系之于龟也。"至于汉代谶纬一类的书籍，也大多是帛书。[33]在长沙出土的缯书帛画，亦当属卜筮之类。

作为竹书的附图，更是缣帛的特殊用途之一。《汉书·艺文志》收兵书 790 篇，皆是竹书，而附图 43 卷，则全是帛书。如

《吴孙子兵法》82 篇，有图 9 卷；《齐孙子》89 篇，有图 4 卷。显然因简牍面积有限，不宜于绘图，而缣帛则有宽广的面积，适宜于绘画的用途。据说《山海经》的前五章，原有怪异人物和野兽的图像，当系绘于帛上，但原图早已散佚，现存的插图则是后人所添补。[34]

古代的地图，原绘于木板之上，故《礼记·曲礼》言"式负板者"，后因缣帛的面积较广，木板乃被取代。《史记》载荆轲刺秦王："秦王发图，图穷而匕首见。"图既可穷，当系帛卷。又《后汉书·邓禹传》载，光武帝在广阿城楼上，"披舆地图"，其图既能披览，当亦是缣帛所制。据唐张彦远《历代名画记》卷三"述古之秘画珍图"中所记载，有《河图括地象图》11 卷，当系古代的一部帛卷地图。最近长沙出土的西汉帛书中，有《地形图》《城邑图》和《驻军图》，已见前述，这些当是现存最早的帛书地图。

缣帛的另一种特殊用途，是用来祭祀祖先及神灵，以示尊崇。《墨子·明鬼》篇说："故先王之书，圣人之言，一尺之帛，一篇之书，语数鬼神之有也。"书中又曾多次述及古圣先王将其对祖先的信仰，"书之竹帛，传遗后世"。《淮南子》卷十三《泛论训》亦曾言及："托鬼神以伸诚之也，凡此之属，皆不可胜著于书策竹帛，而藏于官府也。"至于卜筮，自周代以来，皆用帛书以代甲骨。《周礼注疏》卷二十四谓："凡卜筮，既事则系币。"注曰："以帛书其占，系之于龟也。"

缣帛也是皇室贵胄记载其言行，作为传诸后世的永恒记载。先秦诸子中提及的古圣先王，即常以竹帛相提并论。墨子曾一再述及"书于竹帛"作为"镂于金石"的对比。《吴越春秋》卷十记勾践灭吴后，乐师颂之，谓其"功可象于图画，德可刻于金石，声可托于弦管，名可留于竹帛"。《越绝书》卷十三亦载勾践与范蠡讨论政事，范蠡建议他承效先王的高瞻远瞩，如此则饥荒之年，子民亦不至冻馁，勾践说："善哉！以丹书帛，置之枕中，以为国宝。"

缣帛有时亦用来记载功臣大将的非常功业。《周礼注疏》卷三十说："凡有功者，铭书于王之大常。"《汉书》载，苏武还汉时，李陵向之道贺："今足下还归，扬名于匈奴，功显于汉室，虽古竹帛所载、丹青所画，何以过子卿。"《后汉书》亦载邓禹助光武复兴汉室后，曾对光武帝说："但愿明公，威德加于四海，禹得效其尺寸，垂功名于竹帛耳。"此类歌功颂德的文字，虽常"镂于金石"，但"书于竹帛"者，当亦为数不少。

总之，竹木多产而价廉，随地取材，是古代最通俗的书写材料。缣帛轻柔而面广，有简牍无法代替的许多优点，但价格昂贵，而且它的主要用途是衣着，因此只有高贵的经典、神圣的文书或简牍不能胜任的场合，才必须采用缣帛。正如史书所说，"缣贵而简重"，都不是最理想的文字载体。直到纸张发明以后，才找到一种雅俗共赏而更合乎经济条件的书写材料。

注释

〔1〕周匡明：《嫘祖发明养蚕说考异》，《科学史集刊》第 8 期（1965），第55—64 页。
〔2〕李济：《西阴村史前的遗存》（北京，1927），第20 页。

〔3〕孙海波：《甲骨文编》增订本，第 269、336、505—507 页；又见闻一多：《释桑》，《闻一多全集》第 2 册（上海，1948），第 565—572 页。

〔4〕Vivi Sylwan, "Silk from the Yin Dynasty," *BMFEA*, vol. 9（1937）: 119 – 126.

〔5〕马得志等：《一九五三年安阳大司空村发掘报告》，《考古学报》1955 年第 1 期，第 65 页；郭宝钧：《浚县辛村古残墓之清理》，《田野考古学报》第 1 册（1936），第 200 页。

〔6〕夏鼐：《我国古代蚕、桑、丝、绸的历史》，《考古》1972 年第 2 期，注 6、23；胡厚宣：《殷代的蚕桑和丝织》，见《文物》1972 年第 11 期，第 2—7、36 页；李也贞等：《有关西周丝织和刺绣的重要发现》，见《文物》1976 年第 4 期，第 60—63 页。

〔7〕商承祚：《长沙古物闻见记》（成都，1939），第 46 页；《长沙马王堆一号汉墓》（北京，1973）上集，第 46—65 页；湖北江陵马砖厂战国墓出土之丝织品，见《文物》1982 年第 10 期，第 9—11 页。

〔8〕Vivi Sylwan, *Investigation of Silk from Edsen-Gol and Lop-Nor*（Stockholm 1949）, 92, plate 4.

〔9〕Friedrich Hirth, *China and the Roman Orient: Researches into their Ancient and Medieval Relations as Represented in Old Chinese Records*（Shanghai and Hongkong, 1885）, 225, notes.

〔10〕姚宝猷：《中国丝绢西传史》（重庆，1944），第 1 页。

〔11〕章楷：《我国蚕业发展概述》，《农史研究集刊》第 2 册（1960），第 109—124 页。

〔12〕竺可桢：《中国近五千年来气候变迁的初步研究》，《考古学报》1972 年第 1 期，第 15—18 页。

〔13〕É. Chavannes, "Les livres chinois avant l'invention du papier," *JA*, series 10, no. 5（1905）: 8.

〔14〕《晏子春秋》卷七。

〔15〕《全汉文》卷五十二。

〔16〕苏易简：《文房四谱》卷五。

〔17〕《隋书·经籍志》。

〔18〕Stein, *Serindia*, vol. 2, 726–763; Chavannes, *Les documents chinois découverts par Aurel Stein dans les sables du Turkestan Oriental*, nos. 398, 398A, 503.

〔19〕罗振玉、王国维：《流沙坠简》（1915）释二，叶43；Stein, *Serindia*, vol. 2, 700–701；Chavannes, *Les documents chinois découverts par Aurel Stein dans les sables du Turkestan Oriental*, no. 539。

〔20〕《仪礼注疏》卷十三，郑玄注："今官布，幅广二尺二寸。"《说文》："匹，四丈也。"

〔21〕《后汉书》卷四十二《任城孝王尚传》。

〔22〕Stein, *Serindia*, vol. 2, 701–704；Stein Konow, "Note on the Inscription on the Silk-Strip no. 34：65," in Folke Bergman, *Archeological Researches in Sinkiang*（Stockholm, 1945）, Appendix Ⅰ, 231–234.

〔23〕关于马王堆帛书发掘的报告、内容、概述、座谈、地图的整理，分见《文物》1974年第7期，第39—48页；第9期，第40—45页；1975年第2期，第35—42页；又《马王堆汉墓帛书：古地图》（北京，1977年）。有关《战国策》版本及马王堆帛书别本，见钱存训：《战国策》，鲁惟一主编：《中国古代典籍导读》（辽宁，1997年），李学勤等译，第1—11页。

〔24〕蔡季襄：《晚周缯书考证》，附彩色摹本（上海，1944；台北，1972年重印），为此缯书研究之始；1950年收入蒋玄怡：《长沙：楚民族及其艺术》第2册（上海，1950）。各家考释，见陈槃：《长沙古墓绢质彩绘照片小记》，《"中央研究院"历史语言研究所集刊》第24本（1953），第194—196页；饶宗颐：《长沙出土战国缯书新释》（香港，1958）；董作宾：《论长沙出土之缯书》，《大陆杂志》第10卷第6期（1955），第173—176页；澳洲巴纳博士的研究，见Noel Barnard, "A Preliminary Study of the Ch'u Silk Manuscript：A New Reconstruction of the Text," *MS*, vol. 17（1958）：1–11；安志敏、陈公柔：《长沙战国缯书及其有关问题》，《文物》1963年第9期，第48—60页；商承祚：《战国楚帛书述略》，《文物》1964年第9期，第8—22页。各家摹本考释，皆不尽相同。

　　1967 年 8 月，哥伦比亚大学考古美术史学系举行古代中国美术讨论会，并印行缯书巨幅，正面为楚缯书原大彩色图，反面为经紫外线摄制照片，巴纳复据此制作新摹本。楚缯书之研究，因是进入一新阶段。日本林巳奈夫据此等新材料，撰《长沙出土战国帛书考补正》，《东方学报》第 37 期（1966），补正其 1964 年（第 36 期）旧作达 200 余处。饶宗颐：《楚缯书之摹本及图像》，《故宫季刊》第 3 卷第 2 期（1968）；陈槃：《楚缯书疏证》，《"中央研究院"历史语言研究所集刊》第 40 本（1968）；严一萍亦撰《楚缯书新考》，《中国文字》第 26—28 册（1967—1968）。其后，饶宗颐将其论文 4 篇印成《楚帛书》（香港，1985），书后印有照相全图、摹本、临写本和分段放大的图版及局部附图，字迹清晰。

　　最近巴纳并以科学方法分析研究缯书之纤维及色彩，据放大彩色照片，将全文及图像重新摹绘，逐字摹写诠释，加以英译，又考订其书法字体及文中音韵，具见其最近出版之《楚缯书译释》〔*The Ch'u Silk Manuscript: Translation and Commentary*（Canberra，1973）〕。其主编之讨论会论文集 *Early Chinese Art and Its Possible Influence in the Pacific Basin*（New York，1972）3 册，第 1 册为有关楚缯书之论文。

　　与缯书同时出土的残帛，由商志醰、饶宗颐、李学勤考订，见《文物》1992 年第 11 期，附彩色插图。

〔25〕详见《新发现的长沙战国楚墓帛画》，《文物》1973 年第 7 期，第 3—4 页；影本，见《长沙楚墓帛画》（北京，1973）。

〔26〕郭沫若：《关于晚周帛画的考察》，《人民文学》1953 年 11 月号，第 113 页；帛画影本，见郑振铎辑：《伟大的艺术传统图录》（上海，1951），第 1 辑，图版 12；《楚文物展览图录》（北京，1954），第 9 页。

〔27〕《长沙马王堆一号汉墓》上集，第 39—45 页；下集，图版 71—77。安志敏：《长沙新发现的西汉帛画试探》，《考古》1973 年第 1 期，第 43—53 页。山东临沂金雀山西汉帛画，见《文物》1977 年第 11 期，第 24—31 页。长沙马王堆帛书古地图，见《马王堆汉墓帛书：古地图》。

〔28〕汪士铎：《汪梅村先生集》卷一《释帛》。

〔29〕B. Karlgren, "Ancient Chinese Terms for Textiles," in *Investigation of Silk from Edsen-Gol and Lop-Nor*, Vivi Sylwan ed., 170‒174.

〔30〕小泉显夫、滨田耕作：《乐浪彩箧冢》（汉城，1934），第 12 页，图版 39。

〔31〕商承祚：《长沙古物闻见记》，第 46 页；马王堆帛书折叠形式，见《考古》1975 年第 1 期，第 47—61 页。

〔32〕《太平御览》卷六百〇六引《风俗通》。

〔33〕陈槃：《先秦两汉帛书考》，《“中央研究院”历史语言研究所集刊》第 24 本（1953），第 1921—1993 页。

〔34〕郝懿行：《山海经笺疏·跋》。

第七章

纸　卷

一、纸的定义和起源

在纸发明以前，中国的书籍主要是由竹、木及缣帛制成，前面已经详述，正如《后汉书·蔡伦传》所说，"缣贵而简重"，皆不是书写的理想材料。为了取代昂贵的缣帛和笨重的竹、木，轻便而价廉的纸便逐渐被采用并加以改良。东汉元兴元年（105），蔡伦将制纸之法奏闻和帝，一般认为纸便是在这一年发明的。但是在蔡伦之前，中国人已试用各种纤维造纸。虽然最初造纸的原料和工具都很简单，但造成的纸已远较竹、木为轻便，更较缣帛价廉而适用。如果"纸"的定义是指以任何纤维通过排水作用所粘成的一种薄页，[1]那么纸在西汉或更早的时代就已经存在。

在古代文献中，"纸"字在蔡伦之前已数次出现。《三辅故事》中曾述及汉太始四年（前93）"卫太子大鼻，武帝病，太子入省，江充曰：'上恶大鼻，当持纸蔽其鼻而入。'"这一故事，是"纸"

在文献中年代最早的记载。又《汉书·外戚孝成赵皇后传》曾述及元延元年（前12）赵飞燕以小绿箧予狱中妇人，"中有裹药二枚，赫蹏书"。应劭（2世纪末）注："赫蹏，薄小纸也。"又孟康（3世纪）注："染纸素令赤而书之。"根据这二家早期的注释，"赫蹏"应解作书写用染了红色的薄小纸。[2] 又《续汉书·百官志》谓光武帝（25—57年在位）时，在尚书令之下设左右丞各一人，"右丞假署印绶及纸笔墨诸财用库藏"。《后汉书》卷三十六《贾逵传》谓建初元年（76）诏逵入宫讲《左氏传》，"令逵自选公羊、严、颜诸生高才者二十人，教以《左氏》，与简、纸经传各一通"。又同书卷十上《和熹邓皇后纪》谓邓贵人志在经典，永元十四年（102）立为皇后，"是时，方国贡献，竞求珍丽之物；自后即位，悉令禁绝，岁时但供纸墨而已"。以上记载的"纸"皆出现于蔡伦造纸之前，但这些文献及注释本身皆作于3世纪至5世纪纸已普遍通行之后，因此这些作者所称早期的纸，必须有实物的证明，方能确认。

关于蔡伦以后的古纸发现，当于下节详述，但近年有几次最早的古纸残片出土，对于探讨中国造纸术的原始有极大的关系，应该在此先为说明。最早是1934年中国西北科学考察团在罗布淖尔的废墟中所发现的一片麻纸，长10厘米、宽4厘米，白色，品质粗糙，纸面尚存麻筋，根据同地出土的实物，年代定为公元前1世纪之物。其后是1957年在陕西灞桥一座西汉古墓中发现了不少古纸的残片，其中有一件约10厘米见方，浅黄色，质地粗糙，帘纹不清，表面粘有未松散的麻筋和麻绳头，经分析化验证明是麻类的植物纤维所制，年代估计不晚于汉武帝（前141—前87年在位）时期。

　　此后，1973 年至 1974 年在甘肃居延金关地区、1978 年在陕西扶风中颜村、1979 年在甘肃敦煌马圈湾汉代烽燧遗址、1986 年在甘肃天水放马滩、1990 年至 1992 年在敦煌悬泉置遗址等地先后均有西汉纸的发现。其中较重要的是悬泉置遗址的 3 片残纸上有隶书药名的字迹（图版二一、甲），这是迄今所见最早有字的纸；另有天水放马滩出土的一幅纸质地图，纸质薄软，用墨水线条绘山水及道路等图形，年代在西汉文景时期（前 180—前 141），为现存最早的一件纸质地图。[3] 根据这些报告和分析，则蔡伦以前已有植物纤维纸的存在，就获得实物上的证明。时代不仅可上溯西汉，甚至更早亦有可能。

　　现有两件旁证，说明纸在战国后期可能就已经存在。1975 年湖北云梦县睡虎地的战国秦墓中出土大批竹简，其中《日书》简上有一"纸"字（见图版一五、左），字迹清楚，简为战国秦昭襄王（前 3 世纪）时代之物。文曰：

　　　　人毋故而鬈撟，若虫及须酉（眉），是是恙气；处之，乃鬻（煮）䇂（贲）屦以纸，即止矣。[4]

　　这一节文字大意是说："如果没有原因，人的头发像虫子或须眉一样竖立起来，这是秒气。处理之法是煮草鞋以纸，就可以制止。"《日书》是阴阳家选择吉凶日宜的文书，这里提到的"屦"，有践踏、坚强和迅速等寓意，因此具有除邪及避秒等象征性的功能；同时屦为麻类所制，故麻为造纸原料之一。此处"煮贲屦以纸"可能意为"煮草鞋以成纸"，以纸覆盖发上，或以纸液蘸涂在发上，可有驱邪的作用。总之，不论如何解释，从系旁的"纸"字出现在这一早期的考古文献上，却值得重视。

另一件可能的旁证是据称为 1935 年长沙出土的战国时代漆马，内有纸胎，为美国古物收藏家容肯三世（Stephen Junkune Ⅲ）所收藏，曾于 1960 年前后在芝加哥美术馆展览。此马为木质，高约 1.2 米，木面涂有黏性物质，上盖有衬纸。[5] 当时因还没有西汉以前的古纸发现，作者很怀疑这件古物的年代。现在秦简上既然发现"纸"字，这一件带有纸胎的战国古物也可作为另一旁证。

根据上面所述文献和实物上的证据，我们可以假定造纸的进化程序是由漂絮而来。最初的纤维体是敝絮及旧麻，其后始以新麻及树皮等为原料而造纸。蔡伦以前采用的是旧纤维，蔡伦时采用的是新纤维，主要是废弃的麻头、人工栽培的榖皮，以及后来陆续采用的藤、竹、稻秆等非主要经济植物，因此造纸原料的供应才可以源源不绝。

有些记载说"纸"原是缣帛用于书写时的别称，如王隐《晋书》说："古之素帛，依书长短，随事截绢，枚数重沓，即名幡纸。"《后汉书》亦谓："自古书契多编以竹简，其用缣帛者谓之为纸。"按"纸"字左有系旁，当是造字时表示其性质近于缣帛，而并非就是缣帛。古代丝织品用于书写者，通常称为"缣""帛"或"素"，"纸"字当是指其他的材料。应劭《风俗通义》称，汉建武元年（25），"光武车驾徙都洛阳，载素、简、纸经凡二千两（辆）"，此处以纸与素并提，可知纸和缣帛显然是两回事。

最早的"纸"既非缣帛，当系与缣帛相近而并非纺织品的一种薄页。根据许慎《说文解字》的定义："纸，絮一苫也。"可知造纸的主要因素有二，即絮和苫；絮是原料，苫是工具。这和现代纸的定义，极为相合。虽然现代造纸的过程日趋繁杂，但这两种因素，即纤维体和帘模，至今仍是造纸的最基本原则。

关于"絮"，《说文》谓"絮，敝绵也"，段玉裁注谓："凡絮必丝为之，古无今之木绵也。"但现代的造纸专家皆谓纯粹的蚕丝纤维没有黏合性，在技术上不可能用来造纸。[6] 从来谓造纸与蚕丝有关者，大概都是根据两种推测：一是"纸"字从糸，必与蚕丝有关；二是段氏谓纸"其初必丝絮为之"，因此后人皆从此说。[7] 按《说文》从糸之字，其中甚多均与蚕丝无关，如绳、索、絷、網等，大概纺织源于纺丝，其后虽采用其他纤维，仍沿用糸旁造新字，故"纸"字虽源自缣帛，但不必即蚕丝所制。至于蚕茧，因有胶质，可以黏合，自当别论。大概古代造纸原料，亦包括废弃的蚕茧、丝绉或旧丝绵，但非纯丝；或者用丝絮搀和他种植物纤维而造纸，但非主要原料。晋虞龢（6世纪时人）谓晋书法家王羲之用茧纸，宋代用以抄写佛经的金粟笺，据称亦系茧纸。可知一直到后代，这种所谓茧纸，仍在继续使用。[8]

至于"苫"，北宋本《说文》从艸，后人改为"笘"，从竹。《说文》谓"笘，折竹箠也"，似与造纸无关，故段玉裁再改为"箈"，又加水旁，适合其以"澼絮箈"释造纸之说。今人释"纸"字，大多从段说，其实所据有误，应该仍照旧本从艸作"苫"。《说文》称"苫，盖也"，《尔雅·释器》云"白盖谓之苫"，徐锴曰"编茅也"。[9] 大概是指用茅草编成的一种席，作为覆盖之用。因为透水，可能最早造纸时，即用以承载在水中击碎的敝絮，水中的纤维体附着于席上，待水流去，便黏合为一张薄页，干后即成为纸。这种偶然的发现成为最初造纸的意念，应该是极可能而顺理成章的事。但古代的帘模大概是草类编成，用竹丝编帘应是以后的发展。据说 20 世纪 30 年代，在广东南部佛山一带仍有以苎麻为帘者，将纸浆浇注于帘上，即在上面晒干，待干后揭下而成纸。[10] 这种方法与用帘模在纸浆中抄捞，然后贴于火墙上烘干者不同。但采用麻类或其他草类所编的帘，尚存有古代造纸法的遗风。

二、 纸的发明和改进

虽然各种纤维造成的纸，在蔡伦之前就已存在，但与正史所载蔡伦对于造纸的贡献，应无抵触之处。因为一种新的发明，常是经过许多人以各种方法试验后加以改进。蔡伦由于他的职责所在，乃总结各种造纸经验，而以最成功的方法奏闻朝廷。也许蔡伦在他供职尚方令期间，为适应宫廷的需要，由他"造意"用新的原料和最经济的方法，制成一种书写材料，使原料无缺、成本低廉而应用得以更加普遍。这虽然是从旧经验中所获得的新成功，但从生产原料和技术方法上加以评估，这确实是一种很重要的改进和贡献。

在中国许多重要的发明中，纸在古籍中的记载为最详细而明确。不仅人物的生平和上奏的日期，甚至所用的材料和制造的动机，也都有详尽的记载。其中以《后汉书·蔡伦传》最详，全文几达 300 字，略谓：

蔡伦，字敬仲，桂阳人也。以永平末始给事宫掖，建初中为小黄门，及和帝即位（89 年）转中常侍，豫参帷幄。伦有才学，尽心敦慎，数犯严颜，匡弼得失。每至休沐，辄闭门绝宾，暴体田野。后加位尚方令。永元九年（97）监作秘剑及诸器械，莫不精工坚密，为后世法。自古书契多编以竹简，其用缣帛者谓之为纸。缣贵而简重，并不便于人，伦乃造意用树肤、麻头及敝布、鱼网以为纸。元兴元年（105）奏上之，帝善其能，自是莫不从用焉，故天下咸称"蔡侯纸"。

范晔此文，虽对蔡伦生平事迹记述很详，但是写成于蔡伦之后 300 余年，必系根据较早的史料而作，如公元 1 世纪至 2 世纪官修的《东观汉记》卷十八有下列记载：

蔡伦，字敬仲，桂阳人。为中常侍，有才学，尽忠重慎。每至休沐，辄闭门绝宾客，曝体田野。……典作尚方，造意用树皮及敝布、鱼网作纸。奏上，帝善其能，自是莫不用，天下咸称"蔡伦纸"也。

这较早也较短的记载年代和造纸的材料，除未及麻头外，都与《后汉书》所记大致相同。但《东观汉记》早经散佚，传本系后人重辑，可能原文已有缺失。另一较早的记载见董巴（3 世纪时人）《舆服志》，略谓：

东京有蔡侯纸，即伦也。用故麻，名麻纸；木皮，名榖纸；用故鱼网作纸，名网纸也。[11]

根据这些早期的记载，更参照新发现残纸的分析报告，我们可推断蔡伦对于造纸的贡献，至少有二，即新原料的采用和制造方法的改进。文献中所述的材料可分为两类：一类是树肤和麻头，为新鲜植物纤维；另一类是敝布和渔网，为旧材料的废物利用。原来的旧材料是敝絮和故麻，来源有限，不能大量供应造纸，现在采用的树肤，即穀树皮，可以人工培植，大量供应；麻头当是生麻的废弃部分，两者都不妨碍纺织上的需要而合乎经济原则。现在所发现的早期残纸，都是麻类纤维所制，至采用树皮为原料，仅能上溯至蔡伦时代，可能系受南方使用穀皮捶打成布的影响。[12]文献中对于制造方法虽未说明，但树皮造纸，需要经过剥皮、沤烂、蒸煮、舂捣、漂白及加入药剂等等手续，当非原始的漂絮或用敝布等较为简单的方法可比。因此这种新原料和新方法，当是蔡伦时代的改良和贡献。

三、 纸的流传和广被

蔡伦后的几世纪中，造纸技术不但日见改进，且更普及全国并广被国外。汉末，山东东海人左伯（字子邑），以造纸精美著称。著名制墨家韦诞曾说，名书家必用"张芝笔、左伯纸及臣墨"。萧子良也说："子邑之纸，妍妙辉光。"[13]显然到了2世纪后半叶，纸的品质有了更大的改进，已能供应艺术家们各种不同的需求。同时，制纸的成本也大大减低。因之，纸便成为最普遍的书写材料。崔瑗复葛元甫书说："今遣送《许子》十卷，贫不及素，但以纸耳。"[14]可见当时缣帛与纸的贵贱不同。

纸的风行当在 3 世纪至 4 世纪的晋代，取代了竹简和部分缣帛的用途，书籍因此得以大量地抄写广传。当时，左思作《三都赋》，十年始成，大为当时读者所推崇，"于是豪贵之家竞相传写，洛阳为之纸贵"。[15] 4 世纪时，桓玄下令："古无纸，故用简，非主于敬也。今诸用简者，皆以黄纸代之。"[16]

纸是文字传播最理想的工具，其用途和优良的品质，更为诗人名士所歌颂。最早赞美纸的人是晋朝的傅咸（239—294），他的《纸赋》说：

> 盖世有质文则治有损益，故礼随时变而器与事易。既作契以代绳兮，又造纸以当策。犹纯俭之从宜，亦惟变而是适。夫其为物，厥美可珍；廉方有则，体洁性贞；含章蕴藻，实好斯文。取彼之弊，以为此新；揽之则舒，舍之则卷；可屈可伸，能幽能显。若乃六亲乖方，离群索居；鳞鸿附便，援笔飞书。写情于万里，精思于一隅。[17]

因为纸是文房必需的用品，所以历代以来，纸常是文人和艺术家评赞的对象。

自此以后，纸的使用日益普及。正如《后汉书》所说："自是莫不从用焉。"纸不仅盛行于中国本土，且更流传广被于全世界。在东方，纸在 4 世纪前传至朝鲜，5 世纪初传至日本。在南方，大约 3 世纪前即传至越南，7 世纪前传至印度。在西方，3 世纪时传至中亚，8 世纪时传至西亚，10 世纪时传至非洲，12 世纪时传至欧洲，在 16 世纪时传至美洲，并在 19 世纪传至澳洲。

从公元前纸在中国发明，经过了两千多年的悠长时间，至此造纸术乃广被于全世界。[18]

当中国文化开始东渐，朝鲜首于 4 世纪接受抄写在纸上的中文书籍，并采用汉字为其书写文字。405 年，朝鲜学者王仁受聘至日本为太子傅，携有《论语》等书籍。当时，纸在中国已经盛行，那些书籍定然都是纸卷。[19] 但造纸的技术，却直到 610 年朝鲜僧人昙徵在中国学得纸、墨制法后，来到日本，方献之于日本皇室。[20]

纸之传至印度，大约在 7 世纪前。在新疆发现载有梵文的纸张，大多是 7 世纪至 8 世纪的文书，证明当时中国与印度之间已以纸作为文字传播的工具。671 年至 694 年间，中国僧人义净云游印度，其所撰《梵语千字文》中有梵文 Kākali 一字，即纸。由于长时期内，印度的经典都是以口传授，全赖背诵，纸的普遍应用，大抵是在 12 世纪伊斯兰教盛行以后的事。[21]

纸之传入越南，应较传入印度为早。晋嵇含《南方草木状》谓有"蜜香纸"3 万幅，于 284 年输入中国。夏德（Friedrich Hirth）认为这批纸来自越南。[22] 4 世纪时，王嘉《拾遗记》亦称，南越曾以"侧理纸"作贡物。由于中越两国邻近，关系密切，纸之传入越南当为时甚早。直至现代，据说越南的造纸技术，与其他国家相比，还是和中国的造纸术最为接近。

四、纸的西源说

纸的西传，是从西域开始。751 年怛罗斯（Talas）之役，高仙芝所率唐师为阿拉伯军所败，中国制纸工匠数人被俘，造纸术始传至撒马尔罕（Samarkand），接着传入大马士革（Damascus）、的黎波里（Tripoli）、也门、埃及和摩洛哥。阿拉伯人在西方垄断纸的生产，凡 500 余年之久。直至造纸术在 12 世纪传入西班牙，欧洲人才开始设厂造纸。有些西方学者说，中国人对造纸术秘而不宣，直至 8 世纪时，造纸术方为外人所知。这种说法是不确实的。造纸术的迟迟传入欧洲，主要是地理上和文化上的隔膜，而不是人为的保密，最好的证明就是与中国邻近的国家，在他们和中国文化接触之初，造纸术就跟着传入。如日本和朝鲜的遣唐使便曾在中国学习造纸和制墨法。可知所谓守秘之说，完全是西方学者根据造纸术传入欧洲后的垄断经验而做出的一种推测。

在 20 世纪以前，西方学者都不相信造纸术源自中国。自马可·波罗以来，欧洲人一直都认为以破布造纸的方法，是由德国人或意大利人在 13 世纪所发明。[23]蔡伦以敝布造纸的故事，虽曾由耶稣会教士于 17 世纪至 18 世纪传至欧洲，但一直不为人所公认。1690 年左右到中国传教的法国传教士李明（Louis Le Comte）说，法国人认为中国纸是由丝和棉制成的，但他并没有提及纸的起源。[24]1740 年左右，杜哈德（Jean Du Halde）著《中国通史》，他说："一个伟大的中国官员……用各种不同的树皮、破布、敝麻等在一起烧煮，熬成液体，炼成薄浆，制造各种不同的纸张。"[25]他提到蔡伦的名字，但却将上奏的日期误为公元 95 年。

其后，有名的传教士艾约瑟（Joseph Edkins）曾于 19 世纪中叶在中国寄居甚久，他说："为什么我们不说纸、墨都是由西方传到中国去的呢？这两种文明的贡献，在欧洲使用了几百年以后，中国人才知道。只是中国人以其技术知识立即仿造，无需再自国外输入而已。"他并引用晋嵇含的《南方草木状》来证明他的说法，他说："纸大概是丝业贸易的交换品，由海路经广州传入中国。"[26]《南方草木状》原文谓：

> 蜜香纸，以蜜香树皮作之，微褐色，有纹如鱼子，极香而坚韧，水渍之而不溃烂。泰康五年大秦献三万幅，尝以万幅赐镇南大将军当阳侯杜预，令写所撰《春秋释例》及《经传集解》以进，未至而预卒，诏赐其家，令藏之。[27]

所谓"蜜香纸"是由一种香木（Garco wood）制成，据说这种香木产于越南，并不是埃及和叙利亚的纸草。夏德认为，这种礼物大概是亚历山大城的商人来中国时，道经锡兰和越南，买了当地土产作为自己国家的产品，如同往常一般作为贡品。[28]即使这种纸的确产自西方，也是公元3世纪的成品，而中国纸早于数世纪以前便已发明并普遍应用了。

由于古纸不断地出土以及科学的分析，纸的西源说已被后来的学者所否定，并最后承认纸是中国最早生产。1877年至1878年间，在埃及发现了大批纸质文件，都是800年至1388年间之物，同地也发现有纸草及羊皮文件。经显微分析，证明这些纸都是由破布制成。因此，撒马尔罕的阿拉伯人被认为是以破布制纸的发明者。1904年，斯坦因在新疆发现的纸再被化验后，发现大多是由楮皮制成，但也有用破布作为代替品。其后在他第二次探险时，又发现4世纪初年的纸，再经分析后，发现全由破布制成。这些分析证明了阿拉伯人不是最早用破布造纸的人。[29]其后数年，在中国边疆各省出土了更多的古代纸质文物，其中有日期更早者。因此，中国于公元前后发明纸的记载，终被实物的发现和分析所证实。

虽然纸的西源说已是陈迹，有些现代学者，包括中国学者在内，仍把纸和纸草混淆。[30] 他们似乎不明了西文中的"纸"字（英文 Paper，德文、法文 Papier，西班牙文 Papel）虽源自 Papy-rus（纸草），但二者之间却全无关系，因为中国纸是由纺织品的纤维改良而制成的一种廉价代替品。纸草的应用虽在纤维纸之先，但它是自然产物，是将纸草的茎剖取黏压而成，而中国纸则是由纤维体经过化学过程而制成。假若这一事实得以了解，那么纸与纸草之间的混淆自然澄清，而纸的西源说也就不攻自破了。

五、古纸的发现

自 20 世纪初年以来，几万件的古纸和纸质文件，陆续在中国西北部、中亚和非洲出土。这些地方的气候干燥，因此这种脆弱的材料得以保存。这些古物的时代，自从纸发明之初，以至将纸用于印刷以后。它们不仅确定了纸自中国传至世界各地的路线和时间，且更提供了有关制纸技术和古书卷轴形制的实物资料。前面曾经指出，在造纸技术广传至世界各地以前，中国原是制纸业的中心。这些古纸遗物的发现，证实了这个说法的正确，即发现纸的地方愈靠近中国，所发现纸的年代便愈早。

从 20 世纪初到今日，正好是古纸发现 100 周年。现存古纸的实物可以追溯到西汉。其中时代最早的当属 1986 年甘肃放马滩发现西汉文景时期（前 180—前 141）的纸质地图，与在此前后其他地区所发现的残纸，如灞桥纸、扶风纸、金关纸、马圈湾纸以及敦煌悬泉置遗址出土的西汉古纸，前已述及。时期稍后的，有 1959 年在新疆民丰和 1974 年在甘肃旱滩坡发现有隶书的东汉古纸残片。[31]

载字较多而时代较早的是 1942 年在居延古代烽火台的废墟中所发现的一张残纸。这纸发现时揉成纸团，有清晰可认的 20 多字，都是"隶草"（图版二二）。经检定这纸是由植物纤维制成，厚而粗糙，无帘纹，亦无年代。发现此纸的劳榦认为这纸被埋藏的年代约在 109 年至 110 年，其时西羌扰边，这烽火台曾暂时弃守。[32]因此，这一件纸的年代大约和蔡伦同时。

最早发现古纸是在 1900 年，瑞典籍的斯文·赫定在新疆楼兰获得一批纸质文件，大多以麻和其他植物纤维所制。其中有公文、私人函柬和经典，较重要的有《战国策》残卷，隶书，为 252 年至 310 年间晋代的成品。[33]在同一地区内，斯坦因在 1914 年的第三次考察中又发现了 700 多件纸质文件，都是 263 年至 280 年间之物，时代与斯文·赫定所发现的大致相同。[34]

斯坦因于 1907 年第二次考察中，曾于敦煌附近发现了一些为期较晚的古纸和一批古粟特文的文件，[35]其中有 7 封信是粟特商人写给他们在撒马尔罕和布哈拉（Bukhara）亲属的家信。信中述及通信的困难、商品的价格、银的兑换率和一些家常琐事。它们都被整齐地折叠，其中有些还系着原来捆扎的丝绳，都是 312 年至 313 年间之物。[36]

1902 年至 1914 年间，普鲁士考察团格伦威尔德（Albert Grüwedel）和凡·勒柯克（Von Le Coq）在新疆吐鲁番地区发现了一批古纸文件，其中有一件是 299 年之物。[37] 1909 年至 1910 年间，日本西本愿寺的大谷考察团由橘瑞超和野村荣三郎率领，也在同处发现了一些古纸，都是公元 3 世纪至 4 世纪晋代之物（图版二三）。[38] 1928 年至 1930 年间，中国西北科学考察团在此地区内发现了一些古纸和写本经典，大多是晋、唐遗物，其中有一件佛经，背面标注的日期是 436 年。[39]

在和田地区，斯坦因曾发现过一些藏文、梵文和古于阗文的纸质文件，皆是 8 世纪的古物。同地区发现的中文纸质文件，都是 781 年至 790 年间的薄纸。经显微分析，载有藏文的纸和此地区中其他的纸不同，并非用胶而是用淀粉搀和，也不是以新疆土产材料所制，可能是由西藏输入。斯坦因在和田河旁的马扎塔格（Mazar-tagh）一个寺院里发现了一本账簿，其中记有纸的价格"出钱陆拾文，买纸一帖，供文历用"。[40] 可知在唐代初年，纸已廉价供应边远地区。

在 20 世纪 60 年代，又有纸本 26 件在新疆地区陆续发现。其中有晋写本《三国志》、隋写本《典言》、唐卜天寿抄本《论语郑注》（710 年），还有 4 世纪以至 7 世纪到 8 世纪的残文书、契约、账簿、药方、佛经和花鸟画等。这些纸大多是麻质纤维，也有少数是楮和其他树皮所制，有些更是经过搀料加工，在表面施粉或砑光，[41] 可见这时制纸的技术已更见进步。

六、敦　煌　纸　卷

敦煌莫高窟藏经洞中存置有大批古代纸质文件，于 1900 年由道士王圆箓首先发现，其中所藏为自三国、西晋以至北宋 800 多年间的经卷、文书和佛画等纸质文籍，总数达 5 万余件，很多都保存良好。这是古纸卷历来最大的一次发现，也是 20 世纪所发现古代文物中的另一项重大收获。

敦煌在河西走廊的最西端，汉武帝时设郡，为河西四郡之一。因地当军事要冲，故广筑烽燧，捍卫西北边疆，其后逐渐成为中国与中亚交通的枢纽。东晋与北魏时期佛教盛行，自 366 年起，开始在敦煌附近开凿石窟，塑造佛像和彩绘壁画，这项工程延续了数百年之久，便是现代闻名的"千佛洞"。这些纸质卷轴即在其中一个石窟的夹壁内被发现，都是 1056 年以前的古物，因此推断这些纸卷是在该年以后被封藏。[42] 大概因为西夏入侵，这些书籍是由许多寺院中移藏于此，加以封存。

除少数印刷品外，这些纸卷大多是写本。其内容涉及甚广，但多半是佛经。此外亦有儒家和道家的经典、先秦诸子、史籍、韵书、诗赋、小说、变文、契约、历史和其他各种公私文件。[43] 大多数写本除中文外，并有梵文、粟特文、波斯文、回纥文及藏文，其中以藏文较多。更有一部希伯来文的《旧约圣经》数章。

斯坦因于 1907 年第二次考察时，在敦煌取得约 7 000 卷，现存英国图书馆。其中有 380 卷标有日期，为 406 年至 995 年间之物。[44] 其后，法国汉学家伯希和（Paul Pelliot）至敦煌，又携走 3 000 余卷，现存巴黎国立图书馆，其中标注有日期者，最迟是 995 年至 996 年。另外，约有 1 万卷现存俄罗斯科学院东方研究所，400 余卷为日本人所获。[45] 残存 9 871 卷，于 1910 年为中国政府收藏于北京图书馆中，其中有 43 卷标有日期，为 458 年至

977 年间之物。[46]另有 2 000 卷散存于世界各地公私收藏。其中所
知年代较早的一件是魏甘露元年（256）写本《譬喻经》，现藏日
本书道博物馆；另一件为三国吴末帝建衡二年（270）索纮写本
《道德经》残卷（图版二三），纸质完好，墨色明亮，也是传世写
本中最古纸卷之一，现藏美国普林斯顿大学美术馆。[47]

　　现存各地的这些纸卷，北京和俄国的收藏数量最多，巴黎的
内容选择最精，伦敦的卷轴纸质保存最善，而年代最早的却在私
藏之中。这些纸质文件，与他处发现的残卷古纸相比，时期虽属
较晚，但内容重要，数量最多，一些罕见的资料，今日皆是孤
本。其中保存完整的纸卷（图版二四），对于研究中国古书卷轴
制度，更提供了极为宝贵的实证。

七、　古纸的材料和制作

　　中国古代造纸的原料，都是一些能供给丰富而修长纤维体的
植物，尤以来源充裕、成本低廉而易于处理为采用的原则。这些
材料主要包括韧皮植物如大麻、黄麻、亚麻、苎麻和藤，树皮如
楮皮、桑皮和月桂，禾本植物如竹、芦苇和稻麦的茎秆，以及种
子植物如棉花等。按时代先后而言，麻是最早采用的原料，时期
可以上溯到西汉，楮皮从东汉、藤从晋代、竹从唐代中叶，而稻
麦的茎秆要到宋代才开始被采用。除麻和藤外，其他植物至今仍
用为手工造纸的原料。[48]

　　麻在中国各地都有生产，特别是在中国的北部和西部，中国
的文献中通称各种麻类植物为麻。因为古代的衣服、鞋履、绳网

等都是麻制，所以破布制纸大多是麻类。中国西北地区所发现的汉代古纸，都是以旧麻的纤维制成，如 1934 年在罗布淖尔发现的西汉纸和 1957 年在陕西发现的灞桥纸，在纸的表面上仍可看到一些残余的麻质纤维和未打散的麻筋和麻绳头。在新疆发现的晋、唐古纸以及在敦煌所发现的大批写本，主要也都是以大麻、苎麻和黄麻为主要材料。麻纸的特质是柔软、细密而不透水，在唐代盛行用于书画、书籍和官方文书。由于纺织业的需要，自唐代以后，麻类制纸才逐渐为楮、藤和竹所代替。

以树皮制纸，最早见于《后汉书·蔡伦传》，3 世纪的董巴说蔡伦用木皮所制成的纸名"榖纸"。榖是一种野生灌木，与楮、构、桑是不同种类的桑科植物，在中国各地都有生长，尤其是温热地带的南方，农人种植榖树为辅助作物，主要用以造纸。在晋、唐时代，楮纸是一种颇为流行的书写用纸。在敦煌和吐鲁番所发现的残纸和很多写本，大多是楮纸所制。榖皮最初是捶打成布，称为榖布、答布或搨布，大概源自土语 tapa 一词，古代作为衣裳、被褥和帷帐之用。蔡伦时改用沤煮的方法，作为造纸的原料。和榖、楮相近的是桑树皮，为制作纸钞的主要材料。马可·波罗的游记中曾述及中国的纸币是以桑皮制成。

另一种古代制纸的原料是藤。藤纸的起源可上溯到 3 世纪的晋代，在相当于今日的浙江和江西一带，尤其是沿剡溪两岸的山上，绵延数百里都是攀藤。唐代有 11 个州以藤纸为贡品，剡藤尤为著名，而藤纸在这些地区盛行几达千年。藤纸的特点是光滑、细密和耐用，各种颜色的藤纸大多用于公文、书籍、书画等高级用纸，但也制成纸囊，存储茶叶，可使香气不泄。但因生产地区不广，成长时间较长，因此供应逐渐衰竭，为竹和其他植物所代替。

竹是中国造纸最普遍的材料，一说始于 4 世纪东晋，但其起始年代尚无定论。主要根据是宋人赵希鹄《洞天清录》所说："若二王真迹，多是会稽竖纹竹纸。"但现存王羲之法帖，已证明并非竹纸。另一说是根据李肇（806—820 年在世）《唐国史补》卷三载："韶（在今广东）之竹笺。"段公路（约 850 年在世）《北户录》卷三亦述及"竹膜纸"，据唐崔龟图注，产于浙江睦州。所以竹之用于造纸，不应迟于 8 世纪的唐末，自 12 世纪北宋以后，竹纸才风行一时。

古代用生棉制纸之说，似不足为信，甚至现代造纸亦不用生棉，因为棉花主要用于纺织之故。虽然木棉早于 3 世纪至 4 世纪便见于中国文献，但唐代以前中国南部尚未种棉，而宋代以前长江流域更没有棉的踪迹。后代所称的棉纸，大概是其他纤维所制，洁白如棉。

现存古纸样品，经化验证明，所用的原料与文献记载相符。英国伦敦所存敦煌古纸，约有 60 件曾加分析，据称最早者大多是破布所制。4 世纪至 10 世纪间的纸，大多是楮皮、藤或苎麻所制，品质相当优良，但到 8 世纪中叶以后，纸的品质转为粗劣，可能是安史之乱后引起的经济衰落所致。[49]

斯坦因在新疆发现 3 世纪至 4 世纪东晋时代的古纸，经分析研究后，证明原料是生纤维和破布的混合物。这些生纤维为楮皮、月桂、苎麻（或称"中国草"），破布则是亚麻、大麻或苎麻的纺织品，因此古代记载的造纸原料乃被证实。《后汉书》载蔡伦用以造纸的材料是树皮、麻头、破布和渔网。其中树皮和麻头是生纤维，破布和渔网是经过人工纺制后的纤维。但董巴说：
"用故麻，名麻纸；木皮，名榖纸；用故鱼网作纸，名网纸也。"
这是说每种纸只用一种原料，似乎记载和实物并不相符。事实
上，因为时代不同或因环境相异，无论是用混合纤维或某种单独
材料造纸，都应该没有技术上的困难。各种不同的地区，更可能
用各种不同的原料造纸。苏易简《文房四谱》卷四说：

> 蜀中多以麻为纸……江、浙间多以嫩竹为纸，北土以桑
> 皮为纸，剡溪以藤为纸，海人以苔为纸，浙人以麦茎、稻秆
> 为之者脆薄焉，以麦槁、油藤为之者尤佳。

由此可见，各地所造的纸主要皆视当地原料的供应而就地取材。

　　除材料外，造纸过程中的另一要素，是抄纸帘的发明。纸帘
是一种用细丝编成的席子。将经过浸化了的纤维倾倒在上面，或
自水中将浮起的纤维抄捞起来，让水分漏去，交织的纤维就遗留
在帘上，形成薄页，待干后揭起便成纸张。帘模是许多世纪来手
工制纸的主要工具，也是近代机器造纸所根据的原理。但古代文
献中对帘的制造方法及用法，却并无记载。根据推测，原始的帘
模只不过是一片粗布镶以竹框，将之垂直放入纸浆中，平着抄出
浮在水面上浸化了的纤维，逐张覆落在木板上，将水榨去，再行
烘干，或将帘平放而将纸浆倒在上面，然后将之晒干，纸张便可
从帘上揭下。

　　古代制纸的方法，可能与宋应星（约1587—?）在《天工开
物》里所记载的近似。他说，竹纸的制法是先截竹成段，置入水

中漂浸；百日之后，捶去粗壳及青皮，取其纤维，混以石灰，下入楻桶煮八昼夜；然后取出竹浆，以水澄清，再用柴灰淋煮，直到竹丝完全糜烂为止；然后取出入臼受舂，碾成泥浆状，漂白后置入槽内，以清水浸浮，用竹帘抄其浆入于模内；然后覆帘落纸于木板上，如此叠积若干张后，压去水分，以铜镊逐张揭起敷于砖墙上，隔壁以火烘干便得。用楮皮桑皮制成的皮纸，制法大致相同，只是榖纸常以竹或稻草的纤维加以配合。[50]

八、 古纸的加工和保存

根据现存的古纸观察，中国古代的造纸技术已很进步，不仅知道如何加胶以适合于书写之用，并知道如何搀料加重，以使其品质增高。在纸张成型之前，纸浆内常需加入有黏性的药汁或不溶化的矿物，以改善纸张的品质。在纸张造就以后，有时还要施用特殊的处理，以保障成品的永久性或增加纸的美观。这类工序包括施胶、填料、染色、着色和涂布。各种植物、动物或矿物的质料的制备和施用，手续十分复杂，这些都是技术上改进造纸法的主要步骤。

为了使纸适用于以墨书写，使纸能受墨而不渗化，则必须施胶。如此可使纤维在水中保持悬浮，黏着紧密，使抄出的纸张厚薄均匀，尤其在压榨和烘干时，施胶可使纸张免予黏在一起。用精细的粉剂填充，更可改善纸张的亮度和厚重。在敦煌和新疆发现的晋代古纸，都已施胶与填料，有些还在纸面用粉浆涂布，并以石砑光。[51]

为了使纸张保存良好，免于虫蛀，大概在 3 世纪的晋代便已采用一种免蛀的方法，称为"染潢"。荀勖在《穆天子传》序中曾述及用经过染潢处理的纸张抄写。染潢的程序详见贾思勰（5 世纪时人）的《齐民要术》卷三。[52]方法是将有杀虫素的黄檗浸在水中，取得新鲜汁液，再将泡过的黄檗捣碎煮沸，倾入布袋，挤出汁液；经过三次捣煮，再将煮过的汁液和新鲜的汁液混合在一起，便得一种黄色液体，以之染纸，可防虫蛀。据说，染纸时不可将颜色染得太深，因为日后会变得更暗。纸总是先染色，然后才用以书写，如果先书写后染色，效果会更好。由数张纸黏接的纸卷，接缝处系用一种特别的黏糊剂。纸张黏接处通常用烙铁熨帖，以免染色后会脱落。虽然这记载见于 5 世纪的文献，但染潢的方法，相信早在纸普遍应用于书写后不久便开始了。

敦煌发现 5 世纪至 10 世纪的纸卷，证实了这古代方法的功能。这些纸卷大多是经过染潢的处理而保存良好，未经虫蛀。宋代以后，印刷术已普及，书籍不如以往珍贵，纸张也就不如以前那样的保护周密。当书籍的形式由卷轴变为折页后，染色也就较难。但是 10 世纪的佛经，因为还是卷轴形式，所以仍用同样的方法加以整治。

古纸除染潢外，也常染以各种不同的颜色，以增加美观。《汉书》中述及的"赫蹏"，据孟康的注解为"染纸素令赤而书之"，是一种染了红色的薄小纸。如此说可信，则红色早已于公元前 1 世纪便用来染纸了。东汉朝宫中册封皇太子时，赐以赤纸及漂红麻纸 100 枚。黄纸在唐代则仍沿用，如公文皆以黄纸书写，佛经则必须采用黄纸。在晋代，四川已采用多色的缥绿、青、赤"桃花笺纸"。唐代的笺纸则染成深红、杏红、明黄、深青、浅青、深绿、浅绿、蓝绿和"浅云"等 10 种不同的色彩。此外，私人的笺纸还加以特别的设计，如红色小幅的"薛涛笺"为后世所仿制。另有一种"硬黄纸"（或称"黄硬"），其特质是厚、硬，有光泽，分量重，纸幅较小。处理方法是用黄蜡以热熨斗涂布在纸面上，使纸张光亮、硬密并半透明，可以用来描摹书画。另有一种所谓"雌黄"，用来辟蠹，也可作为改正笔误之用。

中国纸一般很薄，只能单面书写。为了长久保存，曾使用各种方法予以更新、复原和保藏。书画作品通常在纸背加裱，以增加纸的重量和耐折性，纸张老化时可以重裱，若撕裂磨损可以修补。书页之间可以插入另一张纸予以加固。为了长久保存，免受虫蛀，每年都要在一定的季节，将书籍和字画加以晾晒，使纸张能适应一定的干湿度及温度。许多千年古纸文献和书画至今保存完好，这应归功于对纸张的特别处理。

贾思勰曾描述用一张薄纸作为修补残破的书页之用。经过修补后，与原来完整的纸张很少分别，如果不对着灯光照看，不易看出修补的痕迹。前人保管书籍的方法是：夏季由五月十五到七月二十，书卷须三度舒展于有光而背阴之处。书卷不可直接曝晒于阳光之下，也不可以在阴雨或潮湿时展开。炎暑时，书卷如不开展则易为虫蛀。据说以此法保管书籍，可存至数百年之久。

九、卷 轴 制 度

卷轴形式的书籍，在敦煌发现的纸卷中可以见到实物（图版二四)，在古代文献和目录中也可略窥一二。现存的写本或早期的书籍，大多是纸质，很少是缣帛。纸原是缣帛的代替品，因之纸卷的形制也和帛卷相同。"纸"字源自缣帛，"卷"也原是缣帛的单位，因缣帛富有弹性，易于舒卷而不易折叠。自纸应用于书写之后，卷书的传统继续保留，直至 9 世纪中叶，纸才被折叠成为册页式的书籍。敦煌文物中便有一本折叠成 211 页的书（图版二五）。[53]

古纸的大小都有一定的标准。4 世纪至 7 世纪的古纸都是宽约 24 厘米，相当于汉制的一尺。敦煌发现的木牍，也大多是长 24 厘米或 24.5 厘米，因此古纸的宽度与简牍的标准高度相似，而汉制"尺牍"的高度，对于后人用以抄写的纸的宽度，具有很大的影响。古纸的长度，自 41 厘米到 48.5 厘米不等，[54] 约等于古制的二尺。这种标准的长度可印证当年荀勖用以抄写竹书的"二尺之纸"。纸如逐张连接，长度可至无限。一般纸卷展开的长度有 9 米至 12 米，最长的可达 32 米。[55]

纸与纸接合处，通常有押缝或印章。每一卷为一单位，一部书可能是一卷或数卷，视内容长短而定。每张纸都用石墨画有狭长的行格，行格的宽度亦与简牍相仿，恰好能容字一行（图版二三、二四）。每页的行数和每行的字数并无一定。程大昌《演繁露》卷七曾谓李商隐的诗集，每页 16 行，每行 11 字。卷的末端，通常黏在轴上。轴的种类很多，颜色亦不相同。有的顶端有雕刻或镶嵌之物（图版二四）。据说，王羲之父子书写的卷轴都有特殊的配制，珊瑚配帛卷，黄金、玳瑁或紫檀配纸卷。[56]《隋书·经籍志》记载，皇家图书馆中的书籍以卷轴的颜色分优劣，最好的书配以红琉璃轴，较次的配以紫琉璃轴，再次的配以彩绘漆轴。较重要的书籍，在卷首加附一片罗、绢、锦或纸做的"缥"以作保护，当卷轴变成册页形式后，这缥便成为封面。缥头更有一根带，以便捆扎之用。带的颜色，有时亦代表书籍的性质和类别。

有些卷轴，外面更包以"书衣"。一种书衣是用各色的丝绳编成的竹帘，称为"帙"。敦煌卷轴的书衣，都是装饰得非常精美的锦绣所制。[57]就形状和构造而言，敦煌的书衣与日本正仓院所藏的一件 742 年的书帙极为相似。每帙所包裹的卷数，依卷轴的大小而定。大约每帙可包 10 卷，但是亦有 5 卷、7 卷、8 卷或 12 卷的。[58]总之，卷轴形式的书不管有多少卷，通常都是以各种不同花色的布帛包裹保护。

如果卷轴不加以适当标注，当放置到书架上之后，便很难寻找。因此，书名和卷数多数标明在卷标上，插在卷轴的末端，以便找寻。卷标一般是以象牙制成，唐代集贤院御书即以红、绿、蓝、白四色，表示经、史、子、集四部书。[59]现存的一件古象牙标签，长 3 厘米，宽 2 厘米，两面均镌有书名和卷数（图版二八、丙）。根据其上字体推测，这牙签大约是 4 世纪晋代之物。[60]

纸卷通常只一面写字，但有时也两面都写。经书的注疏写在正文背面，叫做"背书"。字句的注释，写在天头的称为"眉批"，写在行间的称为"夹注"。卷的末端通常留空数行，以作题跋之用。敦煌发现的纸卷中，有的在卷尾加注抄写者、校阅者、审定者、装潢者和监督者的名字。抄写的日期和所用的纸张数目有时也加注明。有一卷《妙法莲华经》即标明抄写用麻纸 19 张，另一卷的卷尾注明详细的书写题识：

　　咸亨二年十月十日经生郭德写，用纸廿一张，装潢手解善集装，初校郭德，再校西明寺僧法显，三校西明寺僧普定，详阅太原寺……

　　有时抄写的工价也加以注明，如《药师经》一卷，1 吊；《法华经》七卷，10 吊；《大涅槃经》四十卷，30 吊。据此，唐代的抄写费大约每卷 1 吊，即 1 000 文。[61]

　　书籍的卷轴形式，一直延续使用到 9 世纪唐代末叶才被折叠的形式所取代（图版二五）。自此以后，中国书籍的形式便逐渐演变。最初的折叠式称为"经折装"，接着有"旋风装""蝴蝶装"和"包背装"，最后便是直到今日尚在使用的"线装"。

注释

[1] 本书 1962 年英文本原称以植物纤维造成的纸为"真纸"，以动物纤维造成的纸为"假纸"，是根据美国纸业公会出版之《纸张字典》（1951）对纸（Paper）的定义。但近年有用矿物及化学合成品制成的薄页，亦称为纸。所以新版《纸张字典》的定义，纸已不限于植物纤维，而是指一般纤维通过排水作用而黏成的一种薄页。见 American Paper and Pulp Association, *Dictionary of Paper*, 5th ed.（New York，1996）。因此，本书根据新的定义，加以讨论。

[2] 各家注释，可参见苏莹辉：《赫蹏考》，《大陆杂志》第 34 卷第 11 期（1967），第 333—336 页。

[3] 西汉古纸，见黄文弼：《罗布淖尔考古记》（北平，1948），第 168 页，图版 23，插图 25。关于灞桥纸，见田野：《陕西省灞桥发现西汉的纸》，《文物参考资料》1957 年第 7 期，第 78—79、81 页；潘吉星：《世界上

最早的植物纤维纸》，《文物》1964 年第 11 期，第 48—49 页；《关于造
纸术的起源》，《文物》1973 年第 9 期，第 45—51 页及附图。有关金关
纸，见《文物》1978 年第 1 期，第 1—11 页。扶风纸，见《文物》
1979 年第 9 期，第 17—20 页。马圈湾纸，见《文物》1981 年第 10 期，
第 1—7 页。放马滩纸，见《文物》1989 年第 2 期，第 1—11、31 页。
悬泉置纸，见《文物》2000 年第 5 期，第 4—15 页，图 11—18。

〔4〕战国秦简中的"纸"字，见《睡虎地秦墓竹简》（北京，1990），第
214 页，图版《日书》60—61。在此书 1977 年大字线装本版中，此字
原释为"纸"；1990 年版改释为"抵"，但简上"纸"字从糸，清晰可
见。此字是芝加哥大学中文教授 Dr. Donald Harper 翻译秦简中有关医
药的资料时所发现，承见告，特此致谢。他将"以纸"译为"以纸覆
盖发上"（paper them〔over the hair〕）。详见钱存训：《纸的起源新证：
试论战国秦简中的纸》，《文献》2002 年第 1 期，第 4—11 页。

〔5〕美国古物收藏家容肯三世（Stephen Junkune Ⅲ）所藏一件长沙出土的
战国漆马，现由其后人收藏。承芝加哥美术馆亚洲研究部 Elinor
Pearlstein 女士代为查考，并提供资料及图片，并此申谢。

〔6〕德人 Armin Renker〔*Papiermacher und Drucker*（Mainzer, 1934），9〕和
法国纸业公会前会长 Henri Alibaux〔"L'invention du papier"，*Gutenberg-
Jahrbuck*（1939）：24〕，皆怀疑蚕丝纤维可用于造纸的说法。由纯丝纤
维所造成的纸，多系推测之词，尚无实物上的证据。

〔7〕见劳榦：《论中国造纸术之原始》，《中央研究院历史语言研究所集刊》
第 19 本（1948），第 489—498 页。陈槃根据前说，加以引申，见其
《由古代漂絮因论造纸》，《"中央研究院"院刊》第 1 辑（1954），第
257—265 页。本书旧版中，亦根据众说，以为蔡伦前之纸为丝质纤维，
称之为"假纸"，现古纸陆续出土，证明其中并无丝质，故改订旧说。

〔8〕何延之：《兰亭记》，见《知不足斋丛书》十集《兰亭考》卷三，叶 9
上；但亦有谓蚕茧纸乃指缣帛而言者，见陈槌《负暄野录》卷一，《知
不足斋丛书》二十六集，叶 4 上。又张燕昌《金粟笺说》。

〔9〕见丁福保：《说文解字诂林》（上海，1928），第 5901—5902 页。

〔10〕此种麻布所编之帘，现陈列于美国威斯康星 Appleton 城之纸博物馆，

说明见 Dard Hunter, *PaperMaking: The History and Technique of an Ancient Craft*, 2d ed. (New York, 1947), 83‒84。又河北一带有用萱茎制帘模者，见潘吉星：《敦煌石室写经纸的研究》，《文物》1966 年第 3 期，第 45 页，注 5。

〔11〕《太平御览》卷六百〇五引。

〔12〕凌纯声：《树皮布印文陶与造纸印刷术发明》（台北，1963），第 1—49 页。

〔13〕左伯纸，见张怀瓘：《书断》，《说郛》卷九十二；赵岐：《三辅决录》卷二。

〔14〕《北堂书钞》卷一百〇四。

〔15〕《晋书》卷九十二。

〔16〕《太平御览》卷六百〇五。

〔17〕《全晋文》卷五十一。

〔18〕关于纸的传播，详见钱存训：《中国科学技术史：纸和印刷》，刘祖慰译，第 260—323 页；《中国之科学与文明：造纸及印刷》，刘拓、江刘次昕译，第 255—414 页；Tsuen-hsuin Tsien, "Paper and Printing," 293‒360。

〔19〕内藤虎次郎：《纸の话》，《东洋文化史研究》（东京，1933），第 92—93 页。

〔20〕长泽规矩也：《书志学序说》（东京，1960），第 92—93 页。

〔21〕关于中国纸和造纸法输入印巴次大陆的时间、地点和路线问题，参看季羡林、黄盛璋文，见《历史研究》1954 年第 4 期、1980 年第 1 期。

〔22〕Hirth, *China and the Roman Orient*, 274‒275.

〔23〕A. F. Rudolph Hoernle, "Who was the Inventor of Rag-paper?" *JRAS* (1903)：663；钱存训：《中国发明造纸和印刷术早于欧洲的诸因素》，金仲华译，见《中国科技史探索》（上海，1986），第 443—452 页；《中国书籍、纸墨及印刷史论文集》，第 203—218 页。

〔24〕Louis Daniel Le Comte, *Memoirs and Observations* (London, 1697), 191.

〔25〕Jean Baptiste Du Halde, *The General History of China*, vol. 2 (London, 1736‒1741), 417‒18.

〔26〕Joseph Edkins, "On the Origin of Paper Making in China," *Notes and*

Queries on China and Japan, vol. 1, no. 6 (June 1867)：68.

〔27〕《南方草木状》卷中，叶6。此书相传是晋人嵇含（263—306）作，但成书年代有疑问，见王毓瑚：《中国农学书录》，第23—24页；马泰来：《蜜香纸抱香纸》，《大陆杂志》第38卷第3期（1969），第199—202页。

〔28〕Friedrich Hirth, *China and the Roman Orient: Researches into their Ancient and Medieval Relations as Represented in Old Chinese Records*, 274–275.

〔29〕Hoernle，"Who was the Inventor of Rag-paper?" 663–664；Carter, *The Invention of Printing in China and Its Spread Westward*, 70.

〔30〕翦伯赞：《中国史纲》（上海，1947）第2册，第52页："早在战国时代，雅典与亚历山大里亚皆有书摊出售用埃及草纸所书写之各种抄本书籍。……而此种草纸之出现，则早在中国纸出现之前四百年以前。" Jaroslav Cerny 所撰《古埃及之纸与书》〔*Paper and Books in Ancient Egypt*（London，1952），31〕，亦谓中国造纸术发明之是否受埃及纸草影响及影响之程度，今尚未知云。

〔31〕关于民丰纸，见《文物》1960年第6期，第9—12页。旱滩坡纸，见《文物》1977年第1期，第59—61页。

〔32〕劳榦：《论中国造纸术之原始》，第496—498页。又见本书劳榦后序。

〔33〕August Conrady, *Die Chinesischen Handschriften-und Sonstigen Kleinfunde Sven Hedins in Lou-lan*, 93, 99, 101；Plates 16：1–2, 20：1, 22：8.

〔34〕Schindler，"Preliminary Account of the Work of Henri Maspero Concerning the Chinese Documents on Wood and Paper Discovered by Sir Aurel Stein on His Third Expedition in Central Asia," 225.

〔35〕A. Stein, *Serindia*, vol. 2, 674；Chavannes, *Les documents chinois découverts par Aurel Stein dans les sables du Turkestan Oriental*, nos. 706–708.

〔36〕W. B. Henning, "The Date of the Sogdian Ancient Letters," *BSOAS*, vol. 12（1948）：601–615.

〔37〕姚士鳌：《中国造纸术输入欧洲考》，《辅仁学志》第1期（1928），第27—29页。

〔38〕大谷光瑞：《西域考古图谱·序》。

〔39〕黄文弼：《吐鲁番考古记》，第 26 页，图版 6—7。

〔40〕A. Stein, *Ancient Khotan: Detailed Report of Archeological Exploration in Chinese Turkestan*, vol. 1, 135, 271, 426; Chavannes, *Les documents chinois découverts par Aurel Stein dans les sables du Turkestan Oriental*, nos. 969, 970, 971.

〔41〕潘吉星：《新疆出土古纸研究》，《文物》1973 年第 10 期，第 52—60 页。

〔42〕苏莹辉：《敦煌学概要》（台北，1964）；姜亮夫：《敦煌学概论》（北京，1985）；林家平：《中国敦煌学史》（北京，1992）；郑阿财：《敦煌学研究论著目录（1908—1997）》（台北，2000），收入论著约 1.2 万种。

〔43〕Loinel Giles, *Descriptive Catalogue of the Chinese Manuscripts from Tunhuang in the British Museum* (London, 1957).

〔44〕Lionel Giles, "Dated Chinese Manuscripts in the Stein Collection," *BSOAS*, vol. 7 (1935)：809–810.

〔45〕巴黎收藏，见伯希和：《巴黎图书馆敦煌写本书目》，陆翔译，《国立北平图书馆馆刊》第 7 卷（1933），第 21—72 页；Paul Pelliot, "Une bibliothèque mediévale retrouvée au Kan-sou," *BEFEO*, vol. 8 (1908)：501–529. 最近国外所藏敦煌文献已影印出版，见《英藏敦煌文献》《法国国家图书馆藏敦煌西域文献》及《俄罗斯科学院东方研究所圣彼得堡分所藏敦煌文献》等。

〔46〕陈垣《敦煌劫余录》（北平，1931）收 8679 卷，胡鸣盛补录 1192 卷。参见许国霖：《敦煌石室写经题记·序》（上海，1937）。国内所藏敦煌文献，见《中国国家图书馆藏敦煌遗书》《北京大学图书馆藏敦煌文献》《上海图书馆藏敦煌吐鲁番文献》《上海博物馆藏敦煌吐鲁番文献》及《天津市艺术博物馆藏敦煌文献》等。

〔47〕《譬喻经》，见中村不折：《新疆と甘肃の探险》（东京，1934）。索纨写本《道德经》残存 118 行，卷末有题记 2 行，现寄存美国普林斯顿大学美术馆。见 Frederick W. Mote, "The Oldest Book at Princeton," *Gest Oriental Journal*, vol. 1, no. 1 (1986)。该馆另藏敦煌残卷及残纸 83 件。

〔48〕详见钱存训：《中国古代的造纸原料》，《中国书籍、纸墨及印刷史论文集》，第 57—60 页。

〔49〕 Lionel Giles, "Dated Chinese Manuscripts in the Stein Collection," *BSOAS*, vol. 10（1940）: 317.

〔50〕《天工开物》卷中《杀青》。

〔51〕关于纸之修染、加工、装潢，见许鸣岐:《瑞光寺塔古经纸的研究》，《文物》1979 年第 11 期，第 34—39 页；有关铅丹防蠹纸的研究，见《中国历史博物馆馆刊》1980 年第 2 期，第 194—206 页。

〔52〕参见石声汉:《齐民要术今释》（北京，1957—1958），第 213—214 页。

〔53〕Giles, *Descriptive Catalogue of the Chinese Manuscripts from Tunhuang in the British Museum*, no. 5591.

〔54〕Stein, *Serindia*, vol. 2, 671, 672, note 3a.

〔55〕Giles, *Descriptive Catalogue of the Chinese Manuscripts from Tunhuang in the British Museum*, no. 5587。根据中国所藏敦煌纸卷的测定，晋、六朝时期纸一般高 23—24 厘米或 26—27 厘米；隋唐时期小纸高 25—26 厘米，长 40—51 厘米，大纸高 26—27 厘米，长 40—43 厘米。见《考古学报》1956 年第 1 期，115—126 页。

〔56〕张彦远:《法书要录》卷二。

〔57〕Stein, *Serindia*, vol. 2, 900.

〔58〕岛田翰:《古文旧书考》卷一。

〔59〕《大唐六典》卷六。

〔60〕张政烺:《王逸集牙签考证》，《中国科学院历史语言研究所集刊》第 14 本（1949），第 243 页。

〔61〕Lionel Giles, "Dated Chinese Manuscripts in the Stein Collection," *BSOAS*, vol. 8（1936）: 14‐15, nos. 671, 672。《妙法莲华经》卷尾题识，见《敦煌宝藏》，第 1 册，第 405 页，斯 84 号。写经工价，见台静农:《谈写经生》，《大陆杂志》第 1 卷第 9 期（1950），第 9—10 页。

第八章

书写工具

　　中国的"文房四宝"，即纸、墨、笔、砚，是将思想付诸文字的基本工具和载体。各种书写工具的应用及改进，更是中国书法成为一种独特艺术形式的重要原因。这些工具从何时开始联成一套，尚无定论，相信在纸应用于书写之前，这些书写工具便已自然地放置于一处。在近年各地出土简牍的古墓中都有文书工具的发现，如湖北云梦睡虎地秦墓中有毛笔、墨、砚、研石和铜削，江陵凤凰山西汉墓中有一竹笥，内藏笔、墨、砚、研石及无字的木牍，这些都是一套完整的文书工具。东汉时，政府官员每月都有墨的配给，而晋代皇太子被册封时，亦都有文房四宝之赐。[1]有些文具，制作精巧，装饰华丽，给予学者和艺术家不少激励。晋代大书法家王羲之（321—379）曾说："夫纸者，阵也；笔者，刀稍也；墨者，兵甲也；水砚者，城池也；本领者，将军也。"[2]中国书籍的传统形式以及文字的书写方式，都曾受到这些书写工具特色的影响。

一、毛笔的发展

蔡伦造纸、蒙恬制笔是由来已久的一种传说。蔡伦的贡献在史籍中有详细的记载，而在近代的发现中亦有时代相近的实物可按，但蒙恬制笔之说却未有明证。《史记·蒙恬列传》仅记蒙恬率秦师伐齐国，并北逐戎狄，修筑长城，而并未述及毛笔之事。不过在公元前221年秦一统天下之后，蒙恬因功拜为内史，其职责或与书写发生关系。

宋代苏易简谓，"秦之时，并吞六国，灭前代之美"，而将各种发明据为己功。[3]自汉代以来，学者对蒙恬发明毛笔之说已都表怀疑。隋代牛亨曾谓："自古有书契以来便应有笔，世称蒙恬造笔，何也?"[4]近代学者大多同意蒙恬可能是笔的改良者，而不是发明家。因为拟稿、撰述和抄写公文，乃是史官的职责，这也许便是导致蒙恬改进书写工具的原因。

蒙恬制笔之说，最早见于张华《博物志》，谓"蒙恬造笔"。[5]但"造"的意义，不一定是"发明"，亦可以说是"制作"。如果解为"制作"，张华只是说蒙恬曾制作过一种毛笔。晋代崔豹说："蒙恬始造即秦笔耳。以枯木为管，鹿毛为柱，羊毫为被，所谓苍毫，非兔毫竹管也。"[6]根据《说文》："聿，所以书也。楚谓之聿，吴谓之不律，燕谓之弗，秦谓之笔。"各词可能皆由"不律"之音变化而来，[7]崔豹的说法也许便是渊源于此。蒙恬发明毛笔的证据不仅不够充分，古代的文献及文物中更显示出笔的使用早在蒙恬之前。《尔雅·释器》："不律谓之笔。"《礼记·曲礼》亦说："史载笔，士载言。"《战国策·齐策》记载齐后将死，令她的儿子"取笔牍受言"。近年发现的古代文物，不仅证明了竹、帛上的文字是用毛笔书写，而且有不少以竹管或木枝制成的毛笔实物出土。

学者认为毛笔的应用是在商、周时代之前，因为商、周金文的款识很显然是使用毛笔的结果。[8]从商代的卜辞中可以看得出是先用毛笔写好，再加刀刻在甲骨上的。有几片早期的牛骨上，更有以毛笔和墨汁书写而未契刻的文字。[9]在郑州西北小双桥商代遗址中，也曾发现了以毛笔用朱砂书写文字的陶片。商代甲骨文和金文中表示笔的 Ⅎ、Ｒ（聿）字（见表一，f5），很清楚地显示右手握着一管饱濡墨汁或笔毛分散的笔。[10]

有些考古学家认为，笔的历史应追溯到史前时期，因为在许多史前的陶器上的符号都是用毛笔或尖笔所画。在河南仰韶和西安半坡等新石器时代遗址所发现的彩陶，其上的花纹和符号，据说都是用毛笔所画。[11]那时的毛笔虽不一定是如后来用兔毛和竹管制成，但必然也是以动物的毛扎在竹木所制的杆上，而以墨汁或其他色素的液体来绘写的。所以用毛笔书写的传统，必然在远古时代就已经开始。

二、毛笔的形式

毛笔可分为三部分，即笔管、笔尖和笔套。笔管通常以竹管制成，间亦有用木枝所制。笔头通常用兔毛、鹿毛或羊毛，一端束以丝线或麻绳，涂以油漆使之牢固，然后塞入笔管。为了保护笔毛，外面再套以笔套。笔的全长约合古制一尺。蔡邕《笔赋》称：
"削文竹以为管，加漆丝之缠束。"《论衡·效力》篇谓："智能满
胸之人，宜在王阙，须三寸之舌，一尺之笔。"汉制一尺约合 23 厘
米，古代文献中所记载笔的尺寸，和近代所发现的实物大致吻合。

　　1954 年在长沙古墓中发现的战国笔，以及近年来在河南信
阳、湖北包山等战国墓中发现的毛笔都是现存最古的毛笔。长沙
毛笔全长 21 厘米，带套 23.5 厘米，笔管与套均系竹制，笔头传
系兔毫（图版二六、甲）。1957 年在信阳长台关战国大墓中发现
的毛笔及笔筒和刀、削、锯等同放在一个小木箱内。1987 年在包
山楚墓内有一支放在竹筒中的毛笔，筒口有木塞。笔长 22.3 厘
米，笔杆为竹质，上端用丝线捆扎，插入笔杆下端的孔眼内。

　　稍后的秦笔亦有多处出土。1975 年，湖北云梦睡虎地秦墓出
土毛笔 3 支，长 21.5 厘米，径 0.5 厘米，竹竿上尖下粗，有笔套
作插笔用，中间及两侧镂空（图版二六、乙）。1986 年，甘肃天
水放马滩秦墓中发现毛笔 2 支，笔筒 1 件，双管相连，可插笔两
支。笔杆竹制，一端削成坡面，另一端镂空成毛腔。[12]

　　汉笔形制与秦笔相似，但亦有地区特色。如 1932 年在居延
附近红城子地区发现的汉笔，笔管是以两束麻线捆扎 4 条木片而
成，因之笔头可以塞入笔管，必要时也可更换，有如现代的钢笔
杆和笔尖一般。此笔连笔头共长 23.2 厘米（图版二六、丙）。
1975 年在湖北江陵凤凰山西汉墓发现竹管毛笔一支，笔长 24.9
厘米，笔杆上尖下粗，笔管制作精细，有彩绘，中部两侧镂空。
1972 年甘肃武威磨咀子东汉墓中出土毛笔 1 支，上有人名。长
21.9 厘米，径 0.6 厘米，笔尖长 1.6 厘米，外覆褐色狼毫，笔杆

竹制，前端扎丝线并髹漆，中部有阴刻"白马作"3 字；"白马"和悬泉置遗址出土的另一支上的"张氏"当为制笔工人的名字。[13]

这几管早期毛笔的发现，使我们对古代毛笔的大小、形式和质料，有了相当的认识，它们和现代的毛笔并没有太大的区别。笔头用兔毛、鹿毛、狼毫或羊毫，是以刚柔相济，适宜书写。晋王隐《笔铭》："岂其作笔，必兔之毫，调利难秃，亦有鹿毛。"[14]崔豹曾说蒙恬之笔是以"鹿毛为柱，羊毫为被"。一般认为，蒙恬可能是最先用木枝代竹为笔管和用鹿毛及羊毛代替兔毛制笔。

毛笔笔头的大小，当视其用途而定。长沙出土的长 2.5 厘米，居延出土的长 1.4 厘米，笔尖已全秃，武威的长 1.6 厘米，悬泉置的长 2.2 厘米。此外，在朝鲜乐浪王光墓发现的笔头，长 2.9厘米，一端扎带。[15]扎笔之带在使笔毛齐整宜于书写，通常再敷以黑漆，以便黏附于笔管（图版二六、丁）。晋傅玄《笔赋》曾说，笔头须"缠以素枲，纳以玄漆"，这是传统的制笔方法，相沿以至于今。很多学者认为毛笔是一种较进步的书写工具，其先必有一些更原始的书写工具，如竹、木尖梃之类。[16]宋人赵希鹄说："上古以竹梃点漆而书。"[17]但这种说法却无确实的证据。近年所发现的一些文字，无论是简牍、帛书，或是其他器物上的，都是用毛笔书写，或是先以毛笔书写底样，然后刻画而成。可能在某些地区或一定的时期，曾用木杆代竹和兽毛，但非漆书。

斯坦因在 1900 年至 1901 年的考察中，在和田附近的尼雅古址，发现了一些可能是 3 世纪以后的芦苇笔和木笔。木笔是用细木枝制成，一端削尖，有些尖端甚至开叉。[18]这些木笔的长度自15 厘米至 23.5 厘米不等，有些在另一端有牛角制的柄，附着一个光滑的圆锥体，大概是当作磨石用的。白居易曾说："于阗以木为笔。"[19]在毛笔流行中国的同时，有些特殊地区可能亦用木梃来书写。

据称最近发现的一些史前陶器上的花纹，是用竹木所制的硬笔蘸以墨汁所画，而非毛笔。日本正仓院现存有一支木杆所制的笔。相信古代有些地区曾经使用竹木、兽角或金属所制的尖笔，但不是一般通行的书写工具。

三、黑墨和丹书

用笔书写时，一定要用有色彩的液体作为媒介。因此在中国文献中，常见"笔墨"二字连用，以表示书写的主要工具。制墨的起源已不可考，但传说是汉代大书法家并制墨家韦诞所发明。许多学者认为在韦氏之前，人们是以竹木梃点漆而书于简牍。[20]这种以 3 世纪左右为用墨之始的说法，显然并不正确，既与记载不合，更与近代发现的实物相反。

韦诞是文献中记载最早的制墨家之一。因精于书法，他用自制之墨而拒用御赐之墨。南齐萧子良曾赞美韦诞的墨说："仲将之墨，一点如漆。"[21]在此之前，《后汉书·和熹邓皇后纪》曾载和帝时各国皆以纸墨为贡品；在国家庆典时，皇帝也以墨赐予皇太子、大臣和学者，作为一种恩荣。[22]事实上，在汉代之前，墨已被普遍应用。

孟子曾说："大匠不为拙工改废绳墨。"《庄子·田子方》篇曾提到"宋元君将画图，众史皆至，受揖而立，舐笔和墨"。《韩诗外传》卷七记载晋国周舍对赵简子说："愿为谔谔之臣，墨笔操牍，从君之过，而日有记也。"《管子·霸形》篇亦谓齐桓公"令百官有司，削方墨笔"。可知先秦时代，书写已通行用墨。

关于墨的最早使用年代，文献中并无确切的记载，但从考古学上可上溯新石器时代和商代。陕西半坡出土的彩陶上有红色及黑色的花纹和符号。[23]一块商代的陶片上有黑墨书写的"祀"字。[24]甲骨上也有黑色和红色的契文，经过化验及分析，断定黑色是一种和黑墨相近的碳化合物，红色则是丹砂。[25]近年出土的战国、秦汉简牍及帛书，也都是以黑墨书写。

古时，红色也常用于书写，称为"丹书"，尤其是重要的公文。《大戴礼记·武王践祚》载，武王即位，问古贤王之治，吕尚答称："在丹书。"《越绝书》载越王勾践将治国之道"以丹书帛"，以为国宝。《左传》襄公二十三年（前550），范宣子有奴名斐豹，以丹书其罪于契。1965年，山西侯马出土了一批盟书，皆朱书，为战国初年之物。

由长沙出土的缯书来看，古时虽常用红墨，但也用其他的色素来书写和绘画。红色通常用辰砂和银朱制成。辰砂是自然产物，古称"丹砂"或"朱砂"，古时方士以之炼丹，以求长生不老。银朱是由辰砂捣碎加水提炼而成。有时亦用硫化汞来制红墨。

四、烟　　墨

以烟煤作黑墨的起源应该很早，因为它是用木材举火时的一种副产品。油烟是另一种比较优良的烟煤，是在焚烧桐油、石油或其他油质时取得，但以桐油制墨的方法较晚，由唐代制墨家李廷珪最早采用，[26]在他以前似乎没有人采用此法。宋人沈括尝用原油制墨，据说这种墨比用青松制作的烟墨更黑。[27]

青松木可能是制造烟墨最常用的材料，而松烟直至现在仍是制黑墨的最佳材料。我们可以肯定在 2 世纪以前，青松木已被用为制墨的材料。曹植（192—232）的《长歌行》说"墨出青松烟"，当是以青松烧烟而制墨。古代制松墨的方法，据清人姜绍书说，是由焚烧松脂与松枝而得。[28]贾思勰的《齐民要术》卷九有"合墨法"，但并未说明其原料，其中所载方法如次：

> 好醇烟，捣讫，以细绢筛于缸内，筛去草莽，若细沙尘埃。此物至轻微，不宜露筛，喜失飞去，不可不慎。墨𪎭一斤，以好胶五两，浸梣皮汁中。梣，江南樊鸡木皮也，其皮入水绿色，解胶，又益墨色。可下鸡子白，去黄，五颗。亦以真朱砂一两、麝香一两，别治细筛，都合调。下铁臼中，宁刚不宜泽，捣三万杵，杵多益善。合墨不得过二月、九月，温时败臭，寒则难干，潼溶见风自解碎。重不得过三二两。墨之大诀如此，宁小不大。[29]

一般认为韦诞大概是这方法的始创者。在此配方中虽未提及其名，但在同书前一节制笔的方法中，却曾述及韦诞的"笔法"。《太平御览》中也引述了同样的制墨法，谓系韦诞所作。可知在 2 世纪至 3 世纪时，此方已经过多年的试验。而直至 5 世纪末，此法仍被采用。后世的制墨方法如果不是抄袭此法，便是将此法略加改进而已。

胶亦是制墨的重要成分。它能使碳分子结合，使墨永远黏着在纸上。胶通常是用鹿角、牛皮、鱼皮或废皮革制成。其法是先将原料浸入水中，使之软化，再以水煮沸，以纱罗过滤。制墨所用的胶和油烟的分量，许多制墨者都严守秘密。较晚的文献谓烟和胶的分量相等，但事实上各家所用的分量并不一致。[30] 为了增加墨的浓度，另须加入辰砂一类的配料；为了防腐及增加光泽和持久性，又须加入栌、木皮、石榴皮、胆矾等；有时亦加入麝香、樟脑或薄荷等香料，以去除动物胶的臭气。

汉代以前墨的形状，如今还不太清楚，但可能很早便已是固体形态，《庄子》已有"舐笔和墨"的说法。最近的实物发现，也可证明。1975 年在湖北云梦睡虎地战国秦墓中发现的墨块呈圆锥形，墨色纯黑，圆径为 2.1 厘米，残高 1.2 厘米。1955 年在河南陕县刘家渠东汉墓中发现墨 5 枚，其中 2 枚完好，也是圆柱形，用手捏制而成。1958 年在南京老虎山发现晋墨一枚，长 6 厘米、宽 2.5 厘米，据化验其成分与现代墨相近。这些实物的发现，有助于了解一般古墨的形状和质料。[31]

汉、晋二代皆以"丸"和"枚"作墨的单位。汉代文献载尚书令仆丞郎"月赐隃糜大墨一枚，小墨一枚"。晋代张敞谓："皇太子初拜，给香墨四丸。"[32]今日无人能了解"枚"和"丸"究竟是什么形式。"丸"可能就是指圆柱形墨的单位而言。1953 年在河北望都汉墓中发现了一幅壁画，画上有一"主记史"端拱而坐，面前有一圆砚，上立圆锥形物一枚，右旁有水盂一只（图版二七、丙）。这圆锥体可能即所谓墨"丸"的形状。1973 年在山西浑源毕村西汉墓中有砚与墨丸同时出土，墨为半圆柱体，与砚同放在一木匣中，它为望都壁画中圆锥体形物提供了实物证据。[33]

斯坦因于 1901 年第一次考察中，在和田的废墟中，曾发现一块圆柱形的中国墨，一端有洞可以系带。此墨长 2.3 厘米，直径约 1 厘米（图版二七、乙）。在另一次考察时，他又发现了一棱柱形的墨，大约是唐代的遗物。[34]综合已经发现的各代古墨，似乎汉代及以前墨块大多是圆形；以后，墨的形状增多，有圆、有方，或饰以书画、纹以金银、加以色彩，以求美观，为文人学者及宫廷所搜藏和鉴赏。[35]

五、漆书和石墨

许多中外学者都认为中国墨的历史是按照漆、石墨和烟墨的顺序演变的。他们认为这种先自然、后人工的进展是理所当然。沙畹认为中国文字的书写，是漆书在先，墨书较晚。劳佛推广其说，以为汉代的墨是以矿物制成，3 世纪后才用植物制墨。卡特亦认为上古用漆书，真墨是由韦诞发明的。[36]

这些著名汉学家的说法，毫无疑义地都受了中国文献记载的影响。宋人赵希鹄说："上古以竹梃点漆而书，中古有墨石，可磨汁以书，至魏晋间始有墨丸，以漆烟和松煤为之。"[37]这种立论的基础何在，不得而知，但后来许多学者都继承了这种"点漆而书"的说法。元人吾丘衍《学古编》说："上古无笔墨，以竹梃点漆书竹上。"元人陶宗仪和清人姜绍书也都说中国墨的发展过程，是依漆、石墨和烟墨次序而进化。[38]

我们不能确定漆究竟曾否被用来书写。从考古学上找不到漆书的明证。反之，历来所发现的各种古代文字，无论是甲骨文、简牍或帛书，都是墨书和丹书。古代文献中，虽有漆书的记载，但都是 5 世纪以后的作品。如范晔《后汉书·杜林传》载，杜林于西州得"漆书"古文《尚书》一卷。同书《儒林列传》谓："有私行金货，定兰台漆书经字，以合其私文。"《晋书·束晳传》则称 281 年不准盗发魏襄王墓时，发现的简策是"漆书，皆蝌蚪字"。但荀勖却说这些简策是"以墨书"。[39] 荀勖曾亲睹这批古代文献，而且他是皇家图书馆的编目人，所说当较《晋书》可信。此外，《说文》说："墨，书墨也。"但于"漆"字，则未述及有关书写之事。

关于漆书的一切说法及证据皆飘忽可疑，很多近代学者都认为漆也许根本没有被用于书写。如王国维说"漆书"只是表示其色黑如漆而已。马衡则认为东汉时人工所制之墨已十分普及，自然生产的漆不可能仍用于书写。[40] 另外一些学者则认为墨较漆更便于书写。漆在调和后滞涩难书，而书于竹、木之上，亦不易快干。在缣帛和纸张上面，毛笔是最适宜的书写工具，如以毛笔蘸漆而书，实际上是不可能的事。

漆之用于书写，只有两种可能：其一，漆是自然产品，很容易从漆树的汁液中取得，如同其他液体的墨一般，可能曾偶用于书写在硬体的表面上，但绝不比烟墨普遍而重要，也不可能是中国墨的原始形式。其二，"漆书"的含意可能是指以漆树汁液焚烧后所得之烟煤，正如 13 世纪以来许多学者所说的一般。赵希鹄和陶宗仪都曾说："至魏晋间始有墨丸，以漆烟和松煤为之。"有些古方记载，用干漆作为制墨的一种原料，可以增加其光泽。[41]总之，如果漆曾用以书写，也只是一种次要的用品；同时，也没有任何实物能证明漆书之用早于烟墨。

墨亦可以矿物制成。许多记载，特别是晋代的著作，都曾提到"石墨"的使用。一般说来，石墨就是历代在相当于现代的广东、湖北、河南、江西等地山中所发现的黑色矿物。晋人顾微的《广州记》载："怀北郡掘堑得石墨甚多，精好可写书。"南朝宋人盛弘之《荆州记》亦说："筑阳县有墨山，山石悉如墨。"[42]北魏人郦道元《水经注》也曾说，新安和邺（今河南省）均产石墨，可用于书写。[43]另外《格致镜原》亦记载，江西庐山有石墨矿。近代学者以为所谓"石墨"，便是煤、碳精或石油。[44]煤在砚石中不能研出墨来，上面所提及的石墨大抵是指现代用作铅笔的碳精。今日中国碳精的产地与古籍所载均极吻合。

六、 砚石的质料和形式

中国墨可能在很早的时期便是固体，需要加水在砚石上研磨，取得书写用的墨汁。砚石之用究竟从何时开始，已不可知，但殷代使用墨和红的色素，可能那时便有一种用以调和墨汁的器具。现知有关砚石的文献都较迟，没有比汉代更早的记载，[45]秦代的砚石是迄今发现最早的实物。有些学者臆测远古时代已有石砚，但证据皆不够充分。最早的文献资料是公元100年前后编撰的《说文》，许慎说："砚，石滑也。"公元200年前后刘熙的《释名》说："砚，研也，研墨使和濡也。"由此可以确定，汉代用石制的砚来磨墨，当无疑问。

现存最早的实物是 1975 年湖北云梦睡虎地秦墓出土的一块长方形鹅卵石砚，长约 7 厘米，宽 6 厘米，厚 2 厘米（图版二七、甲）。同时发现的还有墨研，皆为石制，上有墨渍。汉代砚石近年来屡有发现。1980 年陕西扶风县西汉武帝时期墓中发现有用砂石制作的圆形石砚，厚 4.7 厘米，直径为 23 厘米，砚面光滑如镜，且有墨迹。同时出土的有研石，馒头形状，为豆绿石原料，置于砚石之上，大概也是墓主生前所用的文房用具。又湖北江陵张家山汉墓也曾出土石砚两件，并附有研墨石，均为天然鹅卵石加工而成。江西南昌东汉墓中发现长方形青石质黛砚，长 10 厘米，宽 4.5 厘米，厚 0.4 厘米，砚上还留有墨渍。此外，1978 年山东临沂金雀山汉墓内有漆盒石砚一件，形制异常精美。[46]

砚石的选择是一种特别的艺术。制砚者和用砚者都很讲究砚石的质地、色泽、声音和纹理。好的砚石易于磨墨，粗糙的则易吸墨。砚石之形制，有长方形或圆形等，一端有水槽，正中为一椭圆的磨墨池，另有木制或漆饰的砚匣。其雕饰和设计，有时极为精巧。

除石之外，砖、瓦亦常用来制砚。曹操所建铜雀台废墟之砖，因为不吸墨，故特别珍贵。故宫博物院藏有一方以此种砖块所制的长方形墨砚。[47]前河北第一博物馆亦藏有一方以汉宫瓦所制的圆砚，上有铭文。[48]但此二砚都不是汉代所用的砚石。汉代的砚石，近年来在广东、安徽、河南、陕西、江苏、湖北、山东、山西等地间有出土，大多饰以禽兽花纹，亦偶有山水，特别是以蛇、蛙、龟等水族作为题材者较多。[49]

1934 年在朝鲜所发现的汉墓中获得一件完整的砚石，且有砚盒，大约是 2 世纪至 3 世纪之物。砚石是一长方形竹石版，并有一半圆柱形椎状的木质研具。此二物被放置于一黑漆木板上，砚盒中有一抽屉，分为六格，或大或小，用以贮盛墨汁。盒面有两对铜管，用来放置毛笔。除了这套砚石和砚盒外，在朝鲜乐浪和中国东北的一些古墓中，亦曾发现一些零星的砚石和研具。[50]

有些砚石是用特殊物质如玉石、水晶、陶瓷、银、铁、铜、贝壳，甚至竹、木等制成。《西京杂记》卷一称，皇室"以玉为砚，亦取其不冰"。水晶砚不用以磨墨，只用以贮盛墨汁。记载中谓在和田曾发现晋代铁砚。[51]

1955 年在广州出土汉代陶砚，圆形三足，有高盖。[52]这种三足砚可能是汉代最流行的样式，由望都汉墓壁画可以获得证明（图版二七、丙）。东汉繁钦《砚颂》谓："钧三趾于夏鼎，象辰宿之相扶。"宋苏易简认为古砚亦有用木制者，傅玄《砚赋》所称："木贵其能软，石美其润坚。"[53]但这里所指的木，可能是用来做砚盒或衬饰的材料，因为木易吸墨，不是制砚的适当材料。关于瓷砚、银砚、铜砚、贝砚等，亦有很多记载，[54]但它们应用的时期都在唐代以后了。

七、 书刀的形制和用途

书刀是整治、竹木以备书写以及从简牍上删改文字的一种重要工具。以笔墨书写之前，竹、木需先剖析为一定长宽的简牍，而书写之面也一定先要削平，如有笔误，便得刮去重写。旧简重用，表面原有的文字亦得先行刮去。这些都需要一种锐利的工具，有时可用普通的刀或削，但一般需用一种特别设计的"书刀"。[55]

许多文献中常以刀、削、剞劂等和书刀混为一谈。如《宣和博古录》卷二十七载有"汉刀笔"一件，谓"形制全若刀匕，而柄间可以置缨结，正携佩之器也"。其实此为普通的小刀而非书刀。阮元以为"剞劂曲刀者，即削也"。[56]剞劂本是用以镂刻金石的曲刃，其形制和功用均与刀削不同。亦有人将剞劂与"货刀"混为一谈，更是相去甚远。[57]实际上，这些刃具不但名称不同，形状和用途也各相异。

"刀笔"二字常与"吏"字相连。《史记·萧相国世家》谓："萧相国何，于秦时为刀笔吏。"《汉书·贾谊传》说："俗吏之所务，在于刀笔筐箧。"自唐以降，许多学者都误认"刀笔"是一件工具，用来在简牍上刻字。贾公彦说："古者，未有纸笔，则以削刻字。至汉虽有纸笔，仍有书刀，是古之遗法也。"[58]旧版《辞源》也说："古简牍用竹木，以刀代笔。"[59]现代的学者已考定刀是用以删改，笔是用以书写。[60]书写后如有错误，删改乃是不可避免之事，故刀与笔为两事，并为书写时不可缺少之工具。

削亦可用于削治简牍。《史记·孔子世家》："至于为《春秋》，笔则笔，削则削。"《左传》襄公二十七年："宋左师请赏……公与之邑六十……削而投之。"削亦被用来削橘、削瓜、削木为镰等。由此可见，刀和削都是普通的利刃，不仅用于简牍，亦可作为其他用途。

根据文献的记载，刀较宽、较长，刃直，柄成环形；削较短、较狭，曲刃，实柄。[61]《考工记》载："筑氏为削，长尺博寸，合六而成规。""五分其金而锡居二，谓之削。"由此可知，削长一尺，宽一寸，刃曲成 60 度，当较他物锐利。

最先将"书刀"和"削"混为一谈的是郑玄，他在"筑氏为削"下注道"今之书刀"，但并没有阐明它的功用。较郑玄稍晚的刘熙在《释名·释兵》里说："书刀，给书简札，有所刊削之刀也。"《东观汉记》说："马严为陈留太守，建初中……（上）以黄金十斤、佩刀、书刀、革带……赐严。"[62]三国时，如淳曾说："金马书刀，今赐计吏是也。作马形，于刀环内以金镂之。"[63]东汉的李尤亦曾记述"金马书刀"的形制，铭曰："巧冶炼刚，金马托形，黄文错镂，兼勒工名。"[64]

近年发现的书刀和一些收藏的著录，都与这里所说的形制符合。这些古物均系铁制，刀身一面有铭文，一面有图案，刃口和环柄皆镂金，图案大多为飞鸟和走兽。如 1957 年在四川成都天回山崖墓出土的一柄书刀，一面镂有飞凤图案（图版二八、乙），其他现存的书刀亦有作飞马图形的。

刀上铭文说明了制造的年代、地点、物名和工名。罗振玉旧藏的一件书刀，载文一行，直书 28 字（图版二八、甲），文曰：

永元十六年广汉郡工官卅涷□□□□□□□□史成长荆
守丞熹主

所缺 8 字，如参照其他收藏的二件，可读为"书刀工□造护工卒"。[65]成都出土的书刀亦载有"光和七年广汉工官□□□服者尊长保子孙宜侯王□宜□"等字样，[66]与东汉铜镜铭文吉语极为相似。铭文中大多有广汉之名，与《汉书·循吏传》颜师古注所称蜀地盛产书刀之事相合。[67] 东汉时，四川仍是书刀制造的中心，而尤以广汉郡为最著名。

注释

〔1〕江陵凤凰山出土西汉文具，见《考古学报》1993 年第 4 期，第 491—494 页。汉、晋赏赐文具，见《太平御览》卷六百〇五。

〔2〕王羲之：《笔势论》，见《古今图书集成·理学汇编·字学典》卷八十三。

〔3〕苏易简：《文房四谱》卷一。

〔4〕崔豹：《古今注》卷下。

〔5〕《博物志》所引此句文字，不见传本，但《艺文类聚》卷五十八、《白孔六帖》卷十四、《太平御览》卷六百〇五，皆曾引用。

〔6〕崔豹：《古今注》卷下。此据《四部丛刊》本；《太平御览》卷六百〇五引，"枯木"作"柘木"。

〔7〕Paul Pelliot, "Les bronzes de la collection Eumorfopoulos publiés par M. W. P. Yetts（Ⅰ et Ⅱ）," *TP*, vol. 27（1930）: 375－378.

〔8〕Yetts, *The George Eumorfopoulos Collection Catalogue of the Chinese and Corean Bronzes, Sculpture, Jades, Jewellery, and Miscellaneous Objects*, vol. 1, 15－17.

〔9〕董作宾：《甲骨文断代研究例》，第 417—418 页。

〔10〕罗振玉：《殷虚书契后编》（上海，1921）卷下，第 38 页。

〔11〕梁思永：《小屯、龙山与仰韶》，《庆祝蔡元培先生六十五岁论文集》下册（北平，1935），第 555—568 页。

〔12〕长沙出土的战国笔，见《文物参考资料》1954 年第 12 期，3—19 页。信阳长台关战国笔，见《文物参考资料》1957 年第 9 期，第 21—22 页。包山楚笔，见《文物》1988 年第 5 期，第 1—14 页。云梦秦笔，见《云梦睡虎地秦墓》，第 26 页，图 19。天水秦笔，见《文物》1989 年第 2 期，第 1—11 页。放马滩秦笔，见《文物》1989 年第 2 期，第 8—9 页。

〔13〕马衡：《记汉居延笔》，《国学季刊》第 3 卷第 1 期（1932），第 67—72 页。江陵凤凰山汉笔，见《文物》1976 年第 10 期，第 31—35 页。临沂金雀山汉笔，见《文物》1984 年第 11 期，第 41—58 页。甘肃武威磨咀子汉笔，见《文物》1972 年第 12 期，第 9—21 页。悬泉置汉笔，见《文物》2000 年第 5 期，第 15 页，图 14。关于汉笔实物尺度，见《文物》1972 年第 12 期，第 9—23 页。近年出土的笔、墨、纸、砚，见陈家仁：《近年来考古发现的古代书写工具》，《中国图书文史论集》（台北，1991），第 91—100 页；（北京，1992），第 119—132 页。

〔14〕《艺文类聚》卷五十八；《初学记》卷二十一引。

〔15〕小场恒吉、榧本龟次郎：《乐浪王光墓》（汉城，1935），第 49 页。

〔16〕Chavannes，"Les livres chinois avant l'invention du papier，" 70.

〔17〕《格致镜原》卷三十七，引赵希鹄《洞天清录》。

〔18〕Stein，*Ancient Khotan*，vol. 1，398，403，plate CV.

〔19〕《白孔六帖》卷十四。

〔20〕Chavannes，"Les livres chinois avant l'invention du papier，" 66；Berthold Laufer，*Paper and Printing in Ancient China*（Chicago，1931），11.

〔21〕陆友：《墨史》卷一，《格致镜原》卷三十七。

〔22〕《太平御览》卷六百〇五。

〔23〕《西安半坡：原始氏族公社聚落遗址》（北京，1963），第 156 页。

〔24〕石璋如：《第七次殷墟发掘 E 区工作报告》，《安阳发掘报告》第 4 期，第 724 页。

〔25〕Roswell S. Britton，"Oracle-Bone Color Pigments." *HJAS*，vol. 2（1937）：1－3.

〔26〕Wang Chi-chen 王际真，"Notes on Chinese Ink，" *Metropolitan Museum Studies*，vol. 3，part 1（1930）：115.

〔27〕沈括：《梦溪笔谈》卷二十四。

〔28〕姜绍书：《韵石斋笔谈》卷二。

〔29〕石声汉：《齐民要术今释》，第 722 页。

〔30〕《格致镜原》卷三十七。

〔31〕湖北云梦秦墨，见《文物》1976 年第 9 期，第 51—61 页，图版 7：5。

河南陕县东汉墨，见《考古学报》1965 年第 1 期，160 页，图版 26：
12、13。南京老虎山晋墨，见《考古》1959 年第 6 期，第 291、295 页。

〔32〕《太平御览》卷六百〇五。

〔33〕《望都汉墓壁画》（北京，1955），第 13—14 页，图版 15、16。山西浑
源毕村之墨丸及砚，见《文物》1980 年第 6 期，第 42—46 页，图 7。

〔34〕Stein, *Ancient Khotan*, vol. 1, 438, 442, Plate CV; Stein, *Serindia*, vol.
1, 316.

〔35〕参见钱存训：《中国墨的制作和鉴赏》，高禩熹译，《故宫学术季刊》第
5 卷第 4 期（1988），第 67—84 页；Kecskes, Lily 陈家仁, "Chinese Ink
and Inkmaking," *Printing History*, vol. 8 (1986)：1‒12。

〔36〕Chavannes, "Les livres chinois avant l'invention du papier," 66; Laufer,
Paper and Printing in Ancient China, 11, 13; Carter, *The Invention of
Printing in China and Its Spread Westward* (1925), 24; 2nd ed. rev.
(1955), 32, 35, note 1.

〔37〕《格致镜原》卷三十七引。

〔38〕陶宗仪：《辍耕录》卷二十九；姜绍书：《韵石斋笔谈》卷二。

〔39〕《穆天子传》，荀勖序。

〔40〕王国维：《简牍检署考》，《海宁王静安先生遗书》卷二十六；马衡：
《中国书籍制度变迁史研究》，《图书馆学季刊》第 1 卷第 2 期（1926），
第 205—206 页。

〔41〕《格致镜原》卷三十七。

〔42〕《太平御览》卷六百〇五引。

〔43〕《水经注》卷十《浊漳水》，卷十五《洛水》。

〔44〕Laufer, *Paper and Printing in Ancient China*, 13; Wang Chi-chen 王际真，
"Notes on Chinese Ink," 124.

〔45〕参见《太平御览》卷六百〇五所引各家的说法，及《格致镜原》卷三
十八。

〔46〕湖北睡虎地秦砚，见《云梦睡虎地秦墓》，第 26 页，图 10：3。陕西扶
风西汉砚，见《中原文物》1985 年第 1 期，第 10—13 页。湖北江陵张
家山石砚，见《文物》1985 年第 1 期，第 1—8 页。江西南昌黛砚，见

《文物资料丛刊》第 1 期（上海，1977），第 116 页。山东临沂金雀山石砚，见《文物》1984 年第 11 期，第 59—61 页。

〔47〕《故宫周刊》第 339 期（1934），第 4 页。

〔48〕《河北第一博物馆半月刊》第 35 期（1933），第 1 页。

〔49〕福开森：《历代著录吉金目》（长沙，1939），第 1111 页，共列 7 件见于著录的汉砚。近年出土的汉砚图片，见《文物》1964 年第 1 期，第 49—52、66—70 页。陕西、湖北、江苏、山东等地出土石砚，见前注释〔46〕。

〔50〕小泉显夫、滨田耕作：《乐浪彩箧冢》，第 45—46 页。

〔51〕《太平御览》卷六百〇五。

〔52〕王冶秋：《刊登砚史资料说明》，《文物》1964 年第 1 期，第 50 页。

〔53〕苏易简：《文房四谱》卷三。

〔54〕《格致镜原》卷三十八；R. H. van Gulik, *Chinese Pictorial Art as Viewed by the Connoiseur*（Rome, 1958），54。

〔55〕详见钱存训：《汉代书刀考》，《"中央研究院"历史语言研究所集刊外编（第 4 种）》下册（台北，1960），第 997—1008 页。

〔56〕阮元：《积古斋钟鼎彝器款识》卷八。

〔57〕马昂：《货布文字考》卷四。

〔58〕《周礼注疏》卷四十。

〔59〕《辞源》（上海，1939），第 188 页。

〔60〕详见钱存训：《汉代书刀考》，第 1004 页。

〔61〕孙诒让：《周礼正义》卷七十八。

〔62〕《太平御览》卷三百四十五引。

〔63〕《汉书》卷八十九，颜师古注引。

〔64〕《太平御览》卷三百四十六引。据《后汉书》卷八十上，李尤乃广汉人，广汉为著名之书刀出产地。

〔65〕罗振玉：《贞松堂集古遗文》卷十五；黄濬：《衡斋金石识小录》第 2 册（北平，1935），第 6—7 页。

〔66〕《考古学报》1958 年第 1 期，第 101 页，图 12：4。

〔67〕《汉书》卷八十九《文翁传》。

第九章

结　论

　　中国古代文明的辉煌成就，最初是依赖竹帛得以传承至今。在这最早的时期中，不仅今日通用的文字和书籍的一些形制渊源于此，而且影响后世的哲学思想、生活习惯和伟大著述，也都是在这一时期中孕育而成。特别是承传这些古代遗产的中国文字，其延续、多产和广被性在世界历史的长河中，独树一帜，没有其他文字记录可以相比。本书各章曾分别叙述中国文字的结构、书体和字汇，载体的材料、工具和制作以及文字记录的性质、作用和制度。现再就这些资料重加分析，用简单而通俗的语言加以综述，以体现中国古代文献的多彩多姿和独具的特色，以及在世界文明中的作用和应有的地位。

一、　书写材料的类别

　　中国古代用以书写和记录的材料种类很多，包括动物、矿物和植物。有的是自然产品，有的是人工制品；有些是坚硬耐久的，有些是柔软易损的。刻在甲骨、金属、玉石等坚硬物质上面的文字，通常称为"铭文"；而文字记载于竹、木、帛、纸等易损的材料，便通常称为"书籍"。竹、木虽然质地坚硬，但不及金石能永久保存。

古时用作思想交流的载体，显然有两大类：易损的材料价格比较便宜，大量用作公文、史册、文章、信件及其他各种日常用途；坚硬耐久的材料，则用作有纪念性或可流传后世的铭文。我们也可以说，前者用于空间上的横向交流，是人与人之间往来的媒介；后者是时间上的直向交流，是人与鬼神及后代子孙间联系的工具。古人似乎对坚硬耐久的材料有所偏好，不仅用于祀神祭祖，更以之将信息流传后世。

但我们不能武断地以质料坚硬和柔软、或耐久和易损来区分书籍和铭文。因为有纪念性的文字亦常记载于柔软易损的材料，而文章和书籍亦常镌刻于坚硬耐久的物质上，垂之久远。总之，书写材料的采用，主要是由使用的目的以及材料的供应而决定。当然，当时的社会和经济条件也是选择的一个重要因素。

二、 古代文献的传承

现存的古代文字记录可分为两大类，即地下的和纸上的材料。考古学的资料，通常是从地下古墟里发掘出来，或从密藏地点偶然被发现。那些地方很可能便是它们原来制作或保存的处所。因为气候干燥或地下情况适宜于保存，所以从古到今，在国内外许多地区，曾经发现了很多不仅是质料坚固的实物，也有质料易损的古代文籍。

纸上的材料保存了不少古代文化的记录。这些资料，通常借助抄录和机械复制得以流传。有些原本已经毁灭，但是仍可凭借后人的记忆加以重述。至于流传的方法，包括铭刻、抄写、传拓或用各种印刷的方法加以复制；一些断章残句，也可能保存于或辑录早期资料的引证之中。现存先秦及汉代的作品，大概仅有150种，约为《汉书·艺文志》著录总数的四分之一，这些著述都是靠上述的各种方法流传至今。其他古籍的原文虽然已经散佚，但在历代的著录中仍可约略考查其内容。

今日存世的古代文字，曾经遭受多次毁灭、重现、修订和复制。在这漫长的过程中，有故意的窜改，也有无心的错失，因此有些现存的文籍和原本的出入颇大，有些则增改很多。所以，地下发掘出来的实物，即考古学资料，常保存最初或较早的原文；而文籍资料，虽通常保存较长或较完整的记述，但其史料价值则有时不及前者可信。

三、 各种铭文的年代

中国现存最早的文字，是殷代契刻在甲骨上的卜辞。在这时期及较早的年代中，亦有刻于青铜器、玉、石及陶泥上的铭文，但篇幅通常较短，且文字亦很有限。甲骨文流行了约两个半世纪，殷亡后，周代承袭这一传统，但稍后将卜辞书于竹帛而不再使用甲骨。

此后，金文通行，作为政治、社会和礼仪上的永久记录。经过两周和秦汉，金文继续通行了约 1 000 年。直到 3 世纪左右，石刻代之而兴，用途更广，不仅用以刊刻纪念性的铭文，更用以记载儒、佛、道各家的经典。从古到今，石刻是唯一被人继续用作铭文的材料。陶器、砖瓦及封泥等泥土上的文字，包括人名、地名、官名和吉语等，则盛行于公元前 5 世纪至公元 4 世纪初叶，即自战国时代直至晋初。各种铭文和简牍、帛书、纸卷等文献同时并存，但各有其不同的性质和功能。

四、 中国书籍的起源和发展

雕铸或印盖在坚固材料上的各种文字记录，都不能称为"书籍"。中国书籍的形式，始自竹简的应用，继以帛书、木牍和纸卷。简牍的长度，一般依文书的内容和功用为准，阔度则通常狭窄，只能直书一行，书写后用书绳编连，可以卷起，也可折叠，正如今日书籍的册页。战国前的这类书籍，现时尚未发现，但根据记载，简策流行的时间，可上溯殷商，与甲骨文和金文同时使用，直至晋代才为纸所取代。

缣帛早于新石器时代即已发明，但迄今尚无资料证明帛书在公元前 7 世纪至前 6 世纪即春秋时代以前已经使用。作为人与人之间相互交流的大众媒介，竹、木太笨重而缣帛则太昂贵，因之，柔软而价廉的纸在公元前后便乃用以书写。自此以后，直至今日，纸一直是最价廉、最便利，也是最流行的书写材料，不仅通行于中国，也广被于世界。纸书原为卷轴形式，后来变为折叠式，最后才逐渐演化成为目前仍在通用的包背和线装的形式。

旧的书写材料并没有立即被新材料所淘汰，而是逐渐被取代。在纸发明以后，竹、木仍继续通行了三个世纪，而缣帛则继续被采用了 500 余年。人类的保守性，总是偏向于传统的习惯，不仅因为他们熟习这些传统的方法，且因这些方法也常有许多优点胜于新的发明。

五、 书写和复制的技术

中国古代的文字记录，是用多种不同的载体、方法和工具所制成。如甲骨与玉石等坚硬耐久的材料，是用金属的尖笔或锐刀加以契刻；而竹、木、帛、纸等易损或柔软的材料，则是用笔墨书写。毛笔有时亦用来在坚硬的材料上写字，但仅偶然用之。书刀是用以削治和删改竹木简牍上文字的一种刃具，而不是用来在其上刻字的。在纸用作书写以前，笔、墨、砚、刀乃是古代的"文房四宝"。

在印刷术发明之前，用毛笔书写并不是唯一将思想付之文字的方法，机械的器具有时亦用来代替书写。金文一般是用模型铸造；陶文则是用模子塑制，或用印章压盖，或用尖梃刻画；玺印是以金属铸成，或镌于玉石，早期以之印在柔软的黏土上，后来方钤印于缣帛与纸上而得复文。

在雕版印刷术发明之前，最值得注意的是文字的复制技术，如用纸、墨在石刻和铭文上拓印，虽其结果不同于印刷由反体而取得正文的方法，但二者的功用大致相似。这种拓印技术和浮雕印章的使用，是古代文字复制的先驱，因此在技术上奠定了印刷术发明的基础。

六、　中国文字的演化

现存古代的各种文字记录，说明了中国文字进化的过程。虽然几千年来，中国文字构造的原则并没有变更，但其笔画的繁简、构造的形状及部位的更动，却使得字体不时在变化。

中国的字体，有以使用的材料而得名，如甲骨文、金文、陶文、印文等；有以形态而得名，如鸟书、蝌蚪文；有以功用而得名，如篆书、隶书、行书、楷书和草书等。大抵在 4 世纪晋代以前，各种字体的形式已渐固定，而楷书则于此时开始被采用，成为最通行的一种标准字体，直到今日。

楷书维持其形体不变而成为中国文字的标准字体，相信其原因很多：一是由于其笔画较其他书体为简单而易识；二是石刻经典以楷书为标准为一般人所尊重；三是自晋、唐以来书法家所写的法书成为初学的学生所临摹的标准；四是自印刷术发明以来，楷书易于刻画，成为书本上的标准字体。因此，这种字体能维持 1 500 多年，以迄于今。

一般说来，字体的变化，在构造上是由繁而简，形式上是由随意至固定，书写上是由缓慢至快速。这种演进，是由于人类之间的交流日渐频繁，因此表达思想的文字及工具乃趋向于简单而便捷。

七、字汇的增加

从字汇的增加和造字的方法，我们亦可看出中国文字的演变。甲骨文有 5 000 字左右，金文有 3 500 余字。可是这些数字，并不代表商、周二代全部的字汇，因为这些字数，仅基于我们目前已经发现的一些资料，而这些资料只是当时文字记录的一部分。

我们较能确定的是：当公元 100 年左右的汉代，中国第一部语源字典《说文解字》编就时，中国文字有 9 000 余字；到 5 世纪末的东晋，便增加了一倍；宋初增加至 3 倍，目前则已 5 倍有余。当然，常用字汇约 5 000 字，远较全部字汇为少。

我们知道，文字数量的增加主要是基于形声和假借的原则。甲骨文大多是象形和会意字，只有极少数的形声字。但在后代的字汇中，90% 以上为形声，会意和象形字仅占极少数的比例。

八、中国文字书写的顺序

中国文字的书写和排列，不论记载在某一种材料上，也不论是何种形式的记录，其顺序都是从上到下、从右到左，直顺着书写和阅读，古今皆然，直到最近才开始改变。虽然有些古铭文并不如此，相信那只是极少数的例外。这种直行书写的原因虽不可确考，但可推测这一特点应和中国文字的构造、书写材料、应用工具以及生理和心理等因素有关。中国古代的象形文字，如人体、动物、器皿，大多纵向直立而非横卧；毛笔书写的笔顺，大多是从上到下；竹木材料的纹理以及狭窄的简策，只能容单行书写等等，都是促成这种书写顺序的主因。至于从右到左的排列，大概是因为用左手执简、右手书写的习惯，便于将写好的简策顺序置于右侧，由远而近，因此形成从右到左的习惯。

我们没有理由说文字的直行排列是落伍，或会减低阅读的效能，而事实却正好相反。根据芝加哥大学教育学系教授威廉·格雷（William S. Gray）为联合国教科文组织所作的研究报告说，他曾对世界通行的各种文字阅读速度加以比较，结果证明"直行阅读实较横行阅读为快"。[1] 因为中国文字的单字所占面积较小，视力涵盖的范围较为广阔。心理学家也说，中国字的特殊排列和眼皮上下开合的情况也许有关。这些理由很可能是中国人偏爱直行书写和阅读的原因。当然，排列的顺序和阅读效力，一部分是基于习惯，而文字构造、书写材料和工具也是形成这种传统的主要原因。

九、　中国文字记录发展的因素

社会、政治、经济、文化等各种不同的因素，对中国早期文字记录的发展都有相当的影响。古代的宗教信仰，促成以文字和鬼神交流，占卜、祈祷和祭祀都用文字记载下来。这些记录反映了当时的大部分日常生活。封建诸侯和政府各机构之间频繁的往来，增加了公务、政治和外交等文件及档案的产量。由于古代的知识分子大多是贵族阶级，他们有的是财富和闲暇，所以能够有机会去从事读书和写作。

战国以来，由于社会和文化的变迁以及教育的普及，私家著述及书籍收藏迅速发展。公元前 2 世纪，儒家思想大行，导致古籍在重重天灾人祸之后得以复兴。为了书籍的保存，中央管制的皇家图书馆因而建立，图书馆学亦因书籍数量的激增而萌芽。自此之后，劫余的古籍，大多经过历代学者的搜辑和校订而继续流行。2 世纪所设计的四部分类法，不仅今日仍在使用，而其原则可能曾对西方的分类原理产生一定的影响。

3 世纪至 4 世纪间佛教流行，大量宗教文学从外方输入。在历史上，外国书籍之大量翻译，当以此为始。以后数百年中，这种外来的思想，不仅影响到中国学术思想的发展，更在中国人的日常生活中深深地种下了根苗。在佛教作品激增的同时，道教作品也极流行。虽然在数量方面不能与儒家及佛教的经典抗衡，但道教的著作却蕴含着早期科学思想的启蒙。

对宗教文学的大量需求，刺激了印刷术的发展。但印刷术并没有改变书籍的形式、内容、材料，以至创作的质量。印刷术虽使书籍的产量增加，传布广远，但并不一定就增进书籍内容的高度和深度。甚至今日的计算机时代，我们还没有产生一部著作，其体例、规模和创见能超越二千年前"书于竹帛"上的某些经典。例如像《史记》这样一部以大约 5 万枚竹简写成的著述，不仅其"雄深雅健"的作风为后世所赞赏，而其体例更成为历代正史写作的楷模。人类思维的能力和文字载体的方式，其间究竟具有怎样的关系，这是值得我们继续深思的一个重要课题。

注释

〔1〕威廉·格雷在比较研究世界各种文字的阅读效率时，曾和作者讨论有
　　关中国文字排列顺序和阅读的问题，引起作者对这一问题的兴趣和思
　　考。研究报告，见 William S. Gray, *The Teaching of Reading and Writing:
　　An International Survey* (Paris, 1965), 50。

中文本第一版后序

劳　榦

　　《中国古代书史》是钱存训教授英文名著《书于竹帛》的中文增订本。这部书接触到许多书写、铭刻、纸张、工具以及一切有关中国书籍的各种问题，给予世界各地的学者对中国这个独特性的文化及其贡献一些更深的了解，使得拘泥于西方书籍的发展而不知天外有天的人们得以广开闻见。自从这部书出版以来，许多大学的中国文学系及历史系曾指定作为参考书，同时一些重要刊物也撰作书评，加以推介，对于促进中国文化在世界上应有的地位是具有非常深切的意义的。只是原本用英文写定，对于国内的学人仍然不如阅读中文更为方便，所以此次中文本的刊行，实在是一件值得庆幸的事。

　　中国古代的书写方法和书写工具，因为记载不够详明，一直有许多误会。此书经存训先生广为搜集证据，澄清了不少问题。首先提示出甲骨中的许多因素，然后再申述铭刻的重要性，给予读者一些新鲜的意念。例如书中指出，甲骨文的字汇已经有 5 000

字之多，其中仅1 500字可以认识，比较金文使用的字汇并不算缺失太多。周代制作金文时期，是可以写长篇作品的，那么以商代当时情形来论，应当也可以产生长篇作品，这个意见至为正确。甲骨文用途特殊，所以词汇较少，何况就现有的甲骨文来看，发展的程度已经相当的纯熟。如其就现有可以认识的字，再加上形声和假借来拼凑，把《尚书》中的《盘庚》中篇用甲骨文来写，是不会成为太大的问题的（《盘庚》三篇之中，上、下两篇作者性格较为仁恕，中篇作者性格较为暴戾，不似出于一人之口，非常有可能中篇为原有记载，上、下两篇为周代史官补写的）。如其《盘庚》中这一篇文字曾经用甲骨文字体书写过，再证以甲骨文中的"册"字，可以证明古代文书必用许多根竹简来写，再行用绳索编连。也是意识到现存的龟甲及兽骨是本来用为占卜，其用于记事，就一般性来说只是占卜的附属用途，而正式记事应仍靠用竹简。

"简"字是从竹的，金石文字中只能推溯到石鼓文，但文献中《诗经》已有"简"字。存训先生用削竹的方便来推定简的制作，是一个创获。简的质料可以用竹制，也可以用木制。只是竹做成简却不能做成牍，木做成牍比做成简还要方便些。古代的册籍是用简而不是用牍，所以简的原始制作应当是竹制而非木制的。本来《诗经·卫风》所说的淇澳的绿竹，正在旧日殷商的境内。到了东汉初年，光武帝曾发过"淇园之竹"，唐时刘知幾曾经怀疑过北方是否产竹一事，不过他或者是未十分注意地理环境与特殊物产的事实。就一般情况来说，黄河流域各处是不产竹的，可是几个特殊地区是以产竹著称，例如陕西的华县、河南的

223

淇县和辉县都是产竹区。徐世昌因为住在河南辉县的百泉，当地多竹，所以他自号水竹邨人。这种特殊产竹地区的情形，直到现在仍和《诗经》时代一样，也就意识到殷商时代竹子的来源，不是在遥远的南方，而是在殷商的畿内。

竹简以及类似竹简的竹签，在中国的使用是非常普遍的，其采用可以推到极远古的时代。除了做记录用的竹简以外，其他如吃饭所用的箸、演算所用的筹、卜筮所用的策（甚至于马鞭也叫做"策"，所以古代马鞭也可能用竹鞭），都是同一类的竹简或竹签。直到后代纸已经用得非常普遍，可是神祠的香案上、官吏的公案上，还保持着签筒以及从简策演变而来的竹签。直到民国初年，官吏还沿袭旧制，在新式法院成立后，才废掉签筒（但在京剧的道具中仍可看到）。至于神祠中的签筒，那就在今日的台湾或香港地区还一直保持着。此外，清代抽签的方法（这和《后汉书·刘盆子传》的"探符"一样），不仅在部员外放要用掣签，甚至于决定达赖喇嘛的候选人，也间或用金瓶掣签的方法。可见签筹一类的传统，对中国文化及习惯的重要性。

对于中国书法的行款问题，在本书第九章中，存训先生曾经提到中国文字的排列自上而下、自右而左的原因和右手有关，是十分确切的。如其再找一下与书写竹简的关系，就更为明白。因为书写时是左手拿简，右手写字，一般是一根简一行字，并且为着左手拿简方便起见，空白的简是放在左边的。等到把一根简写完，写过的简为着和空白的简不相混，也就左手一根一根地向右边推去，并且排好。在这种情形下排出的行款，总是写好的第一根简在最右，依次从右排到左，更由于左手拿着的简是直立的，而一般人手执细长之物是与手指垂直的，于是中国字的行款就成为自上而下、自右而左了。

至于中国字体的写法，横行时每字的笔顺总是从左上角开始向右去写，所以横行的字自左而右，应当是中国字最合理的排列（这和阿拉伯文自右而左的笔顺正好相反）。其所以历来横行字的排列自右而左，还是受到古代竹简排行的影响，事实上写来是很别扭的。现在日本、韩国的市招都改为横行自左而右了。虽然台湾和香港地区目前的市招大多仍是自右而左，但人类社会总要向方便的路走去，看来也不可能沿袭太久，改成为自左而右是可以预见的事。

桑树本来是野生的乔木，滋生在黄河三角洲，商汤祷雨桑林，《鄘风》称"期我乎桑中"，《庄子·养生主》称"合乎桑林之舞"，在甲骨文中也屡见桑林巫舞的记录，显示着古代桑林弥漫着一些区域。蚕丝的采取应当和大量桑林的存在有关。到了现在，中国北部除去还采取野蚕的丝以外，仍然还可以养育家蚕。民国初年山西省就办过蚕桑传习所，蚕丝的产品在山西的国货陈列所展览过，只是就客观条件说，华北养蚕的气候早已不如四川（三国时蜀汉就靠锦的出口），以后再也赶不上长江下游，并且也赶不上珠江下游。更加上宋代以后，草棉逐渐移植中原，对于代替蚕丝的效用来说，比麻好得太多（江南有黄道婆传说，陕甘也是产棉区，却无此传说，显示陕甘的棉不是从广东海道传来，因为在新疆高昌早就种草棉了），所以华北很少有家蚕蚕丝的生产了，但就历史来说，仍不能忽略养蚕这一个事实。

从长沙马王堆发现的彩绘来看，这种彩绘的方法，应当可以

225

追溯到春秋或战国时代的。《尚书·皋陶谟》（《皋陶谟》可以暂定为战国时代作品，但所记之事应当更早）说到"日、月、星辰、山、龙、华虫，作绘；宗彝、藻、火、粉米、黼、黻，绣绣，以五采彰施于五色作服"。这里指明了日、月、星辰、山、龙、华虫在王的衮服上用绘，而其他比较简单的图案用绣。正如马王堆彩绘的襌衣可以参证。如其丝织品上可以彩绘，那就也当然可以用笔来写字了（"绘"字今本作"会"，但马郑本的真古文作"绘"）。若再证以《论语》中的"子夏问曰：'巧笑倩兮，美目盼兮，素以为绚兮，何谓也?'子曰：'绘事后素。'"这个"素"字，一般注家都引《考工记》"凡画缋之事，后素功"以为证，《周礼》郑玄注说"素，白采也"，并不清楚。《论语》朱注说"谓先以粉地为质，而后施五采"，说"素功"为施粉，也有失旧义。其实，"素"就是《说文解字》所说的"白致缯……取其泽也"，"素功"是把缯面打磨光泽，然后才能在面绘画，也就是说绘画时先要做好光面的缯帛。在孔子时，缯帛既然可以绘画，自然也可以作为写字的用途了。

帛书的观念为用纸的第一步，存训先生已经指明，现在再谈造纸的开始。纸的发明虽然公认为蔡伦的功绩，但蔡伦仍然可能是一位改良的人，而不一定就是创始人。其中最重要的证据是1957年在西安灞桥西汉墓中发现的许多古纸残片。这些纸片经化验以后，证明为植物性纤维，并黏有麻的残存。当然这些纸片是否和后来的纸一样作为书写之用是另一个问题，容以下讨论。不过灞桥纸确实是纸，而且是公元以前的纸，应当是不成问题的。

倘若比较灞桥纸和我所发现的居延纸，那就可以看出有趣的事实。灞桥纸是没有文字的，居延纸有文字，而绝对的年代却不清楚。当我作那篇《论中国造纸术之原始》的时候，把时代暂时定到永元十年（98）的前后，这只能是那张纸的最晚的下限，再晚的可能性不太大，而较早的可能性还存在着。因为居延一带发现过的木简，《永元兵物册》是时代最晚的一套编册，其余各简大多数都在西汉时代，尤其是昭帝和宣帝的时期。如其讨论居延纸的时代，下限可以到永元，上限还是可溯至昭、宣。只是为了谨慎起见，当写那篇稿子的时候，觉着宁可估计的晚些，不要估计的早些〔在我作《论汉代的陆运与水运》的时候，我认为汉代的商船不越过马六甲海峡（Strait Malacca），是从来讲古代南海交通所有各种论断之中最保守的论断，也是为着谨慎的缘故〕，所以只说了下限而不说上限。现在西安灞桥既然发现了类似的纸，那么这片居延纸的年代就不需规定得那么极端的严格了。虽然绝对的年代还不清楚，但从与灞桥纸的相关性看来，灞桥纸应当在某种情形之下是可以写字的。

当时我要把居延纸的时代压后的原因，是因为我以为蔡伦造纸不仅是一个技术问题，还要加上质料的问题。蔡伦以前都是以废絮为纸，到了蔡伦才开始和《后汉书·蔡伦传》所说，"造意用树肤、麻头及敝布、鱼网以为纸"，这是不很正确的。因为在灞桥纸造成的西汉时代，已经用麻头一类的植物纤维了。因而蔡伦造成的纸，不应当属于质料方面，而是仅仅属于技术方面。

如其蔡伦的纸属于技术方面，其所造成的纸一定比灞桥纸好，也一定比居延纸好，至于好到什么程度，那是不妨加以推定的。因为不论灞桥纸或居延纸都是民间所有，这些纸都是只能将就算作纸，其实都是厚薄不匀称、边缘不规则的。照《蔡伦传》说"元兴元年奏上之"，那奏上给皇帝的纸，自然必须匀称和规则，这是起码的需要，也许就是当时可能的进展。如其真是这样，这就在造纸的路程上，奠定了一个重要的基石，而开始使纸以书写为主要的用途。

既然蔡伦以前的纸，是不匀称、不整齐，那么虽然可以用作书写，其原有用途应当不全是为着书写的，书写只是附带的用途，其主要的用途是什么是需要再讨论的。所以就得追溯到植物性纸的前身，动物性纤维的纸，以及所谓"漂絮"那一件事。

关于"漂絮"形成造纸的事，我在《论中国造纸术之原始》中，根据《说文》及段注的意见早先申述过，陈槃先生再根据我的看法重申一次。"漂絮"对于纸的关系是有因果性的，但依照这些年中新材料的发现，又得重新加以讨论。

首先要问"漂絮"是漂洗什么絮，是新絮还是旧絮？其次要问漂絮是做什么用？为富人用，还是为穷人用？然后才好作进一步的申论。"漂絮"所漂的絮，依照文献上材料来看，应当是旧絮而不是新絮。新絮是清洁白皙的，用不着再漂，只要直接装入袍内，便成丝棉袍了。所以要漂的，就是因为穿着了许多年的旧袍，里面的丝棉从一张一张的变成了破碎的块，再加上杂质和灰尘，使丝棉变了颜色，尤其是可能还加上气味，就不能不再加以漂洗。漂洗以后，再撕成一张一张的形状。虽然新絮的疏松洁白是不可能再恢复的，不过漂洗以后比较黏紧一点的成张旧絮，仍然是可以装成为次等的丝棉袍的。这种成张的旧絮，不如新絮（今称"张棉"）的温暖，但装多一点，仍然可以有其效用。从另一方面看，这种撕成无定形小张的旧絮，表面上却比新絮要光滑。在非正式场合之中，也许更好作为书写之用。

这种漂过的絮既然是用过的旧絮，而且还是用差不多不堪再用的旧絮，经过漂洗、改造以后，当然是给穷人用而不是为富人用的。《论语》孔子说"衣敝缊袍，与衣狐貉者立而不耻者，其由也与?""缊袍"指旧絮的袍，旧絮不如新絮暖，所以装得臃肿，一看就知道。如其缊袍再加破敝，当然更不成样子了，和装狐貉之裘的人来比，是十分不成比例的。从这一点来看，漂絮的人当然也就是穷人了。《庄子·逍遥游》说："或以封，或不免于洴澼絖（即漂絮）。"也正是一个贫富的对比。旧絮既然为穷人装袍之用，为了价廉易得，应当有时也用旧丝的代替品上场，这种代替品也就是从旧丝的动物纤维内挽用了旧麻、破布一类的植物纤维，或甚至全部用了植物纤维，拿来打碎撕破，再用树皮一类的黏性材料，黏结成一块一块无定形的薄片。拿这种代替品装入袍中，虽然更不如旧丝絮的好，却也一般可以作为保暖之用。

灞桥汉墓中发现的纸张，其中都是不定型的碎片，却不曾在上面书写过一字，我不相信这是作为写字用的纸张。最大的可能，还是次等"缊袍"之内所装的"著"（也可能是《汉书·公孙弘传》所说"布被"一类的覆盖物，其中也有"著"的）。因为年深日久，袍的里和面都腐败化去了（也许里和面是丝制的，那就更容易腐朽；如其是薄麻制的，也比这种较为坚致的"纸"易腐些），只剩了内部的"著"，这就是所谓灞桥纸。但是这种纸却和居延有字的纸属于同类的形式和质料，如其把这两处不同的发现连结起来，正可看出西汉一代（或者西汉到东汉）从"假纸"到"真纸"的演变，也更可以看出中国纸的演变和埃及的纸草走的是完全不同的道路。更进一步来说，如其我们把（1）古代桑林，（2）育蚕，（3）用丝棉作著，（4）漂洗旧丝棉作著，（5）用碎麻破布作旧丝棉的代用品，（6）初期纸的作成及书写，（7）造纸方法的改进可以供皇帝的御用，就知道"纸"这一种文化上的重要工具，发明的经过真是一件不寻常的事，在人类文化史上是值得去推重、去表扬的。

存训先生这部大著，体大思精，牵涉中国全部书写及铭刻的起源和演变，十分重要。承他不弃，要我来作序。我本想就我所知道的一一来介绍，并且补充一下。不过为着体裁，应当有相当的断制。所以我只就其中几个比较重要的问题，依照我的看法，再来引申一下，因为这是平常讨论所讨论不到的。当然对于一个问题，讨论越多，也可能错误越多，这就希望存训先生和读者加以指正了。

1975 年于美国洛杉矶加州大学

英文增订再版本后序：
1960 年以来中国古文字学的发展*

夏含夷

　　钱存训教授的这部《书于竹帛》今日已成为经典型的著作。当他从事此书写作时，虽然他自己无法知晓，那个时机的重要恰与此书的内容相同。他开始写作是 20 世纪 50 年代末期；前此十年，中日间的长期战争以及接踵而来的中国内战方告结束，继起的那一段相当和平的日子，考古学者在战争前所作许多重要发掘的成果，才能够得以出版。[1] 以此，钱氏才能将这些资料综合归纳成为他的一家之言，用以述说中国古文字的发展和古代书籍的制作。他的这部书原刊于 1962 年，但却成为此后十年间在此领域内最后和最重要的出版品之一。[2] 首先，在这一段时间内中国

---

*　本文为 Tsuen-hsuin Tsien, *Written on Bamboo and Silk: The Beginnings of Chinese Books and Inscriptions. 2nd edition*（Chicago：University of Chicago Press, 2004）后序。中译文，由美国威斯康星大学东亚图书馆王正义教授翻译，原刊《文献》2005 年第 4 期、2006 年第 1 期，以及吴格编：《坐拥书城　勤耕不辍：钱存训先生的志业与著述》（北京，2013）。

的纸张极其缺乏，学术性的出版物都陷于停顿；紧接着就是"文化大革命"，所有学术工作都几乎停顿了六年之久。所以，钱氏的这部《书于竹帛》堪称中国古文字学初期研究的总结。

"文化大革命"期间，产生了考古学上两个极重要的发掘：一是在陕西西安城外秦始皇帝陵旁的兵马俑，二是在湖南长沙马王堆的三个墓。这三个墓引起了全世界的注意。1972 年，当第一个墓即轪夫人（长沙王丞相利苍之妻）的墓被发掘时，她的尸体保存得几乎完整无缺。次年，当第三个墓即轪夫人与利苍之子的墓被发掘时，它益发引起更广泛和更持久的兴趣，因为它保存着一批书于竹帛的文献，其中包括最早的写本《易经》及《老子》、一部与《战国策》部分内容相似而被发掘者定名的《战国纵横家书》、许多医药文件、各种占卜星相著述、地图，以及殉葬物品的遣策。[3]在过去 25 年内，这些写本已成为众多学术研究的重心，多得无法在此处列举或概述。不过我们可以说，这些研究，再加上在此时期内所发现的数百件其他古文字资料，已完全改变了过去对古代中国研究的面貌。[4]今日，正如《墨子》所说"书于竹帛"（钱教授典雅的书名出处）的文献以及"镂于金石"的铭文，还有我们现在所知的甲骨文，这些资料已不能再仅仅当作古玩珍品看待，或仅仅在中国文字的发展史上具有意义；现在它们已成为研究中国古代文学、历史、哲学以及其他学科中最基本和最重要的原始资料。[5]

自从钱氏于 1962 年出版《书于竹帛》之后，中国古文字学的发展极其广博，绝非一篇短文所可详述。钱教授在《书于竹帛》的增订本内已将此时期内最重要的发展包括在内。[6]以下，我想试作一有系统的综述，关于 1960 年至 2000 年间中国古文字研究的发展，以及因此而激发出来的学术上的进步——当然我很了解我将会遗漏许多重要的项目。我将按着古文字赖以存在的实物，即甲骨、青铜、石刻以及竹木，逐一陈述。在此一时期内，每一类都有惊人的发现，其数量之大已使每一类实物都形成一种单独的学科，其质量之重要也使每一学科都改变了原来的面貌。[7]

为了表示这些学科的发展，我将综述近 40 年来所出版的研究工具书——铭文合集、字典、索引、书录等等——但我不拟申述每一学科的研究成果。钱教授在《书于竹帛》的增订本里已提及若干最近在中国出版的最重要研究资料。在西文的著作里，对中国古文字的研究也有很大的进展，我将提及它们最有价值的贡献，并加简略的介绍。

一、甲骨文

刻有古文字的龟甲碎片 1899 年时就已流传于北京。当这些古文字被解读后，而龟甲的来源被确定为河南安阳时，大家才了解这些龟甲上的刻文乃是中国最古老的文字记录，其刻成的时间应是商代最后九个王在位时期（大约前 1200—前 1045）。中央研究院的安阳发掘（1928—1936）是在中国政府主持下第一次的考古工作，结果是数万片甲骨的发现。当钱氏从事《书于竹帛》的写作之时，甲骨文的研究已成为中国古文字学中特别重要的一支。堪称甲骨学之父的董作宾（1895—1963）在回溯甲骨文研究最初的 60 年时，曾作出颇为悲观的结论。他认为 20 世纪 30 年代是甲骨学的黄金时期，此后的 20 年都是昏昏而无何生气。[8]可是董氏悲观得太早了。他的《甲骨学六十年》出版（1965）后不久，就有两个很重要的发现，使甲骨学兴旺到董氏从未梦想到的地步。

第一个发现是来自 1973 年的发掘，因地点是安阳小屯村之南，因此，这一发现也就被称为"小屯南地甲骨"。这次发掘获得 5 000 余片龟甲和牛骨，上面有 7 000 个各自独立的刻文。[9]这些刻文中最大部分的研究类型就是在争论断代及年代问题。因为小屯南地的甲骨片是从不同的地层中掘出的（地层关系的完整记录已经制就），所以它们的出处，在重新研究它们的断代以及所有商代甲骨的断代上，已经成为最重要的关键。此处我们无法介绍此一争论的细节，不过我们可以肯定地说，从这个问题演绎出来的方法已引起许多对晚商历史有趣的解释。[10]

安阳小屯南地甲骨发掘后三年，又有一处主要的甲骨发现，不过这次发现的情况和以前颇不相同。1976 年，一堆 1.7 万片的龟甲发现于陕西岐山县凤雏村的西周庙堂的废址里，那正是周原的中心地带——周民族祖先的故土。它们之中，大约有 300 片刻有文字，而且曾被用作火占，不过这种火占虽类似，但却和安阳发掘所用者不同。[11]这一发现证明了甲骨占卜绝对不是像传统书册中所说由商王所独有，而是被因袭地应用着一直到西周。实际上，后来被其他古文字学的例证所证明，已应用到西周以后。令人惊讶的是这些周原甲骨刻文，就我们今日所知者而论，似乎是可用来证明蓍筮应用的最早而又最有系统的证据，而蓍筮又与《易经》联系在一起。这个证据是数字符号，几乎每一符号的小组都是六个数字。[12]现在大家公认这些以六位数字组成的小组就是《易经》一类筮占的早期例样。

在这些新发现的甲骨文之外，甲骨学本身也有戏剧性的发展，包括许多重要的出版物，如《甲骨文合集》及其续篇《甲骨文合集补编》、两代甚或三代的甲骨文索引及字典、甲骨学史、论文集及专题研究，多得无从列举。[13]甲骨学最近的研究大都来自中国学者，但西方学者也做出可观的贡献。其中有两部最重要的著述值得注意：一是吉德炜（David N. Keightley）的《商代史料：中国青铜时代的甲骨卜辞》（*Sources of Shang History: The Oracle Bone Inscription of Bronze Age China*）；二是司利义及高岛谦一（Paul L-M. Serrys and Ken'ichi Takashima）合作的《殷墟文字：丙编注释》（*Translations of Fascicle Three of Inscriptions from Yin Ruins*），丙编收集的是 1936 年安阳所发掘的甲骨文，这是一部对此书的译文和注释。[14]这三位是近三十年来以西文著述研究商代历史及语言的代表，[15]他们最重要的贡献之一就是说明了占卜的语句，也就是甲骨文的语句，都是陈述或祈祷，而不是疑问。在了解甲骨文及占卜中的语言及思想上，这是一项根本的突破。[16]

二、青铜器铭文

甲骨文的发现是 19 世纪即将结束时之事，但青铜器（大部分都是礼器，但也有乐器、钟、武器和钱币等）的铭文却久已为世人所熟知。当钱教授写作《书于竹帛》之时，青铜器铭文已是中国古文字学中主要的一支。1937 年，罗振玉（1866—1940）的《三代吉金文存》收集了商周两代 4 831 件各式器皿及钟的铭文拓片，反映出当时所能见到的资料。然而，在《书于竹帛》出版之后，这个已经比较成熟的园地，同甲骨文一样，也有极大的发展：一在于新的资源，二在于新的方法。以下我就介绍青铜器铭文中的这两个方面。

甲骨的发现，大体上来说，只限于几个地窖，每窖都保存有大量的物件；但有铭文的青铜器的发现，仅在最近五十年内，已有数千处之多。不过，这些发现通常都是小规模的，往往一个墓内只有一件或两件。当然，也有特别重要的例外，使我们看到一些宏伟而又陈设奢侈的墓。譬如，1976 年在安阳发掘的妇好墓里，就有 468 件青铜器皿，其中的 190 件有铭文。[17] 1978 年在湖北随县擂鼓墩所发掘的曾侯乙墓里，有 64 件有铭文的钟，两件有铭文的鼎和镈，一件戈，还有许多并无铭文的青铜器皿。[18] 考古学家已经了解，许多青铜器都是在当时的战乱中，为了安全及保护而被埋藏于地窖中。很多这一类的地窖已在陕西渭水流域被发现。它们大概都是西周王朝的贵族在西周末期（前 771 年）撤离此地时所埋藏。自从中国有了现代考古学以后所发掘的地窖中，一个最出色的发现就是 1976 年在陕西扶风县庄白村所发掘的微氏家族墓，其中藏有 103 件青铜器，74 件有铭文，包括今日闻名于世的史墙盘。这个盘上有 284 个字的铭文，列出西周最初的七个王，从文王到共王（铭文称为当今之天子），以及微氏家族的五世，包括墙本人的历史。[19]

在讨论最近五十年发现的最重要有铭文的青铜器时，不可避免，任何讨论都会遗漏某些学者所认为是最重要的器皿。我今不避疏漏之讥，在此简单地介绍仅仅六件有铭文的器皿，就代表的时间上说，是从周朝开国之初到公元前 4 世纪结束，权且作为对近年来所有发掘出土的青铜器之一瞥。

利簋，1976 年于陕西临潼出土，今日被认为是西周最早的青铜器。铭文记载此器是由王（大约是武王）授予一位名利的臣属；铭文开始就说这是周克商后之第八日。此铭文虽仅有 32 个字，但却极为有名；一因它涉及古代中国最重要的一件大事，再因它有一段极为难解，今日仍是聚讼纷纭。[20]

爨公盨，2002 年 12 月出现的一件有铭文的青铜器。在某一方面，它是极其特殊的，因之也可能极其重要。此器是一件西周中期偏晚的器皿，由北京保利艺术博物馆在香港古玩店里购得。[21] 器内有 98 个字的铭文。一般青铜器的铭文大都是说明此器皿是为了纪念某人或某事而铸成，但这篇铭文读起来却像是《尚书》中的某一篇，而实际上它和《尚书》中所用的若干词句相同。在开始，它就说上天命禹控制洪水，又叙述禹如何争回土地并统治人民；然后讲到上天生下浴于德之 "我王"，讨论政治中德之高度重要，结束时又说这器皿制作者的警言："民唯克用兹德，亡悔。" 这篇铭文刚问世未久，尚未为人所周知；不过在未来讨论中国历史、文学及哲学的起源时，它定然有其重要的地位。

默簋，1978 年在陕西省扶风县齐村发现，其地点距离唐代有名的法门寺仅一公里。它极罕见又确实为某一周王所铸。接受此簋的默，不是他人，却正是周厉王。[22] 周厉王在中国传统中是一标准的暴君，被迫在流放中度过了最后的十四年；可是在这篇他被流放前所作的铭文中，他却似乎是一位颇有良知的君王，关心祖先留下来的文教，也关心庶民的福祉。

晋侯苏编钟的发现应被视为考古学史上最大的事件。1992 年 8 月，盗墓者在山西侯马天马曲村，西周晚期至春秋早期晋国诸侯墓地里，掘开了一座大墓。数月之后，此墓中之礼器即出现于香港古玩店里。上海博物馆购得 14 件有铭文的编钟，上有连续 300 个字的铭文，但缺少最后的祝词。不久，在 1993 年 1 月，考古学者在天马曲村墓园里发掘这个已被盗掘过的墓（编号为 M8），发现了盗墓者所忽略的许多青铜器，其中就有两个刻有最后祝词的小钟。于是，这就把上海博物馆的那一套编钟的铭文凑齐了。[23]无疑，这 16 个钟被编组成一套之时，钟上的长篇铭文即刻在上面。然而，大多数早期铜器铭文都是在铸造时铸在器上，可是这一套晋侯苏编钟的铭文却是刻在铸好的钟上；并且，从这些钟的装饰上可以看出它们原来属于至少三套不同的编组，然后被拼在一起。这些特点就使这一发现具有特殊的意义，而铭文更戏剧性地加强了它的重要。这篇铭文用生动的语言，述说某一周王在他的第三十三年的征伐中，受到晋国某侯的帮助，铭文说这个晋侯的名字是苏，向这个晋侯颁奖的是周王。这个发现更加有趣的是，我们知道苏在《世本》上是晋侯的名字，他的谥号是晋献侯，《史记》说他的统治是周宣王（前 827—前 782 年在位）六年至十六年（前 822—前 812）。因此，晋献侯统治的年代与铭文所说的周王三十三年无法配合，引起海内外学者们做了大量的探讨而尚无结论；但似乎可以肯定《史记》的年代有误。[24]

1978 年，另外发现一个有铭文的钟也引起了学者们重大的关注。在陕西省宝鸡太公庙发掘出 8 个铜器，其中 5 个铜钟、3 个镈。[25]这八个铜器，有同样的 135 个字的铭文，说明它们是为秦

公所铸；虽然秦公之名并未被提及，可是根据铭文中的叙述，我
们知道此公是秦武公（前 697—前 678 年在位），因此，这些钟就
被命名为秦公钟（或镈），或秦武公钟（或镈）。这篇铭文就是这
个后来并吞了东周诸国而建立了秦朝的秦国早期史料。除此之
外，这篇铭文又极类似另外两篇相同的铜器铭文：一件名叫秦公
钟，它的铭文已被收集在吕大临（1040—1092）的《考古图》
里；另外一件是 1923 年在甘肃天水发现的秦公镈。[26]在这两件铜
器铭文里，秦君之名虽并未被提及，但是铭文中有些旁证可以推
论他是秦国的哪一位国君，只是仍然不是十分清楚。这个暧昧不
清之处已引起六个以上的人身鉴定，他们在时间上跨过了 150 年
（前 663—前 501）。[27]即使不问哪一个秦君是这些钟镈的监制人，
这些铭文与前此数世纪的秦武公钟（或镈）的铭文相似之处，已
使许多学者认为东周初期的西戎之秦比传统文献中所描写的保守
很多；这些传统的文献也表示对"东"（即中原）的偏见。

中山王舋鼎是中山王舋（前 327—前 314 年在位）墓中所发
现的一大批文物之一。这墓在河北省平山县，于 1974 年至 1978
年间发掘。[28]这个鼎高 51.5 厘米，口径 65.8 厘米，重 60 千克。
它有许多特别之处：首先，此鼎之身是由青铜制造，但其三足却
是由铁制成，在大型器物上这是前所未有的。其次，上面的 469
个字是东周青铜器上最长的铭文，而且它是刻在鼎的外层，而不
像一般铸在鼎的里面。这铭文的书法是一种精致而修长的篆体，
它在历史上的地位和在工艺上的涵义，都极耐人寻味。[29]

在中国传统的史学中，中山属于白狄，是一个非华夏的民
族，居于中原之北。在公元前 400 年时，它被认为完全缺乏中国

239

人所称的文明及道德，可是到公元前 310 年前后，当此鼎及铭文制造之时（约前 316 年或前 315 年），中山国之䁒王却表示自己已具有完美的"儒家"道德。铭文中所庆贺之人是他的老师名赒。这位老师不仅在德知方面教育䁒王，而且曾经率领中山之军战胜了燕国。䁒王一方面称赞赒之功绩，一方面也记下他们二人间职分上的关系。历史可以解释他为何重视此点。燕国王名哙（前 320—前 318 年在位），公元前 318 年让位于他的大臣。让位被当时的诸王国，特别是中山王䁒，认为是对王权的一种危险的冒犯，而王权又是中国政治常规中的柱石。于是，王䁒在铭文中强调为王者要统，为臣者要治，然后又为此说出一篇道义上的责任。这些说明包括了在古文字中最初看到的几个哲学名词，像"仁""忠"及"道"，至少它们蕴含了明显的哲学意义。

正如甲骨学的发展一样，青铜器铭文的研究并不限于新资料的发现，在整理方面有铭文的合集——《殷周金文集成》，所收集的金文较罗振玉的《三代吉金文存》增加至两倍有余。[30]另外有两本摘要性的书，都以对金文的解释为人所重视：一本是《商周青铜器铭文选》，其中增订了郭沫若的《两周金文辞大系》的《图录》和《考释》，收集了许多 20 世纪 70 年代以来新发现的铭文和解释；[31]另外一本是白川静的《金文通释》，对 1978 年间所见到的 247 篇最重要的金文作了最详尽的讨论。[32]不久，有两本金文索引同时出现，以满足多年来研究的需要。[33]最近数十年中，也出版了许多专门的辞典和参考书，包括考释字源的《金文诂林》及《金文诂林补》[34]，以及收集用各种文字著述的《金文著录简目》[35]。

西方学者对金文的研究类似他们在甲骨上的贡献。当钱教授开始写作《书于竹帛》之时，一位澳洲学者巴纳（Noel Barnard）已经热心地在研究青铜器及其铭文，多年来他特别注意伪造的问题。[36]顾立雅（Herrlee Creel）是钱教授的师友，在他讨论西周的专著里，也强调青铜器铭文的重要性。[37]夏含夷（Edward Shaughnessy）是芝加哥大学顾立雅的后继者，出版了《西周史料：铜器铭文》（*Sources of Western Zhou History: Inscribed Bronze Vessels*）。[38]这一册书包括金文研究的历史、如何阅读金文、青铜器的断代以及铭文在史学中的价值。东周金文的研究颇为分散，[39]可是也有数篇博士论文专门讨论某国的青铜器以及钱币上的铭文。[40]最后，青铜器铭文的研究不能与青铜器的研究分开，赛克勒博物院（Arthur M. Sackler Museum）曾出版一系列的目录，介绍它所收藏的商代、西周、东周各时期的青铜器，已达到研究及解说的最高标准。[41]

三、 石刻、玉文及陶文

在早期中国，石、玉、陶器大概是文字记载最普通也是最耐久的媒体。石刻最早的例子是秦石鼓，大概是春秋晚期或战国早期的产品，后来就成为传载永久文件最相宜的媒体，如墓志以及帝王所要提倡的经典。[42]正如钱教授在此书中所解释，当纸发明之后，它的最早的用途之一就是拓印——拓印石碑或其他石刻。有文字的石刻记录与有铭文的青铜器的发现同样地散漫。据说现在存有 10 万块刻石，但仅有 3 万件拓片问世，最近已出版几部拓片合集，以及索引和介绍。[43]西方学者对石刻及墓志的研究颇为散漫，但最近也有几种专论讨论秦始皇帝所立的碣石以及汉、唐、宋代的墓志铭。[44]

另外一种写在石块上的文件与墓志不同，在考古学上是前所未见，但近数十年内已在两个主要的地窖里发现：这些文件被称为"盟书"，是春秋晚期与战国早期的遗物。1965 年间在山西侯马发现约 5 000 件；其次，1980—1982 年间又在河南温县发现，共有 1 万件之多。[45]它们的正文都是用毛笔蘸墨汁写在石条或玉条上，内容是下属对上司的誓言，如同西方锅炉版的契约一样。[46]

中国还有一些其他古文字的研究，如陶文、砖文、玉玺及官私印文，以及度量衡上的刻文。[47]这些小品的铭文，尚未引起西方古文字学者的兴趣。

四、 竹 简 及 木 牍

钱氏《书于竹帛》的第一版就介绍过许多写在竹木简牍上的文件。[48]这些简牍大都是在 20 世纪 30 年代在汉代国防线上的武威郡（今属甘肃）一带发现，由于沙漠地带气候干燥而得以保存。这些简牍大都是军事行政上的例行记录。[49]正好在《书于竹帛》出版之前，一批类似的木简在甘肃武威磨咀子被发现，此后，甘肃又继续发现了大量的这类木简。在多处发现之中，居延的甲渠候官，于 1972 年至 1974 年间又发掘了将近 2 万件木简。[50]这个地点就是 1930 年贝格曼（Folke Bergman）主持发掘的旧址，那一次也发现了 5 200 件木简。[51]

中国中部没有甘肃干燥的气候，因之古代的竹木简牍都未能保存完好。不过，自从 20 世纪 70 年代初，仍然有几个墓地发现了写在竹简上的许多文件。前面我已提及马王堆的三号墓以及其他文件的储藏所；这些文件大都写在绢帛上，但也有少许写在竹简上。三号墓是于 1973 年发掘；前此一年，山东省临沂县银雀山也有一些重大发现，那是在一座西汉墓里发现的军事文件。这些文件中包括了中国军事理论的经典《孙子》的一部分以及《孙膑兵法》，后者在《汉书·艺文志》中曾经著录，但现在已经佚失；还有《尉缭子》及《六韬》，此二书均曾被疑为汉代以后之伪出，新发现可证明这些怀疑的不确。

次年，河北定县发现一座西汉墓，年代定在银雀山数代之后；其中出土了《论语》及《孟子》之外，还有一部多年来被认为是汉代以后伪出的《文子》。[52] 新发现的《文子》里的文句，许多都与传统书籍中所记载的不同，有些甚至是前所未见的。有些文句和《淮南子》中的相同或相似，而《淮南子》是公元前 139 年献与汉廷的。虽然传说中学者们认为《文子》是春秋末期或战国初期的作品，但自唐代以来已有人怀疑它是从《淮南子》抄袭而来。如今，定县的写本《文子》既已被定为公元前 1 世纪的作品，则《文子》与《淮南子》间主从关系的讨论即又被展开。[53] 此问题之解决尚有待研究，但问题本身会令人重新思考何谓"著作"，以及古代书籍如何产生的问题。[54]

新发现的文献，很多都是前所未见。1975 年，湖北云梦睡虎地发掘的墓中，有一秦官卒于公元前 217 年，他的殉葬物中有形形色色的文件写在竹简上，其中有各种关于行政法的文件，如

《为吏之道》；两种《日书》；一件有从公元前 306 年至前 217 年的秦国的纪年，记载逝者名喜的一生大事；还有两件中国现存的最早写在木板上的个人函件。[55]

湖北，特别是江陵一带为战国时代楚国的京畿，近二十年来已成为最重要的考古发现地区。1983 年末至 1984 年初，江陵张家山发掘了三个汉墓，里面藏有汉代的法律、医药书、日书，及两个不同年代的历谱，其中之一是公元前 175 年。[56]三年后，荆门包山发现一个战国中期可能是公元前 316 年的墓，墓主是一位楚国大夫名邵佗，墓内有法律文书和占卜的记录。这些占卜都发生在死者生命中最后的几年。这些占卜既用龟甲，也用蓍草，它的占卜公式有的从龟甲占卜中而来，也有从《易经》而来。[57]

1993 年，在江陵王家台发掘了一座公元前 3 世纪的墓，内有蓍卜的手册。不过，这手册不是《易经》而是《归藏》，它是汉代书籍中所谈及古代蓍卜的三种手册之一。《归藏》在北宋时已佚失，但中古史料中所引用之《归藏》与王家台发现之竹简上的文字，几乎是句句相同。可惜王家台所发现者颇为残破不全。[58]

在中国的竹简发现中，1993 年堪称大有之年。在江陵附近有已负盛名的郭店楚简，这些写本大概都是在公元前 300 年间完成，其中有三部《老子》的不同写本，内容完全都与《老子》传本相同，因之被称为"郭店《老子》"；一篇《缁衣》，历来被视作《礼记》中的一章；一篇《鲁穆公问子思》；还有一些其他儒家著作。[59]这一发现使海内外学者都很兴奋，提供了新的资料以研究《老子》成书的年代及其过程、孔子学说的传授，以及不同哲学思想之相互影响及交流等等。[60]

1993 年，考古学家在江苏连云港尹湾发掘一座汉墓，墓内藏有汉代东海地区的赋税记录。[61]同类的文件于 1996 年也在湖南长沙走马楼发现，而且数量更多。它们藏在一古井之底，已被掩盖了千余年，确切的数量今日尚不知晓；据估计，可能超过 10 万片。这些竹木简属于公元 3 世纪前半期，是三国时代长沙郡的行政记录。[62]

最后，还有一大批竹简文件，可能是来自湖北荆门，那是产生包山及郭店文书的同一地区。这些文书从墓中被盗出后，在 1994 年被上海博物馆购得。据说其中包括 80 种不同的文书，与包山及郭店文书属于同一时期（即公元前 4 世纪晚期）。这些文书已有两册印行出版。第一册包括三个文件：《孔子诗论》；《缁衣》，几乎与郭店本中者相同；《性情论》，大体上与郭店本中由编者定名之《性自命出》相同。第二册包括六个文件，内有两篇（《子羔》及《鲁邦大旱》）可能与第一册中之《孔子诗论》原来是绑编在一起；另外一篇名《容成氏》（黄帝的刑部），它是自上古传说的帝王时代以至周克商的中国史纲。[63]第三册定于 2004 年出版，其中包括《周易》最早的写本，比马王堆本还早了一个世纪。

以上对竹木简牍的叙述，不过是仅仅简略介绍从公元前 4 世纪末叶至公元 3 世纪中叶的一些新发现的写本，它们在最近三四十年内已被加以应用，虽然并非十分完备。但这些急速的发现接踵而至，令人目不暇给，更谈不到将它们立即纳入我们对古代中国的研究，而增加太多的认识。[64]最令人兴奋的就是那些在中国负责整理、研究并发表这些资料的学者们，大体上都能与急速的发现同时并进；可是当他人利用其成果时，几乎忘掉这些资料都是在如何极端困难的环境下发掘所得。[65]实际上，最近所有重要的发掘，大都能在发现后五年内将研究成果出版问世。虽然这一类的资料，尚未能如甲骨文字及吉金文字那样已出版合集，但它们大都已有专门的索引、辞典以及通论等工具书，作为研究战国楚、秦及汉代古文字学的参考。[66]

西方学者对这些考古发现的研究，大体上都是根据中国学者已发表的资料加以翻译，我已在前文试为介绍。不过也有些学者正在试探分析这些古代的简牍资料，特别是它们如何影响行文的格式和流传的方式，以及这种书籍的形式如何可以用来重建最原始的文献。[67]我们过去认为对战国、秦、汉的思想及文艺各方面的知识已经相当充分，而这些新发现的最大贡献乃是让我们了解，我们对这一时代所知道的却是如何的微乎其微。[68]

五、结　　论

正如这篇短文在开始时所说，钱氏的《书于竹帛》初版写作的时机，恰恰综合了 20 世纪上半叶数十年间所有中国古文字研究的成果，而这个增订再版本问世的时机，又使它综合了 20 世纪下半叶的研究成果。虽然这个新的版本，因为体例的关系未能像初版那样，将此时期中所有研究的细节都加以讨论；因为这个领域太广，发展又快，不是任何一本书可以胜任的。不过，许多新的发现已都收集在这个新的版本里，并对那些新发现的资料也都作了简略的介绍。更重要的是这本《书于竹帛》增订本的问

世，可以鼓舞所有对此极富魔力的领域仍相当生疏的人，进入这
一园地来加以探究。

2001 年 12 月 5 日于芝加哥

2003 年 2 月 21 日增订于上海

注释

〔1〕最重要的考古发现是 20 世纪 20—30 年代在安阳所发掘的甲骨文和 20
世纪 30 年代早期在中国西北地区出土的汉简。关于安阳的发现，见董
作宾：《小屯：河南安阳殷虚遗址之一. 第 2 本，殷虚文字. 甲编》（南
京，1948；台北，1953）；董作宾：《小屯：河南安阳殷虚遗址之一. 第
2 本，殷虚文字. 乙编》3 册（南京，1948—1949；台北，1953）；张秉
权：《小屯：河南安阳殷虚遗址之一. 第 2 本，殷虚文字. 丙编》3 册
（台北，1959—1972）。关于汉简，见劳榦：《居延汉简：图版之部》3
册（台北，1957）。

〔2〕另有一部西文研究居延汉简的书是 Michael Loewe，*Records of Han
Administration*（Cambridge，1967）。

〔3〕《周易》写本尚未正式出版，部分有影本发表，见傅举有编：《马王堆
汉墓文物》（长沙，1992）；全部释文见《道家文化研究》第 3 期
（1993）及第 6 期（1995）；英译见 Edward L. Shaughnessy，*I Ching, the
Classic of Change: The First English Translation of the Newly Discovered
Second Century B. C. Mawangdui Texts*（New York，1996）。《老子》在
马王堆诸抄本中首先正式出版，见《马王堆汉墓帛书（壹）》（北京，
1980）；这个写本也有几种英译本，见 D. C. Lau 刘殿爵，*Chinese
Classics: Tao Te Ching*（Hongkong，1982）；Robert G. Henricks，*Lao-tzu
Te-Tao Ching: A New Translation Based on the Recently Discovered Ma-
Wang- Tui Texts*（New York，1989）。关于《战国策》，见《马王堆汉墓

247

帛书（叁）》（北京，1983）；英译见 Yumiko F. Blanford，"A textual Approach to *Zhanguo Zonghengjia Shu*：Methods of Determining the Proximate Original Word among Variants," *Early China*，vol. 16（1991）：187‒207。关于《战国策》和其他古籍的讨论，见 Michael Loewe，*Early Chinese Texts: A Bibliographical Guide*（Berkeley，1993）；其中有钱教授所写之《战国策》一篇。关于医药方面，见《马王堆汉墓帛书（肆）》（北京，1985）；Donald Harper，*Early Chinese Medical Literature: The Mawangdui Medical Manuscripts*（London，1998）。其他如占卜、星象、地图等方面的定本尚待出版；英译见 Robin Yates，*The Five Lost Classics: Tao*，*Huang-Lao*，*and Yin-Yang in Han China*（New York，1997）。

〔4〕关于马王堆的学术论文，见李梅丽：《马王堆汉墓研究目录（1972—1992）》（长沙，1992）；近藤浩之：《马王堆汉墓关系论著目录》，《中国出土史料研究》第 1 号（1997），第 199—251 页。英文著作关于古文字在中国古史研究中之重要，见 Edward L. Shaughnessy，*New Sources of Early Chinese History: An Introduction to the Reading of Inscription and Manuscripts*（Berkeley，1997）；又见 Enno Giele 对此书之评论，"Early Chinese Manuscripts：Including Addenda and Corregenda to *New Sources of Early Chinese History: An Introduction to the Reading of Inscriptions and Manuscripts*," *Early China*，vols. 23‒24（1998‒1999）：247‒337。

〔5〕中国古文字研究最重要的著作是裘锡圭的《文字学概要》（北京，1988）；英译见 Gilbert Mattos and Jerry Norman，*Chinese Writing*（Berkeley，2000）。

〔6〕在《书于竹帛》的第一版中曾提到楚帛书是 1942 年在长沙楚墓中所发现。在西方，对此帛书最详细的研究是 Noel Barnard，*Scientific Examination of an Ancient Chinese Document as a Prelude to Decipherment*，*Translation*，*and Historical Assessment — The Ch'u Silk Manuscript*（Canbera，1973）。对楚帛书最重要的研究是李零的《长沙子弹库战国楚帛书研究》（北京，1985）。此书的英译，见李零及 Constance A. Cook，*Translation of the Chu Silk Manuscript*，in Constance A. Cook and John S. Major，*Defining Chu: Image and Reality in Ancient China*（Honolulu，

1999)，171－176。1992 年在甘肃敦煌悬泉发现一件帛书私人信件的帛书，时期约在公元前 37—前 21 年，见《中国文物精华》第 111 期（1997）。

〔7〕对各种考古资料的介绍，见 Endymion Wilkinson, *Chinese History: A Manual*（Cambridge, Mass., 1998），351－470, 746－773。

〔8〕董作宾：《甲骨学六十年》（台北，1965）。

〔9〕关于小屯南地甲骨文，见《小屯南地甲骨》2 册（北京，1980—1983）。1991 年在安阳花园庄发现刻辞甲骨 579 片；初步报告，见中国社会科学院考古研究所安阳工作队：《1991 年安阳花园庄东地南地发掘简报》，《考古》1993 年第 6 期，第 488—499 页。

〔10〕最近的辩论是由一群考古学家用笔名"肖楠"，对知名甲骨学者的批评。有趣的是这些考古学家采取了保守的观点，而甲骨学者却重新考虑对甲骨断代学作出新的研究。关于初期辩论的情况，见肖楠：《安阳小屯南地发现的"自组卜甲"——兼论"自组卜辞"的时代及其相关问题》，《考古》1976 年第 4 期，第 234—241 页；《论武乙文丁卜辞》，《古文字研究》第 3 辑（1980），第 43—79 页；《小屯南地甲骨》（北京，1980），第 3—58 页；李学勤：《关于自组卜辞的一些问题》，《古文字研究》第 3 辑（1980），第 32—42 页；《小屯南地甲骨与甲骨分期》，《文物》1981 年第 5 期，第 27—33 页；裘锡圭：《论瑴组卜辞的时代》，《文字学研究》第 6 辑（1981），第 262—320 页；林沄：《小屯南地发掘与殷墟甲骨断代》，《古文字研究》第 9 辑（1983），第 111—154 页。对于这些研究的评论，见 Edward L. Shaughnessy, "Recent Approaches to Oracle Bone Periodization：A Review"，*Early China*, vol. 8（1982－1983）：1－13；根据李学勤、裘锡圭及林沄的研究，新的整理见黄天树：《殷墟卜辞的分类与断代》（台北，1991）；方述鑫：《甲骨卜辞断代研究》（北京，1994）。

〔11〕这一发现的初步报告，见陕西周原考古队：《陕西岐山凤雏村发现周初甲骨文》，《文物》1979 年第 10 期，第 38—43 页。这次发现尚无正式报告，但已有几种专书论及，见王宇信：《西周甲骨探论》（北京，1984）；许锡台：《周原甲骨文综述》（西安，1987）；陈全方：《周原与周文化》（上海，1988）；曹玮：《周原甲骨文》（北京，2002）。对周原

甲骨，英文著作尚少讨论，仅见 Edward L. Shaughnessy, "Zhouyuan Oracle—Bone Inscriptions：Entering the Research Stage?" *Early China*, vols. 11‑12（1985‑1987）：146‑163。

〔12〕首先解读这些数字的是张政烺：《试释周初青铜器铭文中的易卦》，《考古学报》1980 年第 4 期，第 403—415 页；英译见 H. Huber 及 R. Yates 等，"An Interpretation of the Divinatory Inscriptions of Early Zhou Bronzes," *Early China*, vol. 6（1980‑1981）：95‑115。又见张亚初、刘雨：《从商周八卦数字符号谈筮法的几个问题》，《考古》1981 年第 2 期，第 155—163、154 页；译文见 Edward L. Shaughnessy, "Some Observations about Milfoil Divination Based on Shang and Zhou Bagua Numerical Symbols," *Early China*, vol. 7（1981‑1982）：46‑52。

〔13〕关于这类合集，见郭沫若、胡厚宣编：《甲骨文合集》13 册（北京，1978—1982）；彭邦炯等辑：《甲骨文合集补编》（北京，1999）。商代甲骨文的第一部通检是岛邦男：《殷墟卜辞综类》（东京，1967；修订本 1971）。《甲骨文合集》出版后，岛邦男的《综类》已有些落伍，较新者是姚孝遂、肖丁编：《殷墟甲骨刻辞类纂》3 册（北京，1989）。另有由饶宗颐主持以计算机编制的《甲骨文通检》5 册（香港，1989—1998）。关于周原甲骨文的著述有许锡台《周原甲骨文综述》及王宇信《西周甲骨探论》。甲骨文字汇有李孝定编：《甲骨文字集释》16 册（台北，1965）；松丸道雄及高岛谦一编：《甲骨文字字释综览》（东京，1994）；于省吾：《甲骨文字诂林》4 册（北京，1996）。甲骨学通论有王宇信：《建国以来甲骨文研究》（北京，1981）；吴浩坤、潘悠：《中国甲骨学史》（上海，1985）；张秉权：《甲骨文与甲骨学》（台北，1988）；王宇信：《甲骨学通论》（北京，1989）；王宇信、杨升南编：《甲骨学一百年》（北京，1999）。宋镇豪：《百年甲骨学论著》（北京，1999），内收 10 946 条。

〔14〕David N. Keightley, *Sources of Shang History: The Oracle Bone Inscription of Bronze Age China*（Berkeley, 1978）；Paul L-M. Serruys and Ken-ichi Takashima, *Studies of Fascicle Three of Inscriptions from the Yin Ruins*；Ken-ichi Takashima, *Commentaries of Fascicle Three of Inscriptions from the Yin Ruins: Palaeographical and Linguistic Studies*；上述二者可在网络

查到，见 http：//www. synonyma. serica. comparata。

〔15〕关于 David N. Keightley 的著作目录，见 *Early China*，vol. 20（1996）：xi-xviii；Paul Serruys 的著作目录，见 *Monumenta Serica*，vol. 33（1977 - 1978）前言；他的传略及较完备目录，见 W. South Coblin，"Paul L-M. Serruys, C. I. C. M.（1912 - 1999），" *Monumenta Serica*，vol. 47（1999）：505 - 514。

〔16〕David N. Keightley，"Shih Cheng：A New Hypothesis about the Nature of Shang Divination"，此论文曾在 1972 年 6 月 17 日太平洋海岸亚洲研究学会中选读；Paul L-M. Serruys，"Studies in the Language of the Shang Oracle Bone Inscriptions，" *TP*，vol. 60，nos. 1 - 3（1974）：12 - 120；Qiu Xigui 裘锡圭，"An Examination of Whether the Charges in Shang Oracle—Bone Inscriptions Are Questions，" *Early China*，vol. 14（1989）：77 - 114；David S. Nivison，"The 'Question' Question，" *Early China*，vol. 14（1989）：115 - 125，127 - 172。

〔17〕妇好墓发现的初步报告，见《考古学报》1977 年第 2 期，第 57—98 页；英译见 Elizabeth Childs-Johnson，"Excavation of Tomb no. 5 at Yinxu, Anyang，" *Chinese Sociology and Anthropology*，vol. 15，no. 3（1983）。正式报告见《殷墟妇好墓》（北京，1980）。妇好墓中青铜照片，见方闻编 *The Great Age of China*（New York，1980），nos. 28 - 33。

〔18〕曾侯乙墓发掘的初步报告，见《文物》1979 年第 7 期；英译见 *Chinese Studies in Anthropology*，vol. 1，no. 3（1979 - 1980）：3 - 45。英文著述见 Robert L. Thorp，"The Sui Xian Tomb：Rethinking the Fifth Century，" *Artibus Asiae*，vol. 43（1981 - 1982）：67 - 110；较近的研究，见 Alain Thote，"Une Tombe Princière du cinquième siècle avant notre ère（tomb no. 1 de Leigudun）：Recherches anthropologiques et historiques"（巴黎大学博士论文，1985）。

〔19〕初步报告，见陕西周原考古队：《陕西扶风庄白一号西周青铜器窖藏发掘简报》，《文物》1978 年第 3 期，第 1—18 页；英译见 *Chinese Archaeological Abstracts*，vol. 2，*Prehistoric to Western Zhou*（1985），512 - 529。研究青铜器铭文的西文著述很多，最重要的见 Edward L. Shaughnessy，

Sources of Western Zhou History: Inscribed Bronze Vessels（Berkeley, 1991），183－192，其中引用最重要的铭文并作英译和注释。

〔20〕初步报告，见临潼县文化馆：《陕西临潼发现武王征商簋》，《文物》1977 年第 8 期，第 1—7 页。对此铭文不同的解释，见 Shaughnessy, *Sources of Western Zhou History*，87－105，特别是第 92—93 页。

〔21〕保利艺术博物馆为了这次购获，特别出版一本专集《燹公盨：大禹治水与为政以德》（北京，2002）。另有李学勤、裘锡圭、李零、朱凤瀚专文讨论，见《中国历史文物》2000 年第 11、12 期。

〔22〕关于默簋的发现，见罗西章：《陕西扶风发现西周厉王默簋》，《文物》1979 年第 4 期，第 89—91 页；英译见 Shaughnessy, *Sources of Western Zhou History*，171－172。默就是周厉王，另外还有两件铜器：第一件称为宗周钟，收入 18 世纪的《西清古鉴》，多年来已成为青铜器学者争论的中心，大多数的学者认为它是献与周昭王（前 977—前 957 年在位）而不是厉王。第二件是五祀默钟，1981 年在陕西扶风白家村发现，见穆海亭、朱捷元：《新发现的西周王室重器五祀默钟考》，《人文杂志》1983 年第 2 期，第 118—121 页。因为默簋明显是西周晚期的铜器，一般意见认为这个问题中的周王是厉王。

〔23〕关于 M8 号墓的发掘，前此被盗以及上海博物馆购藏经过，见北京大学考古系：《天马——曲村遗址晋侯墓地的第二次发掘》，《文物》1994 年第 1 期，第 4—28 页。关于上海博物馆购得的钟，见马承源：《晋侯稣编钟》，《上海博物馆集刊》第 7 期，1996 年，第 1—17 页。英译见 Jaehoon Shim, "The 'Jinhou Su Bianzhong' Inscription and Its Significance," *Early China*, vol. 22（1997）：43－75；David S. Nivison and Edward L. Shaughnessy, "The Jin Hou Su Bells Inscriptions and Its Implications for the Chronology of Early China," *Early China*, vol. 25（2000）：29－48。

〔24〕这是一次座谈会的主题，见《晋侯苏钟笔谈》，《文物》1997 年第 3 期，第 54—66 页。其他补充意见，见 Shim, "The 'Jinhou Su Bianzhong' Inscription and Its Signifance," note 7；Nivison and Shaughnessy, "The Jin Hou Su Bells Inscriptions and Its Implications for the Chronology of Early China," *Early China*, vol. 25（2000）：29－48。

〔25〕关于这些钟的初步发现,见卢连成、杨满仓:《陕西宝鸡县太公村发现
秦公钟、秦公镈》,《文物》1978 年第 11 期,第 1—5 页。英译见
Gilbert L. Mattos,"Eastern Zhou Bronze Inscriptions," in Shaughnessy,
New Sources of Chinese History, 111 - 113。

〔26〕此秦公钟,见《考古图》卷七;英译铭文,见 Mattos,"Eastern Zhou
Bronze Inscriptions," 117 - 119;秦公簋英译,见同上书,第 114 - 117 页。

〔27〕关于这个问题讨论,见 Mattos,"Eastern Zhou Bronze Inscriptions," 119 -
120;详情及其他意见,见 Mattos," The Stone Drums of Ch'in,"
Monumenta Serica Monograph Series, no. 19 (Nattetal, 1988): 93 - 97。

〔28〕关于此次发掘的初步报告,见河北省文物管理处:《河北省平山县战国
时期中山国墓葬发掘简报》,《文物》1979 年第 1 期,第 1—13 页。完
整的报告,见河北省文物研究所编:《譻墓:战国中山国国王之墓》2
册(北京,1996)。

〔29〕此铭文之英译及若干中文之研究,见 Mattos,"Eastern Zhou Bronze
Inscriptions," 104 - 111。

〔30〕中国社会科学院考古研究所编:《殷周金文集成》18 册(北京,1986—
1994);续集收 1988—1994 年间新发现或新发表的 1 258 篇论文,见刘
雨、卢岩:《新出殷周金文集录》(北京,2003)。

〔31〕马承源编:《商周青铜器铭文选》4 册(北京,1986—1990)。

〔32〕白川静:《金文通释》56 册(神户,1962—1984)。

〔33〕张亚初编:《殷周金文集成引得》(北京,2001)。此书是针对《殷周金文
集成》所编。另外有《金文引得》2 册("殷商西周卷"及"春秋战国
卷")(南宁,2001—2002);这是用计算机编制的引得。此书将取代周何等
用计算机所编之《青铜器铭文检索》(台北,1995)。因后者所收铭文 8 500
件乃取自台湾出版的全集,而不是根据较全的北京版《殷周金文集成》。

〔34〕周法高等编:《金文诂林》16 册(香港,1974—1975);《金文诂林补》
8 册(台北,1982)。

〔35〕孙稚雏编:《金文著录简目》(北京,1981),收录 1981 年以前的作品。

〔36〕Barnard 早期研究此问题的著作有两种:"New Approaches and Research
Methods in Chin-Shih-Hsueh",《东洋文化研究所纪要》第 19 册

(1959)，第 1—31 页；及 "Some Remarks on the Authenticity of a Western Chou Style Inscribed Bronze," *Monumenta Serica*, vol. 18 (1959)：213 – 214。Barnard 最近的著作是 *The Shan-fu Liang Ch'i Kuei and Associated Inscribed Vessels* (Taipei, 1996)。此书内有 Barnard 的著作目录 43 种及对铜器真伪的讨论，见第 365—382 页。

〔37〕 Herrlee G. Creel, *The Origins of Statecraft in China*, vol. 1, *The Western Chou Empire* (Chicago, 1970).

〔38〕 Shaughnessy, *Sources of Western Zhou History* (Berkeley, 1991)。他的另一简篇 "Western Zhou Bronze Inscriptions," *New Sources of Western Zhou Studies*, 57 – 84。研究此问题者尚有 Lothar von Falkenhausen, "Issue in Western Zhou Studies: A Review Article," *Early China*, vol. 18 (1993)：139 – 226; Jessica Rawson, *Western Zhou Ritual Bronzes from the Arthur M. Sacklers Collection* 及 Lothar von Falkenhausen, *Suspended Music: Chime-Bells in the Culture of Bronze Age China* (Berkeley, 1993)。

〔39〕 对东周金文的介绍，见前引 Mattos, "Eastern Zhou Bronze Inscriptions"。

〔40〕 Darrel P. Doty, "The Bronze Inscriptions of Ch'i: An Interpretation" (Ph. D. diss., University of Washington, 1982); Constance Cook, "Auspicious Metals and Southern Spirits: An Analysis of the Chu Bronze Inscriptions" (Ph. D. diss., University of California, Berkeley, 1990)。Peng Ke 彭柯, "Coinage in Classical China" (Ph. D. diss. University of Chicago, 2000), 研究战国时期的钱币及其铭文。

〔41〕 Robert Bagley, *Shang Ritual Bronzes in the Arthur M. Sackler Collections* (1987); Jessica Rawson, *Western Zhou Ritual Bronzes from the Arthur M. Sacklers Collection*; Jenny So, *Eastern Zhou Ritual Bronzes from the Arthur M. Sackler Collections* (1995).

〔42〕 秦石鼓自唐以来即为世所知。英文研究，见 Mattos, *The Stone Drums of Ch'in*。1986 年，考古学家在秦景公（前 576—前 537 年在位）的墓里发现一组石磬，上面刻有 206 字；见王辉等：《秦公大墓石磬残铭考释》，《"中央研究院"历史语言研究所集刊》第 67 本第 2 分（1996），第 263—310 页。对石刻的介绍，见 Wilkinson, *Chinese History*, 427 –

434。石经保存最佳者是唐开成年间所刻，于 837 年完成，今日仍完整保存在西安碑林博物馆。

〔43〕关于现存及已出版石刻拓本数目，见 Wilkinson, *Chinese History*, 428。收藏最完备的是《北京图书馆藏中国历代石刻拓本汇编》101 册（郑州，1989—1991）；《石刻史料新编》90 册（台北，1977—1986）；有关各朝代的出版品，见高文：《汉碑集释》（开封，1997）；毛汉光辑：《唐代墓志铭汇编附考》18 册（台北，1984—1994）；《隋唐五代墓志汇编》30 册（天津，1991）。至于索引及通论，见杨殿珣编：《石刻题跋索引》（上海，1940），三版（北京，1980）；Dieter Kuhn 等编，*Annotated Bibliography to the Shike Shiliao Xinbian* (Wiesbaden, 1991)；赵超：《中国古代石刻概论》（北京，1997）；及金其桢：《中国碑文化》（重庆，2002），此书是石刻研究最好的介绍。

〔44〕关于石刻，尚有许多的西文佳作可以推介：Jan Jakob Maria de Groot, *The Religious System of China* (1892-1910)。关于秦代碣石，见 Martin Kern, *The Stele Inscriptions of Ch'in Shih-huang: Text and Ritual in Early Chinese Imperial Representation* (New Haven, 2000)。关于汉代石刻，见 Patricia Ebrey, "Late Han Stone Inscriptions," *Harvard Journal of Asiatic Studies*, vol. 40 no. 2 (1980)：325-353；Tiziana Lippiello, "Le pietre parlano：il valore dell'epigrafia come fonte storica per lo studio della civiltà Han orientale," in Maurizio Scarpari, *Fonti per to Studio della Civiltà Cinese* (Venezia, Cafoscaryna, 1995), 13-26；K. F. Brashier, "Evoking the Ancestor：The Stele Hymn of the Eastern Han" (Ph. D. diss., University of Cambridge, 1997)。关于唐代的石刻，见 Patricia Ebrey, *The Aristocratic Families of Early Imperial China: A case Study of the Po-ling Ts'ui Family*（中国中古时代的豪族：以博陵崔氏为例）(Cambridge, 1978), 特别见第 87—115、179—200 页。关于宋代石刻，见 Silvia Freilin Ebner von Eschenbach, *Die Sorge der Lebenden um die Totten: Thanatopraxis und Thanatologie in der Song-Zeit*, 960-1279（生死之忧：宋代对死亡的思想与礼制）(Heidelberg, 1995)；Angela Schottenhammer, "Characteristic of Song Epitaphs"（宋代碑铭的特点），

in Dieter Kuhn, *Burial in Song China*（宋代的埋葬）（Heidelberg, 1994），特别见第 253—306 页；Angela Schottenhammer, *Grabinschriften in der Song-Dynastie*（Heidelberg, 1995）；及 Vincent Goossaert, "Portrait epigraphique d'un culte: Inscriptions des dynasties Jin et Yuan de temples du Pic de l'Est"（仪礼的契文象征：金元时代东岳庙的铭文），《三教文献》1998 年第 2 期，第 41—83 页。

〔45〕关于侯马盟书，见《侯马盟书》（北京，1976）；《河南温县东周盟誓遗址一号坎发掘简报》，《文物》1983 年第 3 期，第 78—89、77 页。

〔46〕见 Susan Weld, "Covenant in Jin's Walled Cities: The Discoveries at Houma and Wenxian" 及 "The Covenant Texts from Houma and Wenxian"，在 *New Sources of Early Chinese History*, 125‒160。

〔47〕关于陶器拓片的研究，见高明：《古陶文汇编》（北京，1990）；袁仲一：《秦代陶文》（西安，1987）。关于砖文，见王镛、李淼：《中国古代砖文》（北京，1990）；殷荪：《中国砖铭文字征》（上海，1996）。关于官印，见孙慰祖：《两汉官印汇考》（上海，1993）。关于度量衡上的文字，见邱隆：《中国古代度量衡图集》（台北，1995）。

〔48〕最近关于竹木简牍的研究，见 Enno Giele, "Early Chinese Manuscripts: An Introduction to the Reading of Inscriptions and Manuscripts," *Early China*, vols. 23‒24（1998‒1999）: 247‒347；骈宇骞、段书安：《本世纪以来出土简帛概述》（台北，1999）。较早的讨论，见 Michael Loewe, "Manuscripts Found Recently in China: A Preliminary Survey," *TP*, vol. 63, nos. 2‒3（1977）: 99‒136；"Han Administrative Documents: Recent Finds from the North-West," *TP*, vol. 72（1986）: 291‒314。

〔49〕关于武威汉简的英文著述，见 Michael Loewe, "Han Administrative Documents," in *New Sources of Early Chinese History*, 161‒192。

〔50〕最近在居延发现的木简仅有一部分公布，见《居延新简：甲渠候官与第四隧》（北京，1990）；《居延新简：甲渠候官》（北京，1994）；英译见 A. F. P. Hulsewe, "Qin and Han Legal Manuscripts," in *New Sources of Early Chinese History*, 161‒192。

〔51〕关于 1930—1931 年所发现的木简，最完整的报告是《居延汉简：甲乙

编》（北京，1980）。

〔52〕定县之墓，在未发掘前曾被火焚，其中木简受到火灼。更不幸之事，是在发现后三年，这些木简尚未整理完毕之前，就在唐山大地震中受到损失。因此，一直到此后 20 年，这批发现的初步报告才问世。关于《论语》，见河北省文物研究所定州汉墓整理小组：《定州西汉中山怀王墓竹简〈论语〉释文选》，《文物》1997 年第 5 期，第 49—54 页；完整的《论语》已出版，见《定州汉墓竹简：论语》（北京，1997）；英译见 Roger T. Ames and Henry Rosemont, Jr., *The Analects of Confucius: A Philosophical Translation*, *A New Translation Based on the Dingzhou Fragments and Other Recent Archaeological Finds*（New York, 1999）。关于《文子》，见《定州西汉中山怀王墓竹简〈文子〉释文》，《文物》1995 年第 12 期，第 27—34 页。

〔53〕专为讨论此问题，参看《文化与哲学》第 3 卷第 8 期（1996 年 8 月）；又见 Charles Le Blanc, *Le Wenzi: a là lumière de l'histoire et de l'archéologie* 文子历史及考古的新证（Montreal, 2000）。

〔54〕对此问题有一极佳之研究，虽然与定州的发现无关，见李零：《出土发现与古书年代的再认识》，《九州学刊》第 3 卷第 1 期（1988），第 105—136 页。

〔55〕关于竹简原文，见《睡虎地秦墓竹简》（北京，1990）；此书有一 1978 年的版本，书名及出版者与此完全相同，但两者内容与释文颇有差异。关于秦代法律的英译，见 A. F. P. Hulsewe, *Remnants of Qin Law*（Leiden, 1985）。关于日书，见 Marc Kalinowski, "Les traités de Shuihudi et l'hémérologie chinoise à la fin des Royaumes-Combattants," *TP*, vol. 72（1986）；又见 Michael Loewe, "The Almanacs（*jih-shu*）from Shui-hu-ti': A Preliminary Survey," *Asia Major*. 3rd ser., 1. 2（1988）：1‑27。

〔56〕张家山发掘所得，见张家山二四七号汉墓竹简整理小组：《张家山汉墓竹简：二四七号墓》（北京，2001）；英文对医药文件脉书的研究，见 He Zhiguo and Vivienne Lo, "The Channels：A Preliminary Examination of a Lacquered Figurine from the Western Han Period," *Early China*, vol. 21（1996）：81‑123。

〔57〕包山竹简保存完好，见《包山楚简》（北京，1991）。关于包山法律文

件，见 Susan Weld, "Chu Law in Action：Legal Documents from Tomb 2 at Baoshan"；Constance A. Cook and John S. Major, *Defining Chu: Image and Reality in Ancient China* (Honolulu, 1999), 77‑98；关于占卜的资料，见 Li Ling 李零, "Formulaic Structure of Chu Divinatory Bamboo Slips," *Early China*, vol. 15 (2000)。

〔58〕这次发现的初步报告，见《江陵王家台 15 号秦墓》，《文物》1995 年第 1 期，第 37—43 页。关于这些竹简与归藏的关系，见王明钦：《试论归藏的几个问题》，《一剑集：北京大学考古专业 86 级毕业 10 周年纪念文集》(北京，1996)，第 101—112 页；又见 Shaughnessy, "The Wangjiatai Gui Cang：An Alternative to Yi Jing Divination," in *Facets of Tibetan Religious Tradition and Contacts with Neigboring Cultural Areas*, *Orientalia Venetiana*, vol. 12 (Firenze, 2002)。

〔59〕郭店《老子》，见《郭店楚墓竹简》(北京，1998)。

〔60〕见 Sara Allan 及 Crispin Williams 编, *The Guodian Laozi: Proceedings of the International Congress*, *Dartmouth College*, *May 1998* (Berkeley, 2000)。

〔61〕这些记录也已发表，见《尹湾汉墓简牍》(北京，1994)。

〔62〕关于这批发掘，见长沙市文物工作队、长沙市文物考古研究所：《长沙走马楼 J22 发掘简报》，《文物》1999 年第 5 期，第 4—25 页；又见王素、宋少华、罗新：《长沙走马楼简牍整理的新收获》，《文物》1999 年第 5 期，第 26—44 页；走马楼简牍整理组编：《长沙走马楼三国吴简：嘉禾吏民田家莂》2 册 (北京，1999)。

〔63〕见马承源编：《上海博物馆藏战国楚竹书》，已出 2 册 (上海，2001—2002)。

〔64〕2002 年 12 月下旬，在湖北枣阳发现两座古墓：一座墓内存有完整的乐队乐器，另一座存有 1 000 多件竹简。今日我们尚不知这批竹简的内容。另据 2003 年 1 月 19 日报道，在陕西眉县发现 27 件西周有铭文的青铜器。其中一件是盘，上面刻有 340 字，成为最近考古发掘中最长的铭文。更重要的，它与史墙盘一样，把周王的历史与此盘制作者的宗谱并列在一起。这两次发现定将引起极大的注意。

〔65〕这些新发现的竹木简经常残破散乱。当初放入墓内时，是每片逐次相连。可是由于水分渗透与土地的压力，发现时已结合成许多坚固的木

块及竹块。因此，整理时必须要一片片地层层分开。在分开的过程中，常常一片简面上的墨迹会印到前一片的背面。在此种情况之下，读竹简背面的文字时如同读镜中的形象一样。还有一更大的困难：这些竹木简已在地下埋葬了几千年，出土后遇到空气时就会分解；所以必须保存在有液体的玻璃管里，而研究也必须在这种情况下进行。

〔66〕骈宇骞、段书安列出 30 种著作，都是近四十年内发表的战国秦汉竹木简的释文，见其《本世纪以来出土简帛概述》，第 123—134 页。关于参考书，见何琳仪：《战国古文字典》（北京，1998）；曾宪通：《长沙楚帛书文字编》（北京，1993）；滕壬生：《楚系简帛文字编》（武汉，1995）；张光裕、袁同华：《包山楚简文字编》（台北，1992）；张守中：《包山楚简文字编》（北京，1996）；张光裕：《郭店楚简文字编》（台北，1999）；李运富：《楚国简帛文字构形系统研究》（长沙，1997）；袁仲一、刘钰：《秦文字类编》（西安，1993）；陈振裕、刘信芳：《睡虎地秦简文字编》（武汉，1993）；张守中：《睡虎地秦简文字编》（北京，1994）；王梦鸥：《汉简文字类编》（台北，1974）；陈建贡、徐敏：《简牍帛书字典》（上海，1991）；陆锡兴：《汉代简牍草字编》（上海，1989）。关于通论介绍，见林剑鸣：《简牍概述》（西安，1984）；郑有国：《中国简牍学综论》（上海，1989）；高明：《简牍研究入门》（南宁，1989）；何琳仪：《战国文字通论》（北京，1989）。

〔67〕有些学者对简牍研究的心得会联系到古籍传本的考订，见 A. C. Graham, *Later Mohist Logic, Ethics and Science*（Hong Kong and London, 1978）；Robin D. S. Yates, "The Mohists on Warfare: Technology, Technique, and Justification," *Journal of American Academy of Religion*（1980）；Edward L. Shaughnessy, "On the Authenticity of Bamboo Annals," *Harvard Journal of Asiatic Studies*（1986）；Erik W. Maeder, "Some Observation on the Composition of the 'core chapters' of the Mozi," *Early China*（1992）。

〔68〕在这一方面，*The Cambridge History of Ancient China* 有两章专门讨论战国时代的思想：一章是 David S. Nivison, "The Classical Philosophical Writings"；另一章是 Donald Harper, "Warring States Natural Philosophy and Occult Thought"。

增订说明

郑如斯

中国古代文明历史悠久，生产技术和科学文化水平曾处于世界前列，书籍的发达程度也是如此。我国很早发明了文字，从而创作了大量的图书。中国文字和书籍影响了周围的一些民族，而图书的材料和制作工艺（如纸与印刷）则对全世界做出了贡献。

对于印刷术的发明及其后的中国图书事业，中外学者多有研究，而对印刷术发明前中国书史的系统论述却十分缺乏。这是由于印刷发明前中国书籍有着二千多年的历史，用于记载文字的材料又十分广泛和零碎，具有中国特色的书籍形式和制度正在形成演变之中。因此，要想从繁杂的材料中理出头绪，探明其发展规律，没有渊博的学识和精密的研究方法，实在不易着手。钱存训先生对此问题进行了深入的钻研，填补了这一方面的空白。本书即是他研究中国印刷发明前的文字记载和书籍制度的一部专著。

钱先生在美国长期从事中国文化、图书史、版本目录学的教学和研究工作，发表过许多有关论著，对介绍中国古代文化发展的成就和沟通东西方学术思想交流，做出了卓越的贡献。在《印刷发明前的中国书和文字记录》这部书中，他引用大量中外文献与考古实物相互参证，并配以数字和图表，首先概述了中国古代载籍的价值及其演进的社会背景和学术因素，然后分别探讨了甲骨、金文、陶器、石刻、竹简、木牍、缣帛和纸卷的起源、内容、性质、记载方法、制作形式和编排制度，从社会生产力和学术思想背景上分析它们发展、演变及前后传承关系。书中还专门介绍中国特有的书写工具毛笔、墨、砚、书刀，论述了它们的渊源、应用、制造和发展。全书资料丰富、内容充实、阐释详明、见解精辟，生动而又深刻地将中国古代图书发展全貌展现在读者面前，对中国文化史的研究具有极高的参考价值。

本书英文本最初以《书于竹帛》为名，由芝加哥大学出版社于 1962 年出版，受到中外学者的欢迎与好评。1975 年香港中文大学出版中文本，改题《中国古代书史》，内容有所增改，并于 1981 年再版。1980 年东京法政大学出版局又出版日文本。现在，这本书再度增订。为了更确切地反映本书内容，改名《印刷发明前的中国书和文字记录》，由印刷工业出版社以简体字横排在大陆出版。希望得到大陆广大读者的欢迎，并有助于这一领域内学术研究的发展。

1979 年钱存训先生归国访问，我有幸在北大见到先生，并就中国书史研究中的有关问题交流了看法，聆听教导，受益匪浅。钱先生的这部书，一直是我多年来从事中国书史教学的重要参考文献。每读一遍，总有新的体会和收获，并深被钱先生严谨认真的治学精神和对祖国古代文化成就的深厚激情所感动。

去年春天，芝加哥大学远东图书馆馆长郑炯文先生来京访问，带来本书要在大陆出版的消息。我出于对钱先生的敬意和对本书的喜爱，在陈鸿舜老师的鼓励下，接受委托，承担了本书增订工作。一年来，我广泛查阅有关文献，并利用在教学中所积累的资料，将最近十几年来最新考古发现补入书中。全部增订工作在钱先生的指导下于今年 5 月完成。增订的资料或插入正文，或放在附注，并将原书附注调整于每章之后，书中一些单位名词和数字书写格式，也做了少许更动。在附录中，除了原有的后序外，另选入中文、英文和日文的书评或序言各一篇，代表中外学者对本书的评价和意见。中文本书评内有每章提要，可帮助读者对书中内容的了解。

1986 年 7 月于北大中关园

第四次增订版补记

本书第四次增订版将截至 2001 年底所见新发现的考古资料补入正文或附注，内容并由作者加以修订，图版亦有数幅更换，希望读者注意。

本书第二次印刷前，承周凤五、林素清、张宝三、陈汉平、谷辉之等诸友好先后校阅指正，已据以修改，并此志谢。

2001 年 12 月 30 日补记
2003 年 1 月 5 日再记

重大考古发现（1899—2000）

甲骨文（1899—2000）

年	省	市/县	地点	年代	出　　处
1899	河南	安阳	小屯	商	胡厚宣《殷墟发掘》
1928—1937	河南	安阳	小屯	商	董作宾《小屯》（1—2）
1954	山西	洪赵		西周	《文物参考资料》1956年第7期
1958—1959	河南	安阳	小屯	商	王宇信《甲骨学一百年》
1971	河南	安阳	小屯	商	王宇信《甲骨学一百年》
1973	河南	安阳	小屯南地	商	《小屯南地甲骨》
1976	陕西	岐山	凤雏	西周	《文物》1979年第10期
1983	河南	洛阳		西周	《考古》1985年第4期
1988	湖北	襄樊		西周	《中国文物报》1989年1月13日
1989	河南	安阳	小屯	商	王宇信《甲骨学一百年》

续　表

年	省	市/县	地点	年代	出　　处
1991	河南	安阳	花园庄	商	《考古学报》1999 年第 3 期
1996	北京	房山	琉璃河	西周	《中国文物报》1997 年 1 月 12 日

青铜器铭文（1950—2000）

年	省	市/县	地点	年代	出　　处
1951	山东	黄县	南埠村	春秋	王献唐《黄县疂器》
1954	江苏	丹徒	烟墩山	西周	《考古学报》1955 年第 9 期
1954	陕西	长安	普渡村	西周	《文物参考资料》1955 年第 2 期
1955	安徽	寿县	西门	春秋	《寿县蔡侯墓出土遗物》
1955	陕西	郿县	李村	西周	《文物参考资料》1957 年第 1 期
1957	安徽	寿县	邱家花园	战国	《文物》1958 年第 4 期
1959	山西	侯马	上马村	东周	《考古》1963 年第 5 期
1959	陕西	蓝田	寺坡村	西周	《文物》1960 年第 2 期
1961	陕西	长安	张家坡	西周	《考古学报》1962 年第 1 期
1973	辽宁	喀左	北洞村	商	《考古》1974 年第 6 期
1973—1974	北京	房山	琉璃河	西周	《考古》1974 年第 5 期

264

年	省	市/县	地点	年代	出　　处
1974	陕西	扶风	强家	西周	《文物》1975 年第 8 期
1975	河南	三门峡	上村岭	战国	《文物》1976 年第 3 期
1975	陕西	岐山	董家村	西周	《文物》1976 年第 5 期
1975	陕西	扶风	庄白	西周	《文物》1976 年第 6 期
1975	陕西	宝鸡	茹家庄	西周	《宝鸡強国墓地》
1976	河南	安阳	小屯	商	《考古学报》1977 年第 2 期
1976	陕西	扶风	庄白	西周	《文物》1978 年第 3 期
1976	陕西	临潼	零口	西周	《文物》1977 年第 8 期
1978	河南	淅川	下寺	春秋	《文物》1980 年第 10 期
1978	湖北	随县	擂鼓墩	战国	《文物》1979 年第 7 期
1978	山东	曲阜		西周/东周	《曲阜鲁国故城》
1978	陕西	宝鸡	太公庙	春秋	《文物》1978 年第 11 期
1979	河北	平山		战国	《譻墓》
1983—1986	陕西	长安	张家坡	西周	《张家坡西周墓地》
1985	北京	房山	琉璃河	西周	《考古》1990 年第 1 期
1986	陕西	安康	王井沟	西周	《考古与文物》1989 年第 3 期
1986—1993	河南	平顶山		西周/东周	《文物》1998 年第 9 期
1990	河南	三门峡	上村岭	西周/东周	《文物》1995 年第 1 期

续　表

年	省	市/县	地点	年代	出　　处
1992—1994	山西	侯马	天马——曲村	西周/东周	《文物》1994 年第 1 期
1993	甘肃	礼县	大堡子山	西周	《上海博物馆集刊》第 7 期（1996 年）

石刻（1950—2000）

年	省	市/县	地点	年代	出　　处
1965—1966	山西	侯马		春秋/战国	《侯马盟书》
1980—1982	河南	温县		春秋/战国	《文物》1983 年第 3 期

竹简和木牍（1900—2000）

年	省	市/县	地点	年代	出　　处
1901	新疆	和田	尼雅	东汉	Stein, *Ancient Khotan*
1902—1914	新疆	楼兰		晋	Stein, *Serindia*
1906—1916	甘肃	敦煌		汉	Maspero, *Les documents chinois*
1914	甘肃	居延		汉	Stein, *Serindia*

266

年	省	市/县	地点	年代	出　　处
1930	甘肃	居延		汉	劳榦《居延汉简》
1951	湖南	长沙	五里牌	战国	《文物参考资料》 1952 年第 2 期
1953	湖南	长沙	仰天湖	战国	《文物参考资料》 1954 年第 3 期
1954	湖南	长沙	杨家湾	战国	《文物参考资料》 1954 年第 12 期
1957	河南	信阳	长台关	战国	《信阳楚墓》
1959	甘肃	武威	磨咀子	汉	《武威汉简》
1965	湖北	江陵	望山	战国	《望山楚简》
1972	山东	临沂	银雀山	西汉	《银雀山汉墓竹简》
1972	甘肃	武威	旱滩坡	东汉	《武威汉代医简》
1972—1973	湖南	长沙	马王堆	汉	《文物》 1974 年第 7 期
1973	河北	定县	八角廊	汉	《文物》 1981 年第 8 期
1973	湖北	江陵	凤凰山	西汉	《文物》 1974 年第 6 期
1973—1974	甘肃	居延		汉	《居延新简》
1975—1976	湖北	云梦	睡虎地	秦	《文物》 1976 年第 6 期
1977	安徽	阜阳	双古堆	汉	《文物》 1983 年第 2 期
1977	湖北	随县	擂鼓墩	战国	《文物》 1979 年第 7 期
1978	湖北	江陵	天星观	战国	《考古学报》 1982 年第 1 期
1978	青海	大通	上孙家寨	汉	《文物》 1981 年第 2 期
1983—1984	湖北	江陵	张家山	汉	《文物》 1985 年第 1 期
1986	甘肃	天水	放马滩	秦	《文物》 1989 年第 2 期

年	省	市/县	地点	年代	出　　处
1987	湖北	荆门	包山	战国	《包山楚简》
1987	湖南	慈利	石板村	战国	《人民日报》1987 年 7 月 8 日
1989—1991	湖北	云梦	龙岗	秦	《云梦龙岗秦简》
1990—1991	湖北	荆州	扬家山	秦	《文物》1993 年第 8 期
1990—1992	甘肃	敦煌	悬泉	汉	《文物》2000 年第 5 期
1993	湖北	江陵	王家台	秦	《文物》1995 年第 1 期
1993	湖北	荆门	郭店	战国	《郭店楚墓竹简》
1993	江苏	连云港	尹湾	汉	《尹湾汉墓简牍》
1996	湖南	长沙	走马楼	汉/三国	《文物》1999 年第 5 期

帛书、帛画（1900—2000）

年	省	市/县	地点	年代	出　　处
1901	新疆	楼兰		汉	Stein, *Serindia*
1908	甘肃	敦煌		汉	Stein, *Serindia*
1930	新疆		罗布淖尔	汉	Bergman, *Sinkiang*
1934	湖南	长沙	子弹库	战国	巴纳楚帛书摹本，《人民文学》1953 年 11 号
1949	湖南	长沙	子弹库	战国	《人文杂志》1960 年第 4 期

续　表

年	省	市/县	地点	年代	出　　处
1973	湖南	长沙	马王堆	汉	《马王堆汉墓帛书》
1973	湖南	长沙	子弹库	战国	《文物》1973 年第 7 期
1976	山东	临沂	金雀山	汉	《文物》1977 年第 11 期
1982	湖北	江陵	马山	战国	《文物》1982 年第 10 期

纸卷（1900—2000）

年	省	市/县	地点	年代	出　　处
1900	新疆	楼兰		晋	Conrady, *Sven Hedins in Lou-lan*
1901	新疆	和田		唐	Stein, *Ancient Khotan*
1902—1904	新疆	吐鲁番		晋	Schindler, "Preliminary Account"
1906	新疆	楼兰		晋	Stein, *Serindia*
1907	甘肃	敦煌		晋	Stein, *Serindia*
1907—1915	甘肃	敦煌	千佛洞	晋至唐	Giles, *Descriptive Catalogue* (1908)
1909—1910	新疆	吐鲁番		晋	《西域考古图谱》
1914	新疆	楼兰		晋	Asia Major, n. s., 1 (1943), 225
1928—1930	新疆	吐鲁番		晋	《文物》1973 年第 10 期
1933	新疆		罗布淖尔	西汉	黄文弼《罗布淖尔考古记》

269

续　表

年	省	市/县	地点	年代	出　处
1942	甘肃	居延	烽火台	汉	《史语所集刊》第 19 本，1948 年，第 496 页
1957	陕西	西安	灞桥	西汉	《文物参考资料》1957 年第 7 期
1959	新疆	民丰		东汉	《文物》1960 年第 6 期
1959—1973	新疆	吐鲁番	阿斯塔那、哈拉和卓	晋至唐	《文物》1977 年第 3 期
1973	甘肃	居延	金关	西汉	《文物》1978 年第 1 期
1974	甘肃	武威	旱滩坡	东汉	《文物》1977 年第 1 期
1975	湖北	江陵	凤凰山	西汉	《文物》1976 年第 10 期
1978	陕西	扶风	中颜村	西汉	《文物》1979 年第 9 期
1979	甘肃	敦煌	马圈湾	东汉	《文物》1981 年第 10 期
1986	甘肃	天水	放马滩	西汉	《文物》1989 年第 2 期
1990—1992	甘肃	敦煌	悬泉	西汉	《文物》2000 年第 5 期

书写工具（1900—2000）

毛　笔

年	省	市/县	地点	年代	出　处
1900—1901	新疆	和田		晋	Stein, *Ancient Khotan*
1927	甘肃	居延	烽火台	西汉	《国学季刊》第 3 卷第 1 期（1932）

270

续　表

年	省	市/县	地点	年代	出　处
1954	湖南	长沙	左家公山	战国	《文物参考资料》 1954年第 12 期
1957	河南	信阳	长台关	战国	《文物参考资料》 1957年第 9 期
1972	甘肃	武威	磨咀子	汉	《文物》1972 年第 12 期
1975	湖北	云梦	睡虎地	秦	《云梦睡虎地秦墓》
1975	湖北	江陵	凤凰山	西汉	《文物》1975 年第 9 期、1976 年第 10 期
1978	山东	临沂	金雀山	西汉	《文物》1984 年第 11 期
1979	甘肃	敦煌	马圈湾	汉	《文物》1981 年第 10 期
1986	甘肃	天水	放马滩	秦	《文物》1989 年第 2 期
1986—1987	湖北	荆门	包山	战国	《文物》1988 年第 5 期
1990—1992	甘肃	敦煌	悬泉	西汉	《文物》2000 年第 5 期

墨

年	省	市/县	地点	年代	出　处
1907	新疆	和田		唐	Stein, *Ancient Khotan*
1955	河南	陕县	刘家渠	东汉	《考古学报》1965 年第 1 期
1958	江苏	南京	老虎山	晋	《考古》1959 年第 6 期
1973	山西	浑源	毕村	西汉	《文物》1980 年第 6 期
1975	湖北	江陵	凤凰山	汉	《文物》1975 年第 9 期

年	省	市/县	地点	年代	出　　处
1975	湖北	云梦	睡虎地	秦	《云梦睡虎地秦墓》
1979	江西	南昌		三国	《考古》1980 年第 3 期

石　砚

年	省	市/县	地点	年代	出　　处
1950 年代	河北	沧县		东汉	《文物》1964 年第 10 期
1956	安徽	寿县	马家古堆	东汉	《考古》1966 年第 3 期
1960	河北	沧县		东汉	《文物》1964 年第 10 期
1965	湖南	湘乡		西汉	《文物资料丛刊》第 2 期（1978）
1972	江西	南昌		汉	《文物资料丛刊》第 1 期（1977）
1972	宁夏	吴忠县	关马湖	东汉	《考古与文物》第 3 期（1984）
1973	山西	浑源	毕村	西汉	《文物》1980 年第 6 期
1975	湖北	云梦	睡虎地	秦	《云梦睡虎地秦墓》
1975	湖北	江陵	凤凰山	汉	《文物》1975 年第 9 期
1978	山东	临沂	金雀山	西汉	《文物》1984 年第 11 期
1978	河南	南乐	宋耿洛大队	东汉	《中原文物》1981 年第 2 期
1979	甘肃	敦煌	马圈湾	汉	《文物》1981 年第 10 期
1979	江西	南昌		三国	《考古》1980 年第 3 期

年	省	市/县	地点	年代	出　　处
1980	陕西	扶风	石家村	西汉	《中原文物》1985 年第 1 期
1982—1983	上海	青浦	福泉山	汉	《考古》1988 年第 8 期
1982—1987	山西	朔县		西汉	《文物》1987 年第 6 期
1984	安徽	马鞍山		三国	《文物》1986 年第 3 期
1984	江苏	邗江	姚庄	西汉	《文物》1988 年第 2 期
1984	湖北	荆州	马眼桥	东汉	《江汉考古》1988 年第 2 期

中国文化、书籍与文字记录年表

朝代/年代	文化	铭文	书籍	文献	工具	字汇	书体
商（前1600?—前1046?）殷（前1300?—前1046?）	农业 蚕桑业 祭祀 占卜	金文 陶文 石刻 玉器刻辞 甲骨文	简策	《尚书·盘庚》	毛笔 烟墨 丹砂 绿松石	2500	甲骨文
西周（前1046—前771）	封建 诸侯盟誓 礼器 兵器	金文 甲骨文	简策	《易经》《尚书》《诗经》	墨块		籀文

续 表

朝代/年代	文化	铭文	书籍	文献	工具	字汇	书体
东周 (前770—前256)	铁器时代 经济发展	石鼓文 王石刻辞	缣帛文字 帛书 简策 木牍 帛书地图	《春秋》 《国语》 《礼记》 《论语》 诸子著作 《楚辞》 《战国策》	长沙睡虎地, 包山出土的毛笔	3000	篆书
春秋 (前722—前481)	孔子 诸子百家	货币文					
战国 (前468—前221)	法律文书	诅祝文					
秦 (前221—前206)	统一 标准化 焚书	石刻	简策		毛笔 石墨		小篆
西汉 (前206—8)	文官考试 大学	陶器款识 砖瓦款识	残纸 木牍历书 木牍地图	乐府 《史记》 分类目录	居延笔	5340	隶书
新莽 (8—23)	皇家图书馆	印章 封泥					
东汉 (25—220)	佛教传入 经学	镜铭 石经	木牍 纸卷	《汉书》 《说文解字》	书刀 砚具	9353	章草

275

续 表

朝代/年代	文化	铭文	书籍	文献	工具	字汇	书体
三国 (220—280)	道教兴起	三体石经	木牍		砚石	18150	楷书
晋 (266—420)	书法艺术	碑铭	木牍 染纸	道家著作 小说	韦诞墨 石墨	22726	楷书 行书
南北朝 (420—589)	佛教传播 碑刻	摩崖 佛经刻石	墨拓 纸卷	佛经 骈文	松烟墨		楷书
隋朝 (581—618)	开凿大运河		纸			30000	楷书
唐 (618—906)	对外交往	道教经典 刻石	雕版印刷	诗歌			楷书

附　录

一、中文本《中国古代书史》评介

李　棪

　　本文原刊《香港中文大学中国文化研究所学报》第 1 卷（1968）。作者李棪原任香港中文大学教授。

　　《中国古代书史》，即英文本《书于竹帛》的中文译本，为钱存训博士所著。钱氏现时在美国芝加哥大学讲授中国文学，并任该大学远东图书馆馆长。1967 年 8 月，我出席在美国密歇根大学举行的第 27 届国际东方学者会议时，知钱氏方从事此书翻译，今年 3 月得读稿本，被它的流畅明快的文字和趣味盎然的叙述吸引着，爱不释手。其中涉及许多专门学问，若非研究有素，殊难说得头头是道，而此书深入浅出，叙述详明，对于门外汉而欲了解中国古代书籍的演变者，固属必须参考，即令专家们手持一编，也当具开卷有益之感。

　　《中国古代书史》体大思精，资料丰富，结构谨严，章与章之间像有机体般地凝成一体，但分开来读，每章都可以满足读者对于某一方面知识的要求。作者根据古籍资料，除必须引用原文之外，辄用自己的文字再表达出来，使它与全文打成一片，那些考古上的资料也能娓娓道出，令读者不感枯燥。我认为这是一本学术价值很高，而能做到深入浅出的好书。

钱氏原著《书于竹帛》（*Written on Bamboo and Silk: The Beginnings of Chinese Books and Inscriptions*），1962 年美国芝加哥大学出版社初版。翌年，许倬云为文表扬（见《大陆杂志》第 26 卷第 6 期，第 186—188 页），说这书是英文著述中至今唯一有系统介绍印刷术发明前中国文字记载方式的书籍，可说凡是中国先民曾经著过一笔一划的东西，莫不讨论到了。同时将该书章节目次翻译，并择出数事特别介绍：（1）在第七章中，作者用一节篇幅专题讨论纸张由西方传来中国的臆说。他说，"蜜香纸"来自大秦，虽被艾约瑟（J. Edkins）引为纸张可能西来的证明，却并不能算是坚强的依据。又特别指出中央研究院在居延发现的古纸，年代很接近蔡伦的时代。而这张纸和斯坦因在敦煌、斯文·赫定在楼兰、德国调查团在高昌吐鲁番各处发现的古纸都是用败絮破麻造成的。因此，作者认为硬要把埃及纸草和中国纸拉在一起是不通的。（2）据长沙仰天湖发现的战国毛笔及先秦典籍中提到的笔，判断在蒙恬以前，中国的毛笔已与今天习用之毛笔形制相差不多。（3）漆书虽见于文献，却不见有考古学上的证据。认为漆即使用于书写，可能也只是用作制墨的配料，绝不可能像墨汁一样作为书写的液体。（4）书刀是直刃长方刀，异于弯形的削。剞劂是刻石的工具，刀布是钱币，用途早已分开。作者根据郑玄把"书刀"和"削"相提并论，指出书刀是用来刮削竹木简牍上错字的。许先生继续介绍房山县石经山的经幢；长沙在 1952 年发现的 37 支竹简，1953 年仰天湖发现的 43 支竹简，1954 年杨家湾发现的 72 支竹简，1957 年信阳发现的 28 支竹简。又甘肃武威在 1959 年出土的完整的东汉简牍 385 支，破碎的 225 片，内容包括《仪礼》七章；仰天湖战国墓出土的一支毛笔；河北望都的汉墓中发现的壁画，人物前席有一只三足砚台，上立圆锥形墨一枚，旁有水盂一只。又四川成都天回山的汉墓，有光和七年（184）的一柄书刀。许先生以为得此便可重建古代的文房四宝——简、笔、墨、刀，而其中笔、墨两样似乎沿用迄今，没有大改动。许先生特别指出，这部书以印刷术之发明为断代标准，是一个极具真知灼见的决定。作者讨论到印刷术以前的知识记载、传布与保存的方式，可以使我们对这个问题，由鲜明对照而得到恰当的了解。最后，许先生对于本书结论的最后一节曾谈到影响中国文字发展的因素，提到早期文献的宗教成分，知识局限于贵族，儒家得势后的保存与复原古籍，释、道在 3 世纪以后的兴起及终于为了宗教的需要而刺激印刷术的发明等等，以为作者似也注意到了中国文字的特性，但是为了本书体例，未能尽量阐述，致令读者掩卷时有余意未尽之感。

至于国外学人用西文撰述书评者，以予所见有下列多篇。

A. Bulling, *Orientalistische Literatunzeitung*, vol. 61（1966）; Chang Chun-shu, *Harvard Journal of Asiatic Studies*, vol. 25（1964 - 1965）; Chen Tsu-lung, *T'oung Pao*, vol. 53（1967）; *Christian Science Monitor*, January 3, 1963; Arthur Hummel, *American Historical Review*, vol. 68（1963）; Hyman Kublin, *Library*

Journal, vol. 87（1962）; Lionello Lanciotti, *East and West*, vol. 14（1963）; Joseph Needham, *Journal of Asian Studies*, vol. 23（1964）; T. Pokora, *Archiv Orientalni*, vol. 34（1966）; Richard Rudolph, *Archeology*, vol. 16（1963）; Edward Schafer, *Journal of American Oriental Society*, vol. 82（1962）; Siegfred Tauber, *Börsenverein des Deutschen Buchhandels*（Frankfurt）, vol. 17（1963）; *Times*（London）*Literary Supplement*, April 26, 1963; Wang Yi-tung, *Pacific Affairs*, vol. 37（1964－1965）; K. T. Wu, *Library Quarterly*, vol. 33（1963）.

内容大致不外介绍与推崇，不复一一举出。李约瑟以此书与卡特（T. F. Carter）名著《中国印刷术的发明及其西传》（*The Invention of Printing in China and Its Spread Westward*）相提并论，言外大有此胜于彼之意。凡此，足见钱书之甚为世重也。

本书内容分九章，现在概括将其章节目次，作重点介绍。

第一章：先从古代文化遗产说起，指出 8 世纪初年已发明雕版印刷术，活字版的应用亦比欧洲的谷登堡（Gutenberg）早 400 年。次叙贞卜及青铜器文字，说明古代的文字不仅是人与人之间交流的凭借，也是人与鬼神之间交流之媒介。进而讨论官文书与档案，谓孔子以前的著述都是官方文件，战国时私人藏书是在官文书档库建立之后。秦火以还，直到汉武才开始对古籍作有系统的和广泛的收集。最后，讨论宗教文学的盛行，又由于佛经的大量译出，便成为刺激发明印刷术的原动力。

第二章：甲骨卜辞，从起源与性质，说到发现与研究；从字汇，说到象形、会意与形声字；从材料与契刻方法，说到卜辞的内容与排比的方式；最后说非卜辞的记载文字。

第三章：金文、镜文、钱文、印文、封泥文、陶文及砖瓦文，金属、陶泥等器物在古代也常用以记载文字。金文常见于铜器，自商至汉不绝。陶与铜是绝不相似的两种物质，却有着极密切的关系，不仅铜器的形式可能脱胎于陶器，它们上面所载的文字也有许多相似之处。从金属印章在陶泥上打印，作为竹木简的封泥一事上，也可看出它们之间关系的密切。印章有时也用于印出砖瓦上的款识，这种载有题识的战国和汉代的砖瓦，仍存于今日。

第四章：石刻和玉雕，就文字的记载来说，石文能载文的面积广，现存北京的十个石鼓，是载文之石中具有历史价值的古物。秦刻石都是坚硬灰暗的岩石，自汉以后，刻石自圆柱形变为长方形的碑。碑是立于地上的，其葬于墓中的为墓志，通常有二石：一为基石载墓志铭，一为盖石载墓名。后来以砖代石，是为墓砖。除刻字于碑之外，也有直接刻字山崖的，称为摩崖；石刻用于保存儒家经典者，是为石经。释、道二家也有石经之刻。玉也是书写材料之一，但载有文字的古玉流传到今日者甚少。总之，以墨汁拓印石面文字的技术，曾被认为是印刷术发明的先河。不管是从石面、金属或木面，都是以纸从雕刻物上取得复本。

第五章：竹简与木牍，古代文字之刻于甲骨、金石，印于陶器者，皆不能称之为书。中国各种书写材料之使用，大致可分为三期：（1）竹简、木牍：自上古至公元 3 世纪或 4 世纪。（2）缣帛：自公元前 6 世纪或前 5 世纪至公元 5 世纪或 6 世纪。（3）纸：自公元前后直至现代。本章叙述战国竹简与汉、晋木简，由竹木的整治，论及古简的大小长短，与书写之行数、字数，最后论及古书的基本单位和种类形式及其编集捆扎的方式。

第六章：帛书，大多数古代文字的记载和新近科学的发掘，都显示出古人曾以丝帛作为衣服、乐弦、制订书籍的材料以及交易的通货。但是丝帛之用于书写，据近年的发掘及研究，当始自公元前六七世纪，延续使用将近千年。古籍记载，缣帛的种类甚多，其中仅少数能供书写。自战国起，"竹帛"一词便常用以代表文字的记载。缣帛之面较广，价亦较昂，故仅用于竹、木所不能胜任的特殊用途。作为竹书的附图，是缣帛的特殊用途之一。《汉书·艺文志》所收兵书790篇皆是竹书，而附图43卷则全是帛书。古代地图原绘于木上，后因缣帛面积较广，乃取而代之。

第七章：假纸与纸卷，汉武帝时太子持纸蔽鼻的故事，发生在公元前93年，这纸既非缣帛，当属真纸。蔡伦发明用树皮及新材料制纸之后，纸的使用不但盛行于中原，且更流传于世界。3世纪西传至西域，8世纪至中东，10世纪至埃及，12世纪至欧洲。更于4世纪东传至朝鲜，5世纪至日本，7世纪前南播至印度和越南。敦煌卷轴，其中有标明日期的均属406年至995年间之物，对于研究古代纸书的卷轴形式，提供了不少宝贵资料。"卷"原是一长卷缣帛的单位，纸发明后，卷书的传统传了下来，直到9世纪中叶，纸才被折叠成分页数的书籍，逐渐演变，而成为今日的线装书。

第八章：书写工具，文房四宝——纸、笔、墨、砚，是中国人将思想记录成文字的工具，这种书写工具的改进及应用，获致中文书法成为艺术的另一特殊形式。学者认为毛笔的应用，商、周时代已有，而用毛笔书写，少不了要用某种流质的色素。从商代的甲骨文中，我们知道当时已用某种红和黑的墨汁，可能彼时也有一种用以调和墨汁的器具。目前所有关于砚石的文字记载，没有比公元 1 世纪更早的，除石以外，砖瓦亦常用以制砚。有些用特殊的物质，如玉石、水晶、银、铁、铜、贝壳，甚至竹、木等制成，而木可能是用来做砚盒或砚饰的。此外，还有书刀是整治竹木以备书写，也是从简牍上修改文字的一种重要工具。

第九章：结论，共分九节：（1）书写材料的种类；（2）古代文献的流传；（3）铭文的时期；（4）书籍的起源和发展；（5）书写与复制的技术；（6）中国文字的演进；（7）字汇的增加；（8）中国文字书写的顺序；（9）中国文字记录发展的重要因素。

读这本书，从头读下去时，读完第一章至第八章，对于作者所要说的话都已了然。这第九章只是概括性的结论而已。

二、 英文本《书于竹帛》评介

李约瑟

原文刊载于《亚洲研究学报》（*Journal of Asian Studies*）第 24 卷第 4 期，1964 年 8 月出版。作者为英国剑桥大学教授和《中国科学技术史》著者 Joseph Needham（李约瑟）。本书英文本原名 *Written on Bamboo and Silk: The Beginnings of Chinese Books and Inscriptions*，1962 年芝加哥大学出版社出版，14、233 页，图版 28 幅。

这一部值得钦佩的专著，范围包括了人类传播思想和经验的各种铭文及其技术，纸的发明和改进及其运用于书写，直到印刷术发明为止。从本书的性质与分量来看，显然是卡特的经典之作《中国印刷术的发明及其西传》（T. F. Carter，*The Invention of Printing in China and Its Spread Westward*）一书的姊妹篇。我们可以断言，钱著和卡特的名著完全可以媲美而并驾齐驱。当然两位著者的作风不尽相同，卡特自注甚详，而钱氏对资料的质量和数字的精确性特别关注。例如他对待年代问题，非常谨慎；又如他提到汉石经时，不仅标明原石的行款和字数，并与现存石经的字数作一比较，这使有科学训练的读者会更加欣赏。除了这些细节以外，钱氏和卡特一样，全书行文清晰利落、要言不烦，是写作的典范。

本书开头几章叙述中国早期的文字记录，从甲骨卜辞、吉金铭文、典诰书志、诸子著作，以至公元前十个世纪之内的金匮石室的收藏等，无不详述。钱氏提到"焚书"事件深为惋惜，但他相信在公元前206年秦朝宫室为乱军围困烧毁时所造成的严重损失，可能更甚于秦始皇的焚书。其次，他又讨论到铜器铭文为中国文化中的一个奇葩，并及陶文和封泥。在铸铜程序中的单字字范，可能启示了后来11世纪活字版的发明。这是容庚在1941年的作品（译者注：《商周彝器通考》，哈佛燕京学社出版）中所说，但钱氏未曾提到。钱氏继续讨论到玉石和印章文字，并且引入石经的探研。

接着论述战国时期到汉代的简牍。在此我们读到有关这一时期书籍制作的最新描述，包括公元94年《兵物册》的图版，书于木简，束以麻绳。本书又向我们介绍了1959年在凉州（武威）发现的《仪礼》残篇，有简385支，凡7篇。

在战国及汉代所用的其他书写材料，尚有绢素，钱氏详细叙述这一部分。绢素是绘制地图的理想材料。在长沙发现的楚国帛书，显然因出土时日较久方才摄制复本，已使原本变成暗褐色，以致不能辨读。虽然许多学者对此作过研究，但至今未有可以称为定论的成果。

　　钱氏书中也曾述及关于养蚕的技术，这是发明纸的根源。早在战国时代，人们惯于在水中搅拌蚕茧以获得丝絮，在浣丝过程中，偶然会发现有一层很薄的纤维聚集在帘席上，滤干后就成了薄薄的一片。可是毫无疑问，约在公元 100 年左右，蔡伦造意制纸，他用树皮、麻头、破布以及渔网、败絮来制纸。我们现存最早的字纸，是蔡伦时期所制作。可能在他把所发明的纸呈现给皇帝以前就已有纸的存在。最后，钱氏以毛笔的起源，以及墨的制造与改进作为结尾。

　　本书有很详细的参考资料书目和完备的中国字汇，是一部非常值得推荐的书。

三、 日文本《中国古代书籍史》序

平冈武夫

原序见本书日文本《中国古代书籍史——竹帛に书す》，1980 年东京法政大学出版局出版。作者平冈武夫为日本京都大学荣誉教授。

中国的文化，就是汉字的文化。

汉字是表意文字，那是和西洋的表音文字完全不同的东西，在脑中，处理文字的部位也不相同。

所谓"近代文化"，即世界文化史上延续至现代这一段时期的文化，是建立在表音文字字母的基础上的。且不说打字机至计算机这些近代机器，一般而言，近代人的思考方法与感觉，可说全依表音字母所规定的形式所形成。

但是，也就是因为这样，我们怀疑，以这些所谓近代的思考方法与感觉，加上机器来处理汉字的文化，是否妥当？我们深觉不妥。因为这样只是从表面上来看问题，而把其中最重要的因素忽略了，所以我们应当重视重新观察研究这表意文字——汉字的源流，以建立汉字文化这门学问应该具备的词汇、方法和体系。

汉字并非在偏僻地区为少数几种民族所使用，或仅在某一段短暂时期所使用的一种文字。在人类历史上的任何时期，最多人使用的文字，是汉字！在最广大地域使用的文字，是汉字！被使用最长久（3 000 多年）的文字，是汉字！表现最多种语言的文字，是汉字！蕴藏书籍最丰富的文字，也是汉字！

支持近代文化的价值体系已在动摇，我们正在寻求新时代的价值体系。如果历史是应该展开到全人类的活动的话，不只是哲学家和历史学家，一般的人也不能不把其视野扩展到汉字的世界里。研究中国的学者，尤其不能不以新的学问体系来协助其扩大和发展。

在近代文化价值体系开始显著动摇的这个世纪，骤然间，中国的殷墟开启了神秘之门，敦煌提供了数以万计的文书，楚之帛书、汉代木简也先后出现了。汉字文物，有如破堰出土。竹、木简和帛书，以及纸类有机物质，幸免于腐朽销蚀，而以原本姿态重现于世界。这一切，似乎是个奇迹。因此，各国学者正竭力进行调查研究这些出土的文物。这是中国学问的漫长历史上未曾有过的现象。出现在那里的文物，仿佛在逼迫人们把眼光转向汉字的文化上，追溯其源流。这一切，是偶然的吗？

钱存训教授的《书于竹帛》（*Written on Bamboo and Silk: The Beginnings of Chinese Books and Inscriptions*） 这本书，是被这趋势所触发而写作的。这部著述，它不仅引用文献与实物对证，追

源出土最古书写的文物，也追寻其后各时代汉字流变之踪迹，直到印刷术出现之前夕为止。可以说这是一部由殷墟到敦煌这重要时代整个汉字书写的全部历史。

到现在为止，也曾有人尝试重新观察汉字本身。但是，大多不是站在分析汉字本身的象形、指事、形声、会意等所谓"六书"说的立场来研究。

钱存训教授的这部著作，犹如前述书名——《书于竹帛》，出发于追寻汉字的根源：写在何物上？以何物来写？如何来写？因此逐渐形成为书籍的形式。换句话说，这部著作是在于追寻汉字的根源，为此目的而写作。这是一部真正出发于重新观察汉字文化的著作。

但是所提出的问题并不简单。书写的素材有甲骨，有铜器，有碑石，有木简、竹简，有帛、纸，而用具有刀，有箆，有木笔，有毛笔，书体有由古体以至隶书、楷书之演变。素材、用具与书体，互相关联，彼此牵制。而且，甲骨是占卜的媒介，铜器是祭祀的圣器，碑石上隐藏着不朽的悲哀与乞愿。当然同时也得考虑到书写的人和书写的方法。木简是如何被运用的？纸的发明所及影响是如何？这些都是又大又复杂的问题。要有系统地叙述这些问题，并非易事。笔者对钱存训教授处理这些难题的高明手法，表示敬意。

这部书，开始时是以《书于竹帛》的书名以英文著述，继而译成中文，题名为《中国古代书史》，1975 年由香港中文大学出版社出版。在翻成中文时，曾增补改订。现在日文本也出版了。在这日文本中，译者把英文本、中文本综合起来，再附加了补注。这部书可说是继续成长的一部幸运的书，也可说是蕴含生命的书。

当时，我接到钱教授赠送的《中国古代书史》，乍见之下，也曾考虑过翻译成日文。如今，宇都木氏、泽谷氏等出色的译本已经完成，笔者因此也有同庆之感，尤其泽谷氏是笔者的好友。

1979 年 9 月 7 日，迎接钱教授之入洛，在京都欢度了半天。当时钱教授以口头，之后，10 月间回芝加哥后，又以书函要笔者为这部日文本作序。不久，收到泽谷氏送来的日文本校样的复印本。现在，笔者桌上放着三种语文的版本。笔者既要评介这部书，又要庆祝其日文本的出版，即使笔者不敏，也不能不提笔写这篇序文了。

（林慈爱译）

四、《书于竹帛》评介摘要

别立谦编译

原文为北京大学硕士研究生学位论文《论钱存训对中国书史研究的贡献》（1998 年 6 月）的附录。

1. Hyman Kublin，*Library Journal*，vol. 87（June，1962）

钱著是现代汉学研究的一项杰出成就，目的在于考察 3 000 年来中国文字记录以及书写材料、工具、方式和技术的演进，叙述巨细靡遗。在他严谨而细致的研究中，涉及大量原始文献、考古、艺术、文学以及各种专业论文。正如他所引用的资料一样，他的研究成果具有权威性。对于了解中国文字的发展渊源以至印刷发明前的古代书史，这是一部必不可少的读物。

2. A. Bulling，*Orientalistische Literaturzeitung*，vol. 61（January，1966）

钱著探讨了中国图书发展的早期阶段，为西方汉学家很少涉及的问题，因此对于学者和一般读者而言，无疑具有相当的重要性。该书叙述清楚，学术性强，非精通中国文化的学者不能为之。书评重点介绍本书的章节内容，指出在向西方学者介绍中国书史及其研究方面，钱著是一笔宝贵的财富。书中还包含丰富的中国字汇和详尽的参考书目，从中可以得到其他著作中少有的、珍贵的知识信息，应推荐给研究早期书籍历史的学者和古代中国文明的学生。

3. Arthur W. Hummel，*American Historical Review*，vol. 68，no. 3（April，1963）

评论主要从书名、内容等方面对《书于竹帛》一书所作概要介绍，申述了对于欧洲用纸 1 000 年之前中国书籍和文字记录研究的重要性，书中并提出关于中国印刷术起源的观点。总结该书的两大特色：一是作者不失主旨地引入一些他人所未涉及的概念与实物；二是提供了中国最近的考古发现，对旧有的资料是很好的补充。该书文字简洁，普遍适合于外行与专家学者的使用。

4. *Artibus Asiae*，vol. 28，no. 4（1964）

《书于竹帛》是一部基于客观事实的关于中国书史和文字记录发展的纲要著作，丰富的中、日、西文书目和索引更增加了其使用价值。

5. Chang Chun-shu，*Harvard Journal of Asiatic Studies*，vol. 25（1964－1965）

评论介绍了钱著的写作范围以及章节内容安排，并归纳其特色为：（1）对于不同书写材料的起源和发展提供了精心的文献与考古实物上的证据；（2）对中国文字记录及其材料的发展作了系统的描述与专题的解释，并指出人类对新材料使用的保守性；
（3）书中提供的图表、书目有助于相关学科的深入研究。应推荐
给研究书史和中国文化的学生，并有助于其他学科的学者从中寻
找有关中国古代文明早期传播的证据。评论还讨论了钱著中的一
些问题，如简牍出土数字的史料依据和对若干中文名词的翻译以
及书目和词表中的一些排印差错。

6. Chen Tsu-lung, *T'oung Pao*, vol. 53（1967）

评论介绍了钱著的章节目次以及内容和时间范围，在所列举
的十余名中、日两国研究中国古代书史的学者中，钱存训著作的
特点在致力于向西方读者推崇中华文明，并根据最新的考古发现
和文献资料撰述而成。评论认为，自袁同礼和裘开明以来，钱存
训是定居美国研究中国目录学的学识渊博的学者，他在致力远东
图书馆建设方面贡献至巨。

7. Chiang Yee, *Chinese Culture*, vol. 6（1963）

在有关中国古代书籍和文字记录的研究中，钱著乃填补空白
之作。从汉语语言的特性出发，分析了钱氏研究前后 2 000 年之
久的古代文字记录具有其本质和广泛的价值。钱著为中国书史在
世界文明中的地位做了全面的叙述，应推荐给专家学者和外
行人。

**8. Chinese and Their Books, *Christian Science Monitor*,
January 3, 1963**

主要对钱著《书于竹帛》一书中关于中国古代图书和文字记
录的发展以及笔、墨等书写工具作一概要性的介绍。

9. Edward Schafer, *Journal of American Oriental Society*, vol. 82（1962）

这是一部精心而极有条理的著作，对技术史和汉学研究都有很高的参考价值。

10. Jesse Shera, *Wilson Library Bulletin*, vol. 37, no. 10（June, 1963）

评论认为，本书引用《墨子》中的章句作为书名是极有魅力而引人入胜的一种巧妙构思，无疑是和卡特的经典之作《中国印刷术的发明及其西传》同样在学术界获得应有的位置。评者是作者在芝加哥大学时代的老师，他对本书的高度评价认为作者是青出于蓝而胜于蓝的一个好榜样，也是对教师的一种最大的回报。

11. Joseph Needham, *Journal of Asian Studies*, vol. 23, no. 4（1964）

评论认为，钱著是卡特的经典之作《中国印刷术的发明及其西传》一书的姊妹篇，和卡特的名著可以媲美而并驾齐驱。卡特自注甚详，而钱氏特别关注资料的质量和数字的精确性。评者并从章节内容择要加以介绍，如"焚书"、铜器铭文、简牍、绢帛、养蚕技术以及笔、墨的起源和制作等，指出作者的研究与前人不同之处。书中行文流畅，要言不烦，是写作的典范。详细的参考资料、完备的书目和中国字汇是其重要特色。

12. Hugh Gorden Portens, *The Listener*, January 2, 1964

评论对钱氏《书于竹帛》和另一部有关中国诗的专著加以推崇介绍。认为钱著是作者凭借多年积累苦心经营而成，注重探讨汉字的产生和发展演变问题。文字简洁，插图精美，参考文献完备清楚。

13. K. E. Carpenter, *College & Research Libraries*, vol. 24（1963）

本书的重点在于记录各种书写材料及其形态的特点，并就书中有关甲骨、金石、简牍、纸张等观点做了介绍。该书适用于考古学者以及研究中国文明的学者。

14. K. T. Wu, *Library Quarterly*, vol. 33, no. 1（January, 1963）

钱著是关于早期中国文字记录和书写材料的极有价值的专著，是汉学中此方面研究的集大成者。该书从广义的角度叙述了自公元前 13 世纪至公元 7 世纪左右中国书史的发展，作者以详实的材料和敏锐的洞察力，探讨了各种古代书写材料的起源和演变，从文献资料以及考古实物上综合分析了现代学者的各种观点，立足于宏观的考察，中肯地指出一些传统观点的错误之处。评论认为，钱著可与卡特的《中国印刷术的发明及其西传》相媲美，对于专业人员以及有关书史的初学者具有参考价值。

15. Lionello Lanciotti, *East and West*, vol. 14（1963）

评论认为，钱著可视为卡特《中国印刷术的发明及其西传》（1955，纽约，二版）以及伯希和《中国印刷术的开端》（1953，巴黎）两部著作的补充。研究的时间跨度大，对资料的考证细致入微，以及对最新考古实物研究的重视，构成其特色。在简要介绍书中章节内容之后，对本书提出几点补充意见：（1）甲骨在亚洲其他地区也曾经使用，并非中国文化所独有；（2）对伏羲结绳和黄帝统治时期已出现的图画符号、冶金术以及圆轮马车应给予重视；（3）中国文字可能起源于西亚。总之，作者在书中提供了广泛的资料，以及详细的书目、索引和图版等，从整体上说非常实用。

16. *MD*（August，1964）

评论概要介绍《书于竹帛》一书的内容，认为钱著讨论了各种书写技术的发展以及相关的社会、文化因素，对于帮助了解中国文化和书法艺术具有很高的价值。

17. Monique Cohen（Review in French, periodical name unknown）

18. *Times*（London）.*Literary Supplement*, April 26, 1963, 301.

19. Richard C. Rudolph, *Archaeology*, vol. 16（June, 1963）

钱著的研究范围广泛，时间跨度大，充分利用文献和实物上的证据支持其观点。从绪论到各个章节依次介绍社会背景、甲骨、青铜、石刻、简牍、帛书、纸卷、书写工具等内容。评论认为，钱著语言平实，配有插图，适宜非专业读者阅读，丰富的索引和书目有助于汉学专业学者的深入探讨。这是一部有创造性的重要专著，在中国研究的领域将是一部长期具有代表性的学术著作。

20. Siegfred Tauber, *Börsenverein des Deutschen Buchhandels*（Frankfurt）, no. 17（February, 1963）

钱著的问世对中国古代书史研究的许多问题无疑是一个很好的解释。它对于中国古代文字用途的探讨，引证了大量最新的考古实物和文献资料，解决了许多长期以来存在的问题。语言简洁朴实。基于大量的研究，在拓宽中国早期文字和图书历史的视野方面，在过去几十年来的著述中钱著最为重要、最引人入胜。此外，包含中、日、西文的综合性书目，详细的索引和精致的图版，堪称学术界的楷模。

21. T. Pokora, *Archiv Orientální*, vol. 34（1966）

评论首先对内容分章节加以介绍和概述，认为该书范围广泛，涉及许多专业领域，对于研究古代和中世纪的中国及其他远东国家的书史，甚至对于中西比较研究都具有很高的参考价值；精选的图版、表格以及相关书目浑然一体，不可或缺。此外，评论还提供了其他有关中国书史的著述十余部，对于深入研究，可供参考。

22. Tsui Siu Yung, "Aspects of Chinese Civilization," *The Asian Student*, vol. 11, no. 25（March 9, 1963）

本文主要是对 *Written on Bamboo and Silk* 和 *China: Before the Han Dynasty* 两部著作进行介绍。关于钱著，评论认为它根据近年的考古发现和学术资料，展示了中华文明的诸多方面，是对中国早期文字和书写材料的广泛研究。钱氏的文笔流畅，叙述清楚，其中英文对照词表（包括术语、书名等）以及详尽的书目和索引，使此书更具参考价值。

23. Wang Yi-t'ung, "The Origins of Chinese Books," *Pacific Affairs*, vol. 37（1964－1965）

评论认为，钱著探讨了前人曾经涉足但未得到满意结论的课题，并根据文献资料和考古实物上的证据，提出了令人信服的观点。系统地从几个方面总结出钱著的学术贡献，甲骨文、封泥、玉石刻辞、古书的单位和种类、帛书的起源、材料和用途、纸的起源、毛笔的发展、墨和漆书的最早使用等等，一一指出了作者对这些问题与他人的不同见解及其独到之处，并举例说明为什么他敢于修正与驳斥已经为学术界所接受的旧理论和观点。评论认为，钱著是对中华文明最基本的方面做出的实质性的贡献，在研究的时间范围上填补了卡特《中国印刷术的发明及其西传》以及顾立雅的《中国的诞生》（*The Birth of China*）两书的空白。

24. 许倬云：《评英文本〈书于竹帛〉》，《大陆杂志》第 26 卷第 6 期，1963 年

此书是英文著述中至今唯一有系统介绍印刷术发明前中国文字记载方式的专书，可说凡是中国先民曾经著过一笔一划的东西，莫不讨论到了。评者除将该书章节目次迻译外，并举出纸张西来说、毛笔、漆书、刀笔等考证特别加以介绍，认为这书以印刷之发明为断代标准，是一个真知灼见的决定。

25. 李棪：《〈中国古代书史〉评介》，《香港中文大学中国文化研究所学报》第 1 卷，1968 年

本书体大思精，资料丰富，结构严谨，章与章之间像有机体般的凝成一体，但分开来读，每章都可以满足读者对某一方面知识的要求。书中涉及的许多专门学问若非研究有素，很难说得头头是道。钱书涉及许多专门学问，叙述详明，深入浅出，具有很高的学术价值。既是门外汉了解书史的参考书，也是专家学者受益良多之作。

26. 理堂：《中国古代书史》，《大公报》（香港），1976 年 3 月 10 日

钱著是一部综合研究中国古代典籍流变之作。选题填补了中国书史研究空白，参考中西新旧著述，阐述精辟，是研究印刷术发明前中国书籍沿革史的系统性开创之作。书评对钱氏论述的关键，如简牍应用之先后、"篇"与"卷"之定义、《说文》中"纸"的定义等展开评价。钱著不但可为研治印刷术发明前中国载籍沿革史的参考，亦可作为中国古代文化史的读本。

27. 苏莹辉：《东方学报》（*Journal of Oriental Studies*，香港），第 14 卷第 2 期，1976 年 7 月

钱著针对印刷发明前中国书史的研究空白，做出了系统性的叙述，对每一阶段做出全面考察。其价值不仅在于为书史研究者提供知识，而且加深了解中国的独特文化。书评总结了钱著的重要创见均为此前无人质疑之处，评者还对镜铭、泉文以及碑阴题名等略作补充。

28. 张树栋：《一部简明的〈中国古代书史〉》，《人民日报（海外版）》，1988 年 8 月 10 日

评论对《印刷发明前的中国书和文字记录》一书做了内容介绍，重点评了钱氏关于中国书法行款问题的探讨，认为其具有说服力，增加人们追寻汉字根源和研究汉字文化的兴趣，是一本具有生命力的书。

29. 方厚枢：《中国出版史研究书录》，《中国出版史话》，北京：东方出版社，1996 年

对《书于竹帛》及其各种版本做了客观介绍，从著者生平到章节内容、附录以及各种版次均予以说明。

五、 钱存训书史著述编年

钱孝文

　　钱著专书及论文迄至 2015 年共 170 余种，现将其中有关书史部分约 90 种按发表先后分列于下。其他有关图书目录学、中西文化交流、历史、传记等各类专题，可参考《坐拥书城　勤耕不辍——钱存训先生的志业与著述》（北京，2013）所附目录。

1936　《杜氏丛著书目》，上海：中国图书馆服务社，1936 年，140 页。

1948　"A History of Chinese Book Classification Systems." Graduate Library School，University of Chicago，1948.

1949　"Book Production in China：A Quantitative and Qualitative Study." Graduate Library School，University of Chicago，1949.

1949　"Western influence on China through translation：a History analysis of Chinese Bibliography of Translation works."

Graduate Library School, University of Chicago, 1949.

1952　"A History of Bibliographic Classification in China." *Library Quarterly*, vol. 22, no. 4 (Oct., 1952): 307 – 324.

1954　"Western Impact on China through Translation." *FEQ*, vol. 13, no. 3 (1954): 305 – 327.

1957　"The Pre-printing Records of China: A Study of the Development of Early Chinese Inscriptions and Books." *Doctoral Dissertation*, University of Chicago, 1957. 320 pp. Plates.

1959　*Asian studies in America; a historical survey.* (A lecture delivered at the Summer Institute on Asian Studies, June 22, 1959). University of Hawaii [1959], 13pp.; *Asian Studies and State Universities*, Bloomington: Indiana University, 1959, 108 – 121;《美国早期的亚洲研究》，冼丽环译，《大陆杂志》第 22 卷第 5 期，1961 年 3 月，第 15—21 页。

1959　"Far Eastern Resources in American Libraries." In collaboration with G. Raymond Nunn, *The Library Quarterly: Information, Community, Policy*, vol. 29, no. 1 (Jan., 1959): 27 – 42;《美国图书馆中的远东资料》上、下，与 G. R. Nunn 合编，王素香、冼丽环译，《大陆杂志》第 2 卷第 1 期，1960 年 1 月 15 日，第 25—29 页；第 2 卷第 2 期，1960 年 1 月 30 日，第 18—22 页。

1961　《汉代书刀考》，《"中央研究院"历史语言研究所集刊外编（第 4 种）》下册，1961 年，第 997—1008 页；收入刘

家璧编《中国图书史资料集》，香港：龙门书店，1974 年，
第 159—175 页。

1962 ***Written on Bamboo and Silk: The Beginnings of Chinese
Books and Inscriptions*, Chicago：University of Chicago
Press, 1962; reprint 1963, 1969. xiii, 233 pp. 28 Plates.
2nd ed. 2004 with an afterword by Edward L. Shaughnessy,
xxiv, 323 pp. 30 plates, reprint 2008, 2013.**

1962 "Silk as Writing Material." *Midway*, vol. 11 (1962)：92–105.

1964–1965 "First Exchange of Chinese-American Publications."
Harvard Journal of Asiatic studies, vol. 25 (1964–1965)：
19–30.

1965 "East Asian Collections in America." *Library Quarterly*, vol.
35, no. 4 (Oct., 1965)：260–282；《美国的东亚书藏》，
居蜜译，《出版月刊》，第 11 卷第 1 期，1966 年，第 69—
77 页；《美国远东图书馆概况》，成露西节译，《东海大学
图书馆学报》第 9 期，1969 年，第 197—200 页。

1966 "Area Studies and the Library." [papers presented at] the
thirtieth annual conference of the Graduate Library School,
May 20–22, 1965. Chicago：University of Chicago Press,
1966. 184 pp.

1966 [Review] "Intrigues; Studies of the Chan-Kuo Ts'e." by J. I.
Crump, Jr., *The Journal of Asian Studies*, vol. 25, No. 2
(Feb., 1966)：328–329.

1967 [Review] "Specimen Pages of Korean Movable Types." by

M. P. McGovern, *Library Quarterly*, vol. 37 (1967): 40－41.

1967　《北平图书馆善本书籍运美经过：纪念袁守和先生》，《传记文学》第 10 卷第 2 期，1967 年 2 月，第 55—57 页；《思忆录——袁守和先生纪念册》，台北：商务印书馆，1967 年，第 114—118 页。

1969　"A guide to reference and source materials for Chinese studies: preliminary draft." Chicago: ［University of Chicago］, 114 leaves.

1969　《中美书缘：纪念中美文化交换百周年》，《传记文学》第 14 卷第 6 期，1969 年 6 月，第 6—9 页；《文献》1993 年第 4 期，第 187—197 页。

1969　《论明代铜活字版问题》（"Bronze Movable-type Printing in Ming China"），《庆祝蒋慰堂先生七十荣庆论文集》，台北：学生书局，1969 年，第 129—144 页。收入刘家璧编：《中国图书史资料集》，香港：龙门书店，1974 年，第 511—526 页；《图书印刷发展史论文集》，台北：文史哲出版社，1975 年，第 355—366 页；《学术集林》卷七，上海：上海远东出版社，1996 年，第 107—129 页。

1971　《中国古代文字记录的遗产》，周宁森译，《香港中文大学中国文化研究所学报》第 4 卷第 2 期，1971 年 12 月，第 273—286 页。

1971　"A Study of the Book Knives in Han China." translated by John H. Winkelman. *Chinese Culture*, vol. 21, no. 1 (March, 1971): 87－101.

1971 《中国印刷史选读材料》，Chicago：University of Chicago，1971. ［1 册］

1972 "China：True Birthplace of Paper，Printing and Movable Type." *UNESCO Courier*，vol. 25（Dec.，1972）：4－11。此文为联合国教科文组织《信使》月刊为庆祝"国际书年"特约撰述，同时以十五种语文发行。转载 *Pulp and Paper International*，Brussels（Feb.，1974）：50－56。

1972 《中国对造纸术及印刷术的贡献》，马泰来译，《明报月刊》第 7 卷第 12 期（总第 84 期），1972 年 12 月号，第2—7 页。

1973 ［Preface］*Far East: An Exhibition of Resources in the University of Chicago Library*. Chicago：Committee on Far Eastern Studies and Committee on South Asian Studies，Chicago：University of Chicago，1973.

1973 "Raw Material for Old Papermaking in China." *Journal of American Oriental Society*，vol. 93，no. 4（Oct. － Dec.，1973）：510－519.

1973 《中国古代的简牍制度》，周宁森译，《香港中文大学中国文化研究所学报》第 6 卷第 1 期，1973 年 12 月，第45—60 页；《图书印刷发展史论文集续编》，台北：文史哲出版社，1977 年，第 17—32 页。

1973 《英国剑桥大学藏本〈橘录〉题记》，《清华学报》新第 10 卷第 1 期，1973 年 6 月，第 106—114 页，附英文提要。《上海高校图书情报学刊》1995 年第 2 期，第 50—52 页。

1974 《中国古代的造纸原料》，马泰来译，《香港中文大学中国文化研究所学报》第 7 卷第 1 期，1974 年 12 月，第 27—
39 页。收入《中华文化复兴论丛》第 9 集，台北，1977
年，第 664—679 页；《图书印刷发展史论文集续编》，台
北：文史哲出版社，1977 年，第 33—42 页。

1975 《中国古代书史》，香港：香港中文大学出版社，**1975 年，
187 页，图版 28 幅；1981 年再版。附劳幹后序。**

1975 ［Review］"Chinese Colour Prints from the Ten Bamboo
Studio." by Jan Tschichold, translated by Katherine Watson.
Journal of Asian Studies, vol. 34, no. 2 (Feb., 1975): 513 − 515.

1975 ［Preface］"T. L. Yuan *Bibliogarphy of Western Writings on
Chinese Art and Archaeology.*" ed. by Harrie Vanderstappen.
London: Marshall, 1975.

1976 *Current Status of East Asian Collections in American
Libraries, 1974 − 1975*, Washington: Center for Chinese
Research Materials, Association of Research Libraries, 1976.
viii, 67pp.; *The Journal of Asian Studies*, vol. 36, no. 3
(May, 1977), 499 − 514.

1976 "［Biographies of］An Kuo （安国）and Hua Sui （华燧)." In
Dictionary of Ming Biography, 1368 − 1644 （明代名人传），
ed. by L. Carrington Goodrich & Chao-ying Fang, 2 vols.
New York: Columbia University Press, 1976.

1977 *History of Chinese Printing and Publishing: Outline and
Bibliography*, Chicago: Graduate Library School, University
of Chicago, 1977.

1978 《书籍、文房及装饰用纸考略》，马泰来、陈雄英译，《香港中文大学中国文化研究所学报》第 9 卷上册，1978 年，第 87—98 页。

1978 *Ancient China: Studies in Early Civilization* （《古代中国论文集》），co-ed. with David Roy. Hong Kong：Chinese University Press, 1978. 370 pp.

1978 *China: An Annotated Bibliography of Bibliographies* （《中国书目解题汇编》），in collaboration with James K. M. Cheng 郑炯文. Boston：G. K. Hall, 1978. 604 pp.

1980 《中国古代书籍史——竹帛に书す》，宇都木章、泽谷昭次、竹之内信子、广濑洋子合译，东京：法政大学出版局，1980 年，17、258、22 页，图 28 幅。

1982 "Why Paper and Printing were Invented First in China and Used Later in Europe." 李国豪、张梦闻、曹天钦主编：《中国科技史探索》（*Explorations in the History of Science and Technology in China*）中国科技史探索，上海：上海古籍出版社，1982 年，第 459—470 页。

1982 ［Review］"The Paper Makers：Early Pennsylvanians and Their Water Mills." by Jane Levis Carter, Kennett Square. PA：KNA Press, 1982. *The Library Quarterly: Information*, *Community*, *Policy*, vol. 54, no. 1, Proceedings of the Forty-Second Annual Conference of the Graduate Library School, May 13‑15, 1983. *Publishers and Librarians: A Foundation for Dialogue* （Jan., 1984），128‑129.

1982　［Review］"Cambridge Texts in the History of Chinese Science on Microfiche." *Chinese Science*, vol. 5（June, 1982）: 67‒70.

1983　《竹简和木牍》,《中国图书文献学论集》,台北:明文书局,1983 年,第 647—678 页。

1984　"Technical Aspects of Chinese Printing." In *Chinese Rare Books in American Collections*, ed. Sören Edgren. New York: China Institute in America, 1984, 16‒25.

1985　*Paper and Printing*, in *Science and Civilisation in China*, Joseph Needham ed., vol. 5, part 1. Cambridge: Cambridge University Press, 1985; revised 3rd printing, 1987. xxxii, 485 pp. Illustrated.

1985　《中国发明造纸和印刷术早于欧洲的诸因素》,金永华译,《明报月刊》第 20 卷第 6 期（总第 234 期）,1985 年 6 月,第 69—72 页;《中国科技史探索》（中文版）,上海:上海古籍出版社,1986 年,第 443—452 页。

1985　《中国历代活字本》,《古籍鉴定与维护研习会专集》,台北,1985 年,第 211—223 页。

1985　《欧美地区古籍存藏概况》,《古籍鉴定与维护研习会专集》,台北,1985 年,第 25—46 页;《明报月刊》1986 年第 1 期,第 105—116 页;《图书馆学通讯》1987 年第 4 期,第 57—67、84 页。

1985　《欧洲印刷术起源的中国背景》,《东方杂志》复刊第 19 卷第 5 期,1985 年 11 月,第 18—23 页;《中国印刷》第 18

期，1987 年 11 月，第 86—91 页；《第三届国际中国科学史讨论会论文集》，北京：科学出版社，1990 年，第 251—256 页。

1986 《家庭及日常用纸探原》，《中国造纸》第 5 卷第 4、6 期，1986 年 8 月、10 月，第 58—61、63—66 页；《纸史研究》第 2 期，1986 年 10 月，第 30—39 页；《明报月刊》第 21 卷第 9—10 期（总第 249—250 期），1986 年 9 月、10 月，第 74—77、96—100 页；《汉学研究》第 5 卷第 1 期（总第 9 号），1987 年 6 月，第 75—93 页。

1986 《近世译书对中国现代化的影响》，戴文伯译，《明报月刊》第 9 卷第 8 期，1974 年；《文献》1986 年第 2 期，第 176—204 页。

1986 《なぜ中国は——ヨーロッパよりも早く纸と印刷术を発明したか》，泽谷昭次译，《山口大学教养部纪要》第 20 卷《人文科学篇》，1986 年，第 1—12 页。

1987 《中国雕版印刷技术杂谈》，《蒋慰堂先生九秩荣庆论文集》，台北：商务印书馆，1987 年，第 27—38 页；《明报月刊》第 23 卷第 5 期，1988 年 5 月，第 103—108 页；《中国印刷》第 20 期，1988 年 5 月，第 85—90 页；《雕版印刷源流》，北京：印刷工业出版社，1990 年，第 319—329 页。

1987 ［Review］"Chinese Handmade Paper." by Floyd Alonzo McClure, *Fine Print*, vol. 13, no. 3 (July, 1987)：156, 172.

1987 《张秀民著〈中国印刷史〉序》，上海：上海人民出版社，1989 年；杭州：浙江古籍出版社，2006 年；《文献》1987

年第 2 期，第 209—212 页；《中国印刷》第 16 期，1987
年 5 月，第 91—92 页。《新华文摘》1987 年第 7 期；《复
印报刊资料（出版工作、图书评介）》1987 年第 8 期。

1987 **《印刷发明前的中国书和文字记录》，郑如斯增订，北京：**
印刷工业出版社，1987 年，6、180 页，图版 28 幅。附录：
劳榦后序，李棪、李约瑟及平冈武夫评介及序言。

1988 《中国的传统印刷术》，高祀熹译，《故宫文物》第 5 卷第
11 期（总第 52 期），1988 年 2 月，第 110—117 页。

1988 《中国墨的制作和鉴赏》，高祀熹译，《故宫学术季刊》第
6 卷第 1 期，1988 年秋季，第 67—80 页；《中外出版原著
选读（中国卷）》，北京：北京师范大学出版社，2018 年，
第 292—302 页。

1988 《墨的艺术》，《明报月刊》第 23 卷第 12 期，1988 年 12
月，第 77 页。

1988 "Sealing Clays in the University of Chicago Library." *Committee
on East Asian Libraries Bulletin*, vol. 83（Feb., 1988）: 15 –
16. illustration.

1989 《中国墨的起源和发展》，高祀熹译，《文献》1989 年第 2
期，第 233—249 页。

1989 《〈造纸与印刷〉自叙》（附李约瑟博士序言），《中国印
刷》第 23 期，1989 年 2 月，第 80—83 页。《〈中国科学技
术史（纸和印刷）〉自叙》，《印刷杂志》1990 年第 4 期，
第 32—33 页。

1989 《现存最早的印刷品和雕版实物略评》，《"中央图书馆"

馆刊》新第 22 卷第 2 期，1989 年 12 月，第 1—10 页；《中国印刷》第 28 期，1990 年 5 月，第 103—108 页。

1989　《〈中国手工造纸〉评介》，《汉学研究》第 7 卷第 2 期（总第 14 号），1989 年 12 月，第 423—432 页。

1990　《中国古代书史》（韩文本），金允子译，汉城：东文选出版社，1990 年，233 页，图版 28，彩色图版 15 幅。1999 再版。

1990　《中国科学技术史：纸和印刷》，刘祖慰译，北京：科学出版社、上海：上海古籍出版社，1990 年，25、472 页，插图 182 幅。北京：科学出版社，2018 重印。

1990　《中国印刷史简目》，《"中央图书馆"馆刊》新第 23 卷第 1 期，1990 年 6 月，第 179—199 页；《装订源流和补遗》，北京：中国书籍出版社，1991 年，第 456—482。《中国印刷》第 35—36 期，1992 年；《中国印刷年鉴（1993—1994）》，北京：印刷工业出版社，1994 年，第 313—322 页。

1990　《印刷术在中国传统文化中的功能》，《汉学研究》第 8 卷第 2 期（总第 6 号），1990 年 12 月，第 239—250 页；《文献》1991 年第 2 期，第 148—159 页。

1991　"Recent Discovery of Earliest Movable-type Printing in China：An Evaluation." *Committee on East Asian Libraries Bulletin*, vol. 92（Feb., 1991）：6‒7. illustration.

1991　《封泥小识》，《明报月刊》1991 年 6 月；《上海高校图书情报学刊》第 20 期，1995 年 4 月，第 51—52 页。

1992　《中国书籍、纸墨及印刷史论文集》，香港：香港中文大学

出版社，**1992 年，10、330 页，插图 50 幅。**

1992　[书评]《齐可德〈十竹斋书画谱〉复制本评介》，奚刚译，收入《中国书籍、纸墨及印刷史论文集》，第 257—260 页。

1992　[书评]《麦考文〈朝鲜古活字版书影集〉评介》，奚刚译，收入《中国书籍、纸墨及印刷史论文集》，第 261—264 页。

1993　"How Chinese Rare Books Crossed the Pacific at the Outbreak of World War II：Some Reminiscences." *Bulletin of East Asian Libraries*, vol. 101（1993）：109‑112.

1993　"Chan-kou Ts'e." In Michael Loewe, *Early Chinese Texts: A Bibliographical Guide*. Berkeley：Society for the Study of Early China, 1993，1‑11.

1994　《中国印刷史研究的范围、问题和发展》，《中国印刷》第 12 卷第 2 期，1994 年 4 月，第 9—12 页；《中国印刷史学术研讨会文集》，北京：印刷工业出版社，1996 年，第 7—14 页。

1995　《中国之科学与文明：造纸及印刷》，刘拓、汪刘次昕译，台北：商务印书馆，1995 年，5、610 页，插图 182 幅。

1995　《中国의制纸및印刷术发明이유림보다이른要因》，曹炯镇译，《韩国医学图书馆》第 22 卷第 2 号，1995 年。

1996　《书于竹帛：中国古代书史》新增订本，台北：汉美图书公司，1996 年，24、246 页，图版 28 幅。

1997　《战国策》，刘学顺译，《中国古代典籍导读》，李学勤等译，沈阳：辽宁教育出版社，1997 年，第 1—11 页。

1997　《古代中国的文字传播和文化传统（代序）》，袁咏秋、曾季光主编：《中国历代国家藏书机构及名家藏读叙传选》，北京：北京大学出版社，第1—4页。

1998 **《中美书缘》，台北：文华图书馆管理资讯公司，1998 年，12、284 页，插图 71 幅。**

1998 《〈中美书缘论丛〉前言》，《上海高校图书情报学刊》，1998 年第 1 期，第 60 页。

1998 《探索汉字持续图形化悬案——评［饶宗颐］〈符号·初文与字母——汉字树〉》，《明报月刊》第 33 卷第 10 期，1998 年 10 期，第 92—93 页；《汉学研究》第 16 卷第 2 期，1998 年 12 月，第 413—416 页；《文献》1999 年第 2 期，第 258—261 页。

2001 《北京图书馆善本古籍流浪六十年——祝愿国宝早日完璧归赵》，《传记文学》2001 年第 12 期，第 15—18 页。

2002 《纸的起源新证：试论战国秦简中的纸字》，《文献》2002 年第 1 期，第 4—11 页。

2002 《精写本〈江村书画目〉题记》，《文献》2002 年第 3 期，第 144—146 页。

2002 《中国印刷史简目（续篇）》，与张树栋合编，《中国印刷》2002 年第 5 期，第 69—72 页；2002 年第 6 期，第 53—56 页；2002 年第 7 期，第 50—54 页；《中国印刷年鉴（2002）》，北京：中国印刷年鉴社，2002 年，第 405—416 页。

2002 **《书于竹帛：中国古代的文字记录》增订第 4 版，上海：上海书店出版社，2002 年，16、236 页，图版 28 幅。2004 年、2006 年再版时收入"世纪文库"。**

2002　《中国古代书籍纸墨及印刷术》增订本，北京：北京图书馆出版社，2002 年，12、361 页。

2004　《中国纸和印刷文化史》，郑如斯编订，桂林：广西师范大学出版社，2004 年，442 页，插图 174 幅。附录《中国印刷史书目》。

2004　《书籍、艺术和文房用纸》，《书法》2004 年第 11 期，第25—28 页。

2007　《中国の纸と印刷の文化史》，久米康生译，东京：法政大学出版局，2007 年，18、420 页。

2009　《东西文化交流论丛（*East-West Cultural Exchange*）》，北京：商务印书馆，2009 年，第 6、345 页。

2011　*Collected Writings on Chinese Culture*, Hongkong：Chinese University Press. 2011. xviii, 453 pp. reprint 2020.

2012　《回顾集：钱存训世纪文选》，桂林：广西师范大学出版社，2012 年，10、365 页。

2012　《钱存训文集》，全 3 册，北京：国家图书馆出版社，2012 年。

2013　《중국의 종이와 인쇄의 문화사：Chinese Paper and Printing：a Cultural History》（中国纸和印刷文化史），서울：연세대학교 대학출판문화원（首尔：延世大学新闻文化中心），2013 年，655 页。

（2022 年 8 月增订）

西文缩略语

AC/SEC	*Ancient China: Studies in Early Civilization*, edited by David T. Roy and Tsuen-hsuin Tsien. Hong Kong：Chinese University Press, 1978.
BEFEO	*Bulletin de l'École française d'Extrême-Orient*, Hanoi and Saigon.
BMFEA	*Bulletin of the Museum of Far Eastern Antiquities*, Stockholm.
BSOAS	*Bulletin of School of Oriental and African Studies*, London.
ECT	*Early Chinese Texts: A Bibliographical Guide*, edited by Michael Loewe. Berkeley：Society for the Study of Early China, 1993.
FEQ	*Far Eastern Quarterly, changed to Journal of Asian Studies*, Ann Arbor, Mich.
HJAS	*Harvard Journal of Asiatic Studies*, Cambridge, Mass.

JA   *Journal Asiatique*, Paris.

JAOS   *Journal of the American Oriental Society*, New York.

JAS   *Journal of Asian Studies*, Ann Arbor, Mich.

JNCB-RAS   *Journal of the North-China Branch of the Royal Asiatic Society*, Shanghai.

JRAS   *Journal of the Royal Asiatic Society*, London.

MS   *Monumenta Serica: Journal of Oriental Studies* 华裔学志, Tokyo

NSECH   *New Sources of Early Chinese History: An Introduction to the Reading of Inscriptions and Manuscripts*, edited by Edward L. Shaughnessy. Berkeley: Society for the Study of Early China, University of California, 1997.

PCS/LP   *Proceedings of the Conference on Sinology: Section on Linguistics and Paleography.* Taipei: Academia Sinica, 1981.

TP   *T'oung pao*, Leiden.

参考文献

中文文献

安徽省博物馆编著：《寿县蔡侯墓出土遗物》，北京：科学出版社，1956 年。

安徽省文化局文物工作队、寿县博物馆：《安徽寿县茶庵马家古堆东汉墓》，《考古》1966 年第 3 期，第 138—146、9—10 页。

安徽省文物考古研究所、马鞍山市文化局：《安徽马鞍山东吴朱然墓发掘简报》，《文物》1986 年第 3 期，第 1—15、97、104 页。

安阳地区文管会、南乐县文化馆：《南乐宋耿洛一号汉墓发掘简报》，《中原文物》1981 年第 2 期，第 4—10、69—71 页。

安志敏：《长沙新发现的西汉帛画试探》，《考古》1973 年第 1 期，第 43—53 页。

安志敏、陈公柔：《长沙战国缯书及其有关问题》，《文物》1963 年第 9 期，第 48—60、71 页。

白共和：《青涧出土战国封泥简》，《考古与文物》1990 年第 4 期，第 109 页。

（唐）白居易撰，（宋）孔传续撰：《白孔六帖》，《指海》第 32 卷，第 1522—1566 页。

〔澳大利亚〕巴纳（Noel Barnard）、张光裕（Cheung Kwong-Yue）辑：《中日欧美澳纽所见所拓所摹金文汇编》（*Rubbings and Hand Copies of Bronze Inscriptions in Chinese, Japanese, European, American, and Australasian Collections*）10 册，台北：艺文印书馆，1978 年。

（汉）班固：《汉书》，光绪十年（1884）上海同文书局石印本。英译本见 Dubs, Homer。

保利艺术博物馆编：《燹公盨：大禹治水与为政以德》，北京：线装书局，2002 年；参见《中国历史文物》2002 年第 6 期关于此器的文章。

北京大学考古系资料室编：《中国考古学文献目录（1900—1949）》，北京：文物出版社，1991 年。

北京大学考古系、山西省考古研究所：《天马——曲村遗址北赵晋侯墓地第二次发掘》，《文物》1994 年第 1 期，第 4—28、97—98、1 页。

北京大学图书馆、上海古籍出版社编：《北京大学图书馆藏敦煌文献》2 册，上海：上海古籍出版社，1995—1996 年。

北京历史博物馆、河北省文物管理委员会编辑：《望都汉墓壁画》，北京：中国古典艺术出版社，1955 年。

北京图书馆编：《北京图书馆藏青铜器全形拓片集》4 册，北京：北京图书馆出版社，1997 年。

《笔谈建国三十年来的文物考古工作》，《文物》1979 年第 10 期。

（清）毕沅、（清）阮元撰：《山左金石志》12 册，清嘉庆二年（1797）仪征阮元小琅嬛仙馆刻本。

别立谦：《论钱存训对中国书史研究的贡献》，北京大学 1998 年硕士论文。

秉志：《河南安阳之龟壳》，李济总编辑，傅斯年等编辑：《安阳发掘报告》第 3 期，1931 年，第 443—446 页。

〔法〕伯希和编，陆翔译：《巴黎图书馆敦煌写本书目》，《国立北平图书馆馆刊》第 7 卷第 6 期，1933 年，第 21—72 页；第 8 卷第 1 期，1934 年，第 37—87 页。

蔡季襄：《晚周缯书考证》，上海：1944 年；台北：艺文印书馆，1972 年。

蔡邕：《蔡中郎集》，《四部备要》，上海：中华书局，1936 年。

——《独断》，《汉魏丛书》，上海：涵芬楼，1925 年

蔡运章：《甲骨金文与古史新探》，北京：中国社会科学出版社，1996 年。

曹玮：《周原甲骨文》，北京：世界图书出版公司北京公司，2002 年。

曹延尊、徐元邦：《简牍资料论著目录》，《考古学辑刊》1982 年第 2 期，第 203—230 页。

长江流域第二期文物考古工作人员训练班：《湖北江陵凤凰山西汉墓发掘简报》，《文物》1974 年第 6 期，第 41—61、88—95 页。

《长沙仰天湖战国墓发现大批竹简及彩绘木俑、雕刻花板》，《文物》1954 年第 3 期，第 53—59 页。

长沙市文物工作队、长沙市文物考古研究所：《长沙走马楼 J22 发掘简报》，《文物》1999 年第 5 期，第 4—25、2、97—102 页。又见王素。

长沙市文物考古研究所等编著：《长沙走马楼三国吴简：嘉禾吏民田家莂》2 册，北京：文物出版社，1999 年。

畅文斋、顾铁符：《山西洪赵县坊堆村出土的卜骨》，《文物参考资料》1956 年第 7 期，第 27、20 页。

陈初生编纂：《金文常用字典》，西安：陕西人民出版社，1987 年。

陈登原：《古今典籍聚散考》，上海：商务印书馆，1936 年。

陈汉平：《金文编订补》，北京：中国社会科学出版社，1993 年。

陈家仁：《近年来考古发现的古代书写工具》，马泰来等：《中国图书文史论集》，台北：正中书局，1991 年，第 91—100 页；北京：现代出版社，1992 年，第 119—132 页。

陈建贡、徐敏编：《简牍帛书字典》，上海：上海书画出版社，1991 年。

陈孟东：《陕西发现一件两诏秦椭量》，《文博》1987 年第 2 期，第 26—27、2 页。

陈梦家：《海外中国铜器图录》2 册，上海：商务印书馆，1946 年。

——《东周盟誓与出土载书》，《考古》1966 年第 5 期，第 287—297、316 页。

——《汉简考述》，《考古学报》1963 年第 1 期，第 77—110、175 页。

——《解放后甲骨的新资料和整理研究》，《文物参考资料》1954 年第 5 期，第 3—12 页。

——《汲冢竹书考》，《图书季刊》新 5 卷，1944 年，第 2—3 期，第 1—15 页。

——《西周铜器断代》（1—6），《考古学报》第 9 册，1955 年，第 137—175、265—276 页；第 10 册，1955 年，第 60—142、155—172 页；1956 年第 1 期，第 65—114、156—171 页；1956 年第 2 期，第 85—94、164—173 页；1956 年第 3 期，第 105—127、157—172 页；1956 年第 4 期，第 85—122、144—151 页。

——《殷虚卜辞综述》，北京：科学出版社，1956 年。

陈槃：《长沙古墓绢质彩绘照片小记》，《“中央研究院”历史语言研究所集刊》第 24 本，1953 年，第 194—196 页。

——《楚缯书疏证跋》，《“中央研究院”历史语言研究所集刊》第 40 本，1968 年。

——《漫谈地券》，《大陆杂志》第 2 卷第 6 期，1951 年，第 3、12 页。

——《先秦两汉帛书考》，《“中央研究院”历史语言研究所集刊》第 24 本，1953 年，第 185—196 页。附录：长沙帛书。

——《先秦两汉简牍考》，《学术季刊》第 1 卷第 4 期，1953 年 6 月，第 1—13 页。

——《由古代漂絮因论造纸》，《“中央研究院”院刊》第 1 辑，1954 年，第 257—265 页。

陈全方：《周原与周文化》，上海：上海人民出版社，1988 年。又见 Shaughnessy, Edward L., "Zhouyuan Oracle-Bone Inscriptions"。

（宋）陈颙：《负暄野录》，《知不足斋丛书》第 26 集，上海：上海古书流通处，1921 年。

陈垣：《敦煌劫余录》6 册，北平：中央研究院历史语言研究所，1931 年。

（清）陈元龙：《格致镜原》24 册，清雍正十三年（1735）刻本。

陈跃钧、张绪球：《江陵马砖一号墓出土的战国丝织品》，《文物》1982 年第 10 期，第 9—11 页。

陈振裕、刘信芳编著：《睡虎地秦简文字编》，武汉：湖北人民出版社，1993 年。

陈直：《秦汉瓦当概述》，《文物》1963 年第 11 期，第 19—43 页。

——《甘肃武威磨咀子汉墓出土王杖十简通考》，《考古》1961 年第 3 期，第 160—162、165 页。

程大昌：《演繁露》，《学津讨原》第 12 集第 6、7 册，上海：商务印书馆，1922 年。

程应林：《江西南昌市区汉墓发掘简报》，《文物资料丛刊》第 1 期，上海：学林出版社，1977 年，第 114—121 页。

楚文物展览会编辑：《楚文物展览图录》，北京：历史博物馆，1954 年。

辞海编辑委员会编纂：《辞海》，上海：上海辞书出版社，1999 年。

（晋）崔豹撰：《古今注》，《四部丛刊》，上海：商务印书馆，1936 年。

《大戴礼记》，《四部丛刊》，上海：商务印书馆，1929 年。

戴君仁：《重论石鼓的时代》，《大陆杂志》第 26 卷第 7 期，1963 年，第 1—4 页。

党寿山：《甘肃省武威县旱滩坡东汉墓发现古纸》，《文物》1977 年第 1 期，第 59—61、100 页。

〔日〕岛邦男撰，温天河、利寿林译：《殷墟卜辞研究》，台北：鼎文书局，1975 年。又见岛邦男。

邓瑞全编著：《中国古代的文房四宝》，北京：北京科学技术出版社，1995 年。

丁福保辑：《古钱大辞典》12 册，上海：上海医学书局，1938 年；《拾遗》1 册，1939 年。

——《说文解字诂林》，上海：上海医学书局，1928 年。

（清）丁晏纂辑：《曹集铨评》，《国学基本丛书》，上海：商务印书馆，1933 年。

董巴：《舆服志》，引自《太平御览》卷六百〇五，叶 7a。

（宋）董逌撰：《广川书跋》，《津逮秘书》第 6 集，上海：上海博古斋，1922 年。

董作宾：《春秋晋卜骨文字考》，《大陆杂志》第 13 卷第 9 期，1956 年，第 271—274 页。

——《大龟四版考释》，李济总编辑，傅斯年等编辑：《安阳发掘报告》第 3 期，1931 年，第 423—442 页。

——《甲骨文断代研究例》，《庆祝蔡元培先生六十五岁论文集》上册，北平：中央研究院历史语言研究所，1933 年，第 323—424 页。

——《甲骨学六十年》，台北：艺文印书馆，1965 年。

——《甲骨学五十年》，台北：大陆杂志社，1955 年。

——《论长沙出土之缯书》，《大陆杂志》第 10 卷第 6 期，1955 年，第 173—176 页。

——《沁阳玉简》，《大陆杂志》第 10 卷第 4 期，1955 年，第 107—108 页。

——《商代龟卜之推测》，李济总编辑，傅斯年等编辑：《安阳发掘报告》第 1 期，1929 年，第 59—130 页。

——《殷代的鸟书》，《大陆杂志》第 6 卷第 11 期，1953 年，第 345—347 页。

——《殷历谱》4 册，中央研究院历史语言研究所，1945 年。

——《殷虚文字》，《甲编》，上海：商务印书馆，1948 年；《乙编》，台北："中央研究院"历史语言研究所，1946—1953 年。

——《中国文字的起源》，《大陆杂志》第 5 卷第 10 期，1952 年，第 348—358 页。

董作宾、张秉权：《小屯：河南安阳殷虚遗址之一. 第 2 本，殷虚文字》6 册，南京、台北："中央研究院"历史语言研究所，1948—1972 年。

（晋）杜预注、（唐）陆德明音义、（唐）孔颖达等正义：《春秋左传正义》，《十三经注疏》，清光绪十三年（1887）脉望仙馆石印本。

（唐）段公路纂：《北户录》，《湖北先正遗书》第 37 册，沔阳卢靖慎始基斋影印本，1923 年。

段鹏琦：《汉魏洛阳故城太学遗址新出土的汉石经残石》，《考古》1982 年第 4 期，第 381—389 页。

段绍嘉：《陕西蓝田县出土弭叔等彝器简介》，《文物》1962 年第 2 期，第 9—10 页。

二十五史刊行委员会编：《二十五史补编》6 册，上海：开明书店上海总店，1936—1937 年。

范邦瑾：《一块现存最大的〈熹平石经〉残石考释》，《考古与文物》1990 年第 1 期，第 97—101 页。

（南朝宋）范晔撰，（唐）李贤注，（晋）司马彪续志，（南朝梁）刘昭注续志：《后汉书》，清光绪十年（1884）同文书局影印本。

凤凰山一六七号汉墓发掘整理小组：《江陵凤凰山一六七号汉墓发掘简报》，《文物》1976 年第 10 期，第 31—35、50、36—37、96 页。

方诗铭、王修龄辑录：《古本竹书纪年辑证》，上海：上海古籍出版社，1981 年。

方述鑫编著：《甲骨金文字典》，成都：巴蜀书社，1993 年。

——《殷墟卜辞断代研究》，台北：文津出版社，1992 年。

（唐）房玄龄注：《管子》，《四部丛刊》，上海：商务印书馆，1929 年。

（唐）房玄龄等：《晋书》，光绪十年（1884）同文书局影印本。

（元）费著撰：《笺纸谱》，《丛书集成初编》，上海：商务印书馆，1936 年。

（清）冯登府辑：《浙江砖录》2 册，清道光十六年（1836）鄞县郑淳刻本。

〔美〕福开森（Ferguson, John C.）：《历代著录吉金目》，长沙：商务印书馆，1939 年。

——《历代著录画目》，南京：金陵大学中国文化研究所，1934 年。

傅举有、陈松长：《马王堆汉墓文物》，长沙：湖南出版社，1992 年。

傅斯年、李济、董作宾等：《城子崖》，南京：中央研究院历史语言研究所，1934 年。英译本见 Starr, Kenneth。

（晋）傅玄：《傅鹑觚集》2 册，清光绪二年（1876）广州书局刻本。

阜阳汉简整理组：《阜阳汉简简介》，《文物》1983 年第 2 期，第 21—23 页。

甘肃居延考古队：《居延汉代遗址的发掘和新出土的简册文物》，《文物》1978 年第 1 期，第 1—15、98—104 页。

甘肃省博物馆：《甘肃武威磨咀子 6 号汉墓》，《考古》1960 年第 5 期，第 10—12 页。

甘肃省博物馆：《武威汉简在学术上的贡献》，《考古》1960 年第 8 期，第 29—33 页。

甘肃省博物馆：《武威磨咀子三座汉墓发掘简报》，《文物》1972 年第 12 期，第 9—23、79—80 页。

甘肃省博物馆、敦煌县文化馆：《敦煌马圈湾汉代烽燧遗址发掘简报》，《文物》1981 年第 10 期，第 1—7、97—99 页。

甘肃省博物馆、甘肃省武威县文化馆：《武威旱滩坡汉墓发掘简报》，《文物》1973 年第 12 期，第 18—22、73—76 页。

甘肃省博物馆、武威县文化馆编：《武威汉代医简》，北京：文物出版社，1975 年。

甘肃省文物工作队编：《汉简研究文集》，兰州：甘肃人民出版社，1984 年。

甘肃省文物考古研究所：《敦煌悬泉汉简内容概述》，《文物》2000 年第 5 期，第 21—26、1 页。

甘肃省文物考古研究所：《敦煌悬泉汉简释文选》，《文物》2000 年第 5 期，第 27—45 页。

——《甘肃敦煌汉代悬泉置遗址发掘简报》，《文物》2000 年第 5 期，第 4—20、97、2、1 页。

甘肃省文物考古研究所编：《敦煌汉简》，北京：中华书局，1991 年。

甘肃省文物考古研究所、甘肃省博物馆、中国文物研究所、中国社会科学院历史研究所编：《居延新简：甲渠候官》2 册，北京：中华书局，1994 年。

甘肃省文物考古研究所、甘肃省博物馆、文化部古文献研究室、中国社会科学院历史研究所编：《居延新简：甲渠候官与第四燧》，北京：文物出版社，1990 年。

甘肃省文物考古研究所、天水市北道区文化馆：《甘肃天水放马滩战国秦汉墓群的发掘》，《文物》1989 年第 2 期，第 1—11、31、98—99 页。

高敏：《简牍研究入门》，南宁：广西人民出版社，1989 年。

高明编著：《古陶文汇编》，北京：中华书局，1990 年。

高明、葛英会编著：《古陶文字征》，北京：中华书局，1991 年。

高去寻：《殷代的一面铜镜及其相关之问题》，《"中央研究院"历史语言研究所集刊》第 29 本下，1958 年，第 685—719 页。

高文：《汉碑集释》，开封：河南大学出版社，1985 年。

（汉）高诱注，（宋）姚宏校正：《战国策》6 册，《四部备要》，上海：中华书局，1927 年。英译本见 Crump, J. L., Jr.；导读见 Tsien, T. H., "Chan kuo ts'e"。

《故宫周刊》第 339 期，1934 年。

顾廷龙辑：《古匋文香录》，北平：国立北平研究院总办事处，1936 年。

——《沈子它毁拓本题记》，马泰来等：《中国图书文史论集》，台北：正中书局，1991 年，第 209—216 页；北京：现代出版社，1992 年，第 266—277 页。

（清）顾炎武：《金石文字记》2 册。

关百益编：《伊阙石刻图表》2 册，开封：河南博物馆，1935 年。

广东、广西、湖南、河南辞源修订组，商务印书馆编辑部等编：《辞源（1—4 合订本）》修订本，北京：商务印书馆，1988 年。

郭宝钧：《浚县辛村古残墓之清理》，《田野考古报告》第 1 册，上海：商务印书馆，1936 年，第 167—200 页。

国立北京大学文史部编辑：《封泥存真》，上海：商务印书馆，1934 年。

（宋）郭茂倩辑：《乐府诗集》，《四部丛刊》，上海：商务印书馆，1929 年。

郭沫若：《安阳新出土的牛胛骨及其刻辞》，《考古》1972 年第 2 期，第 2—11、69—70 页。

——《卜辞通纂》4 册，东京：文求堂，1933 年，《图录》一卷，《考释》三卷，《索引》一卷；重印，北京：科学出版社，1983 年。

——《长安县张家坡铜器群铭文汇释》，《考古学报》1962 年第 1 期，第 1—14、103—120 页。

——《出土文物二三事》，《文物》1972 年第 3 期，第 2—10、78—83 页。

——《古代铭刻汇考》3 册，东京：文求堂，1933 年；《续编》，东京：文求堂，1934 年。

——《古代文字之辨证的发展》，《考古》1972 年第 3 期，第 2—13 页。

——《关于晚周帛画的考察》，《人民文学》1953 年 11 月号，第 113—118 页；《关于晚周帛画的补充说明》，《人民文学》1953 年 12 月号，第 108 页。

——《侯马盟书试探》，《文物》1966 年第 2 期，第 4—6 页。

——《金文丛考》，东京：文求堂，1932 年。

——《两周金文辞大系》8 册，东京：文求堂，1935 年，《图录》5 册，《考释》3 册；重印，北京：科学出版社，1957 年。

——《石鼓文研究》，上海：商务印书馆，1940 年。

——《武威"王杖十简"商兑》，《考古学报》1965 年第 2 期，第 1—7 页。

郭沫若主编，胡厚宣总编辑，中国社会科学院历史研究所编：《甲骨文合集》13 册，北京：中华书局，1978—1983 年。评介见 David N. Keightley，"Sources of Shang History"。又见《甲骨文合集补编》。

（晋）郭璞注，（宋）邢昺疏：《尔雅注疏》，《十三经注疏》，清光绪十三年（1887）脉望仙馆石印本。

（晋）郭璞注：《穆天子传》，《四部丛刊》，上海：商务印书馆，1929 年。

郭若愚编著：《战国楚简文字编》，上海：上海书画出版社，1994 年。

郭若愚、曾毅公、李学勤缀集，中国科学院考古研究所编辑：《殷虚文字缀合》，北京：科学出版社，1955 年。

（汉）韩婴：《韩诗外传》，《四部丛刊》，上海：商务印书馆，1929 年。

（战国）韩非：《韩非子》，《四部丛刊》，上海：商务印书馆，1929 年。英文节译见 Liao, W. K.。

郝懿行：《山海经笺疏》4 册，清嘉庆十四年（1809）扬州阮氏琅嬛仙馆刻本。

《河北第一博物院半月刊》，第 3 期，1930 年；第 35 期，1933 年。

河北省文物管理处：《河北省平山县战国时期中山国墓葬发掘简报》，《文物》1979 年第 1 期，第 1—13 页。

河北省文物管理处台西考古队：《河北藁城台西村商代遗址发掘简报》，《文物》1979 年第 6 期，第 33—43、102 页。

河北省文物研究所：《𰯼墓：战国中山国国王之墓》上下册，北京：文物出版社，1996 年。又见 Mattos, Gilbert L., "Eastern Zhou Bronze Inscriptions"。

——《河北定县 40 号汉墓发掘简报》，《文物》1981 年第 8 期，第 1—

10、97—98 页。

河北省文物研究所定州汉墓竹简整理小组编：《定州汉墓竹简：论语》，北京：文物出版社，1997 年。

——《定州西汉中山怀王墓竹简〈文子〉释文》，《文物》1995 年第 12 期，第 27—34、1 页。

何琳仪：《战国古文字典：战国文字声系》2 册，北京：中华书局，1998 年。

——《战国文字通论》，北京：中华书局，1989 年。

河南省博物馆：《河南三门峡市上村岭出土的几件战国铜器》，《文物》1976 年第 3 期，第 52—54、11、81 页。

河南省丹江库区文物发掘队：《河南省淅川县下寺春秋楚墓》，《文物》1980 年第 10 期，第 13—20、97—98 页。

河南省文化局文物工作队第一队：《我国考古史上的空前发现——信阳长台关发掘一座战国大墓》，《文物参考资料》1957 年第 9 期，第 21—22、24 页。

河南省文物研究所：《河南温县东周盟誓遗址一号坎发掘简报》，《文物》1983 年第 3 期，第 78—89 页。

——《信阳楚墓》，北京：文物出版社，1986 年。

河南省文物考古研究所、平顶山市文物管理委员会：《平顶山应国墓地八十四号墓发掘简报》，《文物》1998 年第 9 期，第 4—17、102、1—2 页。

河南省文物考古研究所、三门峡市文物工作队：《上村岭虢国墓地 M2006 的清理》，《文物》1995 年第 1 期，第 4—31、97—98、100、1 页。

何双全：《天水放马滩秦简综述》，《文物》1989 年第 2 期，第 23—31、102—103 页。

——《天水放马滩秦墓出土地图初探》，《文物》1989 年第 2 期，第 12—22、97、100—101 页。

（清）洪颐煊：《平津读碑记》，《行素草堂金石丛书》第 25—28 册，清光绪十二年（1886）吴县朱氏家塾刻槐庐丛书本。

湖北地区荆州博物馆：《江陵扬家山 135 号秦墓发掘简报》，《文物》1993 年第 8 期，第 1—11、25、99 页。

湖北省博物馆编：《随县曾侯乙墓》，北京：文物出版社，1980 年。

湖北省荆沙铁路考古队包山墓地整理小组：《荆门市包山楚墓发掘简报》，《文物》1988 年第 5 期，第 1—14 页。

湖北省荆沙铁路考古队编：《包山楚简》，北京：文物出版社，1991 年。

湖北省荆州地区博物馆：《江陵天星观 1 号楚墓》，《考古学报》1982 年第 1 期，第 71—116、143—162 页。

湖北省文化局文物工作队：《湖北江陵三座墓出土大批重要文物》，《文物》1966 年第 5 期，第 33—55 页。

湖北省文物考古研究所：《江陵凤凰山一六八号汉墓》，《考古学报》1993 年第 4 期，第 455—513、551—556 页。

湖北省文物考古研究所、北京大学中文系编：《望山楚简》，北京：中华书局，1995 年。

湖北孝感地区第二期亦工亦农文物考古训练班：《湖北云梦睡虎地十一座秦墓发掘简报》，《文物》1976 年第 9 期，第 51—62、108—109 页。

胡厚宣：《甲骨学绪论》，《甲骨学商史论丛二集》下册，成都：齐鲁大学国学研究所，1945 年。

——《武丁时五种记事刻辞考》，《甲骨学商史论丛初集》第 3 册，成都：齐鲁大学国学研究所，1944 年。

——《五十年甲骨文发现的总结》，上海：商务印书馆，1951 年。

——《五十年甲骨学论著目》，上海：中华书局，1952 年。

——《殷代卜龟之来源》，《甲骨学商史论丛初集》第 4 册，成都：齐鲁大学国学研究所，1944 年。

——《殷代的蚕桑和丝织》，《文物》1972 年第 11 期，第 2—7、36、72 页。

——《殷墟发掘》，上海：学习生活出版社，1955 年。

胡厚宣辑，王宏、胡振宇整理：《甲骨续存补编：甲编》，天津：天津古籍出版社，1996 年。

胡厚宣主编：《甲骨文与殷商史》2 册，上海：上海古籍出版社，1983 年。

胡继高：《一件有特色的西汉漆盒石砚》，《文物》1984 年第 11 期，第 59—61 页。

湖南省博物馆：《新发现的长沙战国楚墓帛画》，《文物》1973 年第 7 期，第 3—4、83 页。

湖南省博物馆、中国科学院考古研究所：《长沙马王堆二、三号汉墓发掘简报》，《文物》1974 年第 7 期，第 39—48、63、95—111 页。

湖南省博物馆、中国科学院考古研究所编：《长沙马王堆一号汉墓》2 册，北京：文物出版社，1973 年。

湖南省博物馆、中国科学院考古研究所、文物编辑委员会编：《长沙马王堆一号汉墓发掘简报》，北京：文物出版社，1972 年。

湖南文物管理委员会：《长沙杨家湾 M006 号墓清理简报》，《文物参考资料》1954 年第 12 期，第 20—46 页。

湖南文物管理委员会：《长沙左家公山的战国木椁墓》，《文物参考资料》1954 年第 12 期，第 3—19 页。

胡平生：《简牍制度新探》，《文物》2000 年第 3 期，第 66—74 页。

——《长沙走马楼三国孙吴简牍三文书考证》，《文物》1999 年第 5 期，第 45—52 页。

胡平生、张德芳编撰：《敦煌悬泉汉简释粹》，上海：上海古籍出版社，2001 年。

华东师范大学中国文字研究与应用中心编：《金文引得：殷商西周卷》，南宁：广西教育出版社，2001 年。

华东师范大学中国文字研究与应用中心编：《金文引得：春秋战国卷》，南宁：广西教育出版社，2002 年。

黄河水库考古工作队：《河南陕县刘家渠汉墓》，《考古学报》1965 年第 1 期，第 107—168、182—207、217—219 页。

黄濬：《衡斋金石识小录》，北平：尊古斋，1935 年。

黄盛璋：《关于中国纸和造纸法传入印巴次大陆的时间和路线问题》，《历史研究》1980 年第 1 期，第 113—133 页。

黄天树：《殷墟王卜辞的分类与断代》，台北：文津出版社，1991 年。

黄文弼：《罗布淖尔考古记》，北平：国立北平研究院史学研究所、中国西北科学考察团理事会，1948 年。

黄文弼编：《高昌砖集》，北平：西北科学考察团，1931 年。

黄文弼著，中国科学院考古研究所编辑：《吐鲁番考古记》，北京：中国科学院，1954年。

（晋）嵇含：《南方草木状》，（明）程荣辑：《汉魏丛书》，上海：商务印书馆，1925年。

纪南城凤凰山一六八号汉墓发掘整理组：《湖北江陵凤凰山一六八号汉墓发掘简报》，《文物》1975年第9期，第1—7、22、8、5—12页。

季羡林：《中国纸和造纸法输入印度的时间和地点问题》，《历史研究》1954年第4期，第25—51页。

季勋：《云梦睡虎地秦简概述》，《文物》1976年第5期，第1—6、99—100页。

（北魏）贾思勰：《齐民要术》，《四部丛刊》，上海：商务印书馆，1929年。又见石声汉。

翦伯赞：《中国史纲》第一、二卷，上海：生活书店，1947年。

姜亮夫：《敦煌学概论》，北京：中华书局，1985年。

（清）姜绍书：《韵石斋笔谈》，《知不足斋丛书》第1集，上海：上海古书流通处，1921年。

江苏通志局编：《江苏金石志》14册，南京：江苏通志局，1927年。

（清）蒋廷锡、（清）陈梦雷等辑：《古今图书集成》，上海：中华书局，1934年。

江西省历史博物馆：《江西南昌市东吴高荣墓的发掘》，《考古》1980年第3期，第219—228、296—300页。

蒋玄怡：《长沙：楚民族及其艺术》2册，上海：美术考古学社，1949—1950年。

蒋英炬、吴文祺编著：《汉代武氏墓群石刻研究》，济南：山东美术出版社，1995年。

金其桢：《中国碑文化》，重庆：重庆出版社，2002年。

金祥恒：《匋文编》2册，台北：艺文印书馆，1964年。

——《续甲骨文编》4册，台北：艺文印书馆，1959年。

荆门市博物馆编：《郭店楚墓竹简》，北京：文物出版社，1998年。

荆州博物馆：《张家山两座汉墓出土大批竹简》，《文物》1992年第9期，第 1—11、98—99 页。

——《张家山三座汉墓出土大批竹简》，《文物》1985 年第 1 期，第 1—8 页。

荆州地区博物馆：《湖北江陵马山砖厂一号墓出土大批战国时期丝织品》，《文物》1982 年第 10 期，第 1—8、97—101 页。

——《江陵王家台 15 号秦墓》，《文物》1995 年第 1 期，第 37—43 页。

喀左县文化馆、朝阳地区博物馆、辽宁省博物馆北洞文物发掘小组：《辽宁喀左县北洞村出土的殷周青铜器》，《考古》1974 年第 6 期，第 364—372、409、414—415 页。

考古研究所编辑室：《武威磨咀子汉墓出土王杖十简释文》，《考古》1960 年第 9 期，第 29—30 页。

（汉）孔安国传，（唐）陆德明音义，（唐）孔颖达疏：《尚书正义》，《十三经注疏》，清光绪十三年（1887）脉望仙馆石印本。

孔祥星、刘一曼：《中国古代铜镜》，北京：文物出版社，1984 年。

劳榦：《敦煌及敦煌的新史料》，《大陆杂志》第 1 卷第 3 期，1950 年，第 6—10 页。

——《简牍中所见的布帛》，《学术季刊》第 1 卷第 1 期，1952 年，第 152—155 页。

——《居延汉简考释：释文四卷，考证二卷》6 册，重庆：中央研究院历史语言研究所，1943—1944 年。

——《居延汉简：图版之部》3 册，台北："中央研究院"历史语言研究所，1957 年。

——《论中国造纸术之原始》，《中央研究院历史语言研究所集刊》第 19 本，1948 年，第 489—498 页。

——《史字的结构及史官的原始职务》，《大陆杂志》第 14 卷第 3 期，1957 年，第 65—68 页。

李长庆：《陕西长安斗门镇发现周代文物简报》，《文物参考资料》1955 年第 2 期，第 129—130 页。

李长庆、田野：《祖国历史文物的又一次重要发现——陕西郿县发掘出四件周代铜器》，《文物参考资料》1957 年第 4 期，第 5—10 页。

李朝远：《上海博物馆新获秦公器研究》，《上海博物馆集刊》第 7 期，1996 年，第 23—33 页。

李济：《记小屯出土之青铜器》，《中国考古学报》第 3 册，1948 年，第 1—99 页。

——《西阴村史前的遗存》，北京：清华大学研究院，1927 年。

（宋）李昉等纂：《太平御览》，《四部丛刊》，上海：商务印书馆，1935 年。

李均明、何双全编：《秦汉魏晋出土文献散见简牍合辑》，北京：文物出版社，1990 年。

（清）李鸿章、（清）万青黎等修，（清）张之洞、缪荃孙纂：《［光绪］顺天府志》64 册，清光绪十年至十二年（1884—1886）刻本。

李慧主编，陕西省古籍整理办公室编：《陕西石刻文献目录集存》，西安：三秦出版社，1990 年。

李零：《长沙子弹库战国楚帛书研究》，北京：中华书局，1985 年。

——《出土发现与古书年代的再认识》，《九州学刊》第 3 卷第 1 期，1988 年，第 105—136 页。

李梅丽：《马王堆汉墓研究目录（1972—1992）》，长沙：湖南省博物馆，1992 年。

李圃：《甲骨文文字学》，上海：学林出版社，1995 年。

李启良：《陕西安康市出土史密簋》，《考古与文物》1989 年第 3 期，第 7—9 页。

李实：《甲骨文字考释》，兰州：甘肃人民出版社，1990 年。

李书华：《造纸的传播及古纸的发现》，台北：中华丛书编审委员会，1960 年。英文本见 Li Shuhua。

——《纸未发明以前中国文字流传工具》，《大陆杂志》第 9 卷第 6 期，1954 年，第 165—173 页。

李孝定编述：《甲骨文字集释》16 册，台北："中央研究院" 历史语言研究所，1965 年。

李孝定：《从几种早期陶文的观察蠡测中国文字的起源》，《南洋大学学报》第 3 期，1969 年，第 1—28 页。

李西兴主编：《陕西青铜器》，西安：陕西人民美术出版社，1994 年。

李学勤：《甲骨学：一百年的回顾与前瞻》，《文物》1998 年第 1 期，第 33—37 页。

——《简帛佚籍与学术史》，台北：时报文化出版企业股份公司，1994 年；南昌：江西教育出版社，2001 年。

——《四海寻珍》，北京：清华大学出版社，1998 年。

——《试论长沙子弹库楚帛书残片》，《文物》1992 年第 11 期，第 36—39 页。

——《新出青铜器研究》，北京：文物出版社，1990 年。

——《中国青铜器概说》，北京：外文出版社，1995 年。

——《古文字学初阶》，北京：中华书局，1985 年。

李学勤、艾兰（Sarah Allan）编著：《欧洲所藏中国青铜器遗珠》，北京：文物出版社，1995 年。

李学勤、李零：《平山三器与中山国史的若干问题》，《考古学报》1979 年第 2 期，第 147—170 页。

李学勤、齐文心、艾兰（Sarah Allan）：《英国所藏甲骨集》4 册，北京：中华书局，1985—1992 年。

李也贞、张宏源、卢连成、赵承泽：《有关西周丝织和刺绣的重要发现》，《文物》1976 年第 4 期，第 60—63 页。

李运富：《楚国简帛文字构形系统研究》，长沙：岳麓书社，1997 年。

（唐）李肇撰：《唐国史补》，（明）毛晋辑：《津逮秘书》第 10 集，上海：博古斋，1922 年。

（唐）李肇撰：《翰林志》，（宋）左圭辑：《百川学海》，上海：博古斋，1921 年。

李正光编：《马王堆汉墓帛书竹简》，长沙：湖南美术出版社，1988 年。

（北魏）郦道元注：《水经注》，《四部丛刊》，上海：商务印书馆，1929 年。

连云港市博物馆编：《尹湾汉墓简牍》，北京：中华书局，1997 年。

梁上椿：《中国古镜铭文丛谭》，《大陆杂志》第 2 卷第 3 期，1951 年，第 1—5 页；第 4 期，第 18—20 页；第 5 期，第 15—20 页。

——《隋唐式镜之研究》,《大陆杂志》第 6 卷第 6 期,1953 年,第189—191 页。

梁思永:《小屯、龙山与仰韶》,《庆祝蔡元培先生六十五岁论文集》下册,北平:中央研究院历史语言研究所,1935 年,第 555—568 页。

林家平:《中国敦煌学史》,北京:北京语言学院出版社,1992 年。

林剑鸣编译:《简牍概述》,西安:陕西人民出版社,1984 年。

林沄:《小屯南地发掘与殷墟甲骨断代》,《古文字研究》第 9 辑,1984年,第 111—154 页。英译本见 Skosey, Laura Ann。评介见 Shaughnessy, Edward L.。

临潼文化馆:《陕西临潼发现武王征商簋》,《文物》1977 年第 8 期,第1—7、73、77—79 页。

临沂金雀山汉墓发掘组:《山东临沂金雀山九号汉墓发掘简报》,《文物》1977 年第 11 期,第 24—27、95、2 页。

临沂市博物馆:《山东临沂金雀山周氏墓群发掘简报》,《文物》1984 年第 11 期,第 41—58 页、97 页。

凌纯声:《树皮布印文陶与造纸印刷术发明》,台北:"中央研究院"民族学研究所,1963 年。

(汉)刘安:《淮南子》,《四部丛刊》,上海:商务印书馆,1929 年。

刘彬徽:《楚系青铜器研究》,武汉:湖北教育出版社,1995 年。

刘家骥、刘炳森:《金雀山西汉帛画临摹后感》,《文物》1977 年第 11期,第 28—31 页。

刘体智:《小校经阁金文拓本》18 册,庐江:刘氏小校经阁,1935 年。

(汉)刘熙:《释名》,《四部丛刊》,上海:商务印书馆,1929 年。

刘翔:《马王堆汉墓〈皇帝书〉研究述评》,《中国文化与哲学》,北京:东方出版社,1986 年。英译本见 Liu Xiang。

刘翔等编著:《商周古文字读本》,北京:语文出版社,1989 年。

(汉)刘歆撰,(晋)葛洪集:《西京杂记》,《四部丛刊》,上海商务印书馆,1929 年。

刘信芳、梁柱:《云梦龙岗秦简》,北京:科学出版社,1997 年。

刘兴隆:《新编甲骨文字典》,台北:文史哲出版社,1997 年。

（五代）刘昫等：《旧唐书》，清光绪十年（1884）同文书局石印本。

刘一曼、曹定云：《殷墟花园庄东地甲骨卜辞选释与初步研究》，《考古学报》1999 年第 3 期，第 251—310、393—406 页。

刘一曼、郭振录、徐自强编著：《北京图书馆藏甲骨文书籍提要》，北京：书目文献出版社，1988 年。

刘雨、卢岩编著：《近出殷周金文集录》4 册，北京：中华书局，2002 年。

刘屿霞：《殷代冶铜术之研究》，李济总编辑，傅斯年等编辑：《安阳发掘报告》第 4 期，1933 年，第 681—696 页。

（汉）刘珍：《东观汉记》，《四部备要》，上海：中华书局，1936 年。

刘志远：《成都天回山崖墓清理记》，《考古学报》1958 年第 1 期，第 87—103、161—172 页。

卢嘉锡总主编，潘吉星著：《中国科学技术史：造纸与印刷卷》，北京：科学出版社，1998 年。

卢连成、胡智生：《宝鸡国墓地》，北京：文物出版社，1988 年。

卢连成、杨满仓：《陕西宝鸡县太公庙村发现秦公钟、秦公镈》，《文物》1978 年第 11 期，第 1—5、97—98 页。

〔英〕鲁惟一（M. Loewe）主编，李学勤等译：《中国古代典籍导读》，沈阳：辽宁教育出版社，1997 年。原著见 Loewe, Michael。

陆锡兴编著：《汉代简牍草字编》，上海：上海书画出版社，1989 年。

（元）陆友撰：《墨史》，《知不足斋丛书》，上海：上海古书流通处，1921 年。

罗福颐：《古鉨文字征》《汉印文字征》8 册，1930 年。

——《对武威医药简的一点认识》，《文物》1973 年第 12 期，第 30—31 页。

——《临沂汉简概述》，《文物》1974 年第 2 期，第 32—35 页。

——《谈长沙发现的战国竹简》，《文物参考资料》1954 年第 9 期，第 87—90 页。

罗根泽：《战国前无私家著作说》，《古史辨》第 4 册，北平：朴社，1933 年，第 9—14、29—61 页。

罗西章：《扶风出土商周青铜器》，《考古与文物》1980 年第 4 期，第

19—21 页。

——《陕西扶风发现西周厉王獣簋》，《文物》1979 年第 4 期，第 89—91、105 页。

——《陕西扶风石家一号汉墓发掘简报》，《中原文物》1985 年第 1 期，第 10—13、101—102 页。

——《陕西扶风中颜村发现西汉窖藏铜器和古纸》，《文物》1979 年第 9 期，第 17—20、100 页。

罗西章、吴镇烽、雒忠如：《陕西扶风出土西周伯戎诸器》，《文物》1976 年第 6 期，第 51—60、100—101 页。

洛阳市第二文物工作队编，李献奇、黄明兰主编：《画像砖、石刻、墓志研究》，郑州：中州古籍出版社，1994 年。

罗振玉撰集：《古镜图录》，1916 年。

罗振玉编：《增订殷虚书契考释》，上海：东方学会，1927 年。

罗振玉辑：《古器物范图录》，1916 年。

——《汉晋书影》，1918 年。

——《秦汉瓦当文字》2 册，1914 年。

——《殷文存》，1917 年。

——《殷虚书契后编》，上海：仓圣明智大学，1921 年。

——《殷虚书契菁华》，1914 年。

——《贞松堂集古遗文》16 册，1931 年。

罗振玉、王国维辑：《流沙坠简》3 册，1915 年。

（战国）吕不韦撰：《吕氏春秋》，《四部丛刊》，上海：商务印书馆，1929 年。

吕树芝：《武则天金简》，《历史教学》1983 年第 3 期，第 63—64 页。

（清）马昂：《货布文字考》，上虞罗福葆，1924 年。

马承源：《晋侯稣编钟》，《上海博物馆集刊》第 7 期，1996 年，第 1—17 页。

马承源主编：《上海博物馆藏战国楚竹书（一、二）》，上海：上海古籍出版社，2001—2002 年。

——《商周青铜器铭文选》4 册，北京：文物出版社，1986—1990 年。

马承源主编，陈佩芬、吴镇烽、熊传新编撰：《中国青铜器》，上海：上海古籍出版社，1988 年。

（元）马端临撰：《文献通考》2 册，上海：商务印书馆，1936 年。

马得志、周永珍、张云鹏：《一九五三年安阳大司空村发掘报告》，《考古学报》1955 年第 1 期，第 25—90、211—248 页。

马衡：《从实验上窥见汉石经之一斑》，《庆祝蔡元培先生六十五岁论文集》上册，北平：中央研究院历史语言研究所，1933 年，第 65—72 页。

——《汉石经概述》，《考古学报》第 10 册，1955 年，第 1—11 页。

——《记汉居延笔》，《国学季刊》第 3 卷第 1 期，1932 年，第 67—72 页。

——《石鼓为秦刻石考》，《国学季刊》第 1 卷第 1 期，1923 年，第 17—23 页。

——《石刻》，《考古通讯》1956 年第 1 期，第 49—56 页。

——《中国书籍制度变迁之研究》，《图书馆学季刊》第 1 卷第 2 期，1926 年，第 199—213 页。

马衡著，中国科学院考古研究所编辑：《汉石经集存》，北京：科学出版社，1957 年。

马泰来：《蜜香纸抱香纸》，《大陆杂志》第 38 卷第 3 期，1969 年，第 199—202 页。

马王堆汉墓帛书整理小组：《长沙马王堆三号汉墓出土地图的整理》，《文物》1975 年第 2 期，第 35—42、97、101—102 页。

马王堆汉墓帛书整理小组编：《马王堆汉墓帛书》1—11 册，北京：文物出版社，1974—1978 年。

马王堆汉墓帛书整理小组编：《马王堆汉墓帛书：古地图》，北京：文物出版社，1977 年。

马叙伦：《石鼓为秦文公时物考》，《国立北平图书馆馆刊》第 7 卷第 2 号，1933 年，第 1—3 页。

马子云：《传拓技法》，《文物参考资料》1962 年第 10 期，第 53—55 页；第 11 期，第 59—62、52 页。

毛汉光辑：《唐代墓志铭汇编附考》18 册，台北："中央研究院"历史语言研究所，1984—1994 年。

〔俄〕孟列夫、钱伯城主编，俄罗斯科学院东方研究所圣彼得堡分所、俄罗斯科学出版社东方文学部、上海古籍出版社编：《俄罗斯科学院东方研究所圣彼得堡分所藏敦煌文献》17 册，上海：上海古籍出版社，1992 年— 。

孟世凯：《殷墟甲骨文简述》，北京：文物出版社，1980 年。

孟世凯编著：《甲骨学小词典》，上海：上海辞书出版社，1987 年。

（宋）米芾：《书史》，《丛书集成初编》，上海：商务印书馆，1936 年。

南京市文物保管委员会：《南京老虎山晋墓》，《考古》1959 年第 6 期，第 288—295、325—326 页。

（宋）欧阳修：《集古录》第 1—3 册，《行素草堂金石丛书》，清光绪十三年（1887）行素草堂刻本。

（宋）欧阳修、（宋）宋祁等：《新唐书》，清光绪十年（1884）上海同文书局石印本。

（唐）欧阳询等：《艺文类聚》32 册，清光绪五年（1879）华阳宏达堂刻本。

潘吉星：《敦煌石室写经纸的研究》，《文物》1966 年第 3 期，第 39—47 页。

——《关于造纸术的起源》，《文物》1973 年第 9 期，第 45—51 页。

——《世界上最早的植物纤维纸》，《文物》1964 年第 11 期，第 48—49 页。

——《新疆出土古纸研究》，《文物》1973 年第 10 期，第 52—60 页。

——《再论造纸术发明于蔡伦之前》，马泰来等：《中国图书文史论集》，台北：正中书局，1991 年，第 73—84 页；北京：现代出版社，1992 年，第 95—111 页。

——《中国造纸技术史稿》，北京：文物出版社，1979 年。

庞怀清、镇烽、忠如等：《陕西省岐山县董家村西周铜器窖穴发掘简报》，《文物》1976 年第 5 期，第 26—44、96—98 页。

彭邦炯、谢济、马季凡编著：《甲骨文合集补编》7 册，北京：语文出版社，1999 年。

彭浩：《江陵张家山汉墓出土大批珍贵竹简》，《江汉考古》1985 年第 2 期，第 1—3 页。

彭裕商：《殷墟甲骨断代》，北京：中国社会科学出版社，1994 年。

骈宇骞、段书安编著：《本世纪以来出土简帛概述》，台北：万卷楼图书公司，1999 年。

平朔考古队：《山西朔县秦汉墓发掘简报》，《文物》1987 年第 6 期，第 1—52、98—103 页。

〔美〕浦尔（Robert Poor）：《中国古代制陶工艺试探》，马泰来等：《中国图书文史论集》，台北：正中书局，1991 年，第 177—196 页；北京：现代出版社，1992 年，第 244—265 页。

濮茅左编：《甲骨学与商史论著目录》，上海：上海古籍出版社，1991 年。

钱存训：《封泥小识》，《中国书籍、纸墨及印刷史论文集》，第 37—42 页。英文原著见 "Sealing Clays in the University of Chicago Library"。

——《汉代书刀考》，《"中央研究院"历史语言研究所集刊外编（第 4 种）》下册，1961 年，第 997—1008 页。英译本见 Winkelman, John。

——《纸的起源新证：试论战国秦简中的纸字》，《文献》2002 年第 1 期，第 4—11 页。

——《纸和印刷》，刘祖慰译，北京、上海：科学出版社、上海古籍出版社，1990 年；《造纸及印刷》，刘拓、汪刘次昕译，台北：商务印书馆，1995 年。英文原著见 Tsien, Tsuen-hsuin. *Paper and Printing*。

——《中国古代书史》，香港：香港中文大学出版社，1975 年；《印刷发明前的中国书和文字记录》，北京：印刷工业出版社，1988 年；《书于竹帛》，台北：汉美图书公司，1996 年；第四次增订，《书于竹帛：中国古代的文字记录》，上海：上海书店出版社，2002 年。日文本，《中国古代书籍史——竹帛に书す》，宇都木章、泽谷昭次译，东京：法政大学出版局，1980 年。韩文本，《中国古代书史》，金允子译，汉城：东文选，1990 年。英文原著见 Tsien, Tsuen-hsuin. *Written on Bamboo and Silk*。

——《中国墨的制作和鉴赏》，《故宫学术季刊》第 5 卷第 4 期，1988 年 9 月，第 67—84 页。

——《中国发明造纸和印刷术早于欧洲的诸因素》，金仲华译，《中国科技史探索》，上海：上海古籍出版社，1986 年，第 443—452 页。

——《中国书籍、纸墨及印刷史论文集》，香港：香港中文大学出版社，1992 年；修订版，《中国古代书籍纸墨及印刷术》，北京：北京图书馆出版社，2002 年。

——《中国纸和印刷文化史》，夏祖奎译，郑如斯编订，桂林：广西师范大学出版社，2004 年。

邱隆：《中国古代度量衡图集》，台北：编译馆，1995 年。

裘锡圭：《读〈安阳新出土的牛胛骨及其刻辞〉》，《考古》1972 年第 5 期，第 43—45 页。

——《古文字论集》，北京：中华书局，1992 年。

——《文字学概要》，北京：商务印书馆，1988 年。英译本见 Mattos, Gilbert L., and Jerry Norman。

瞿兑之：《古代之竹与文化》，《史学年报》第 1 卷第 2 期，1930 年，第 118—122 页。

全国基本建设工程中出土文物展览会工作委员会编：《全国基本建设工程中出土文物展览图录》2 册，上海：中国古典艺术出版社，1955 年。

饶宗颐：《长沙楚墓时占神物图卷考释》，《东方文化》1954 年 1 月，第 69—84 页。

——《长沙出土战国缯书新释》，香港：香港中文大学出版社，1958 年。

——《长沙子弹库残帛文字小记》，《文物》1992 年第 11 期，第 34—35、98 页。

——《楚缯书之摹本及图像》，《故宫季刊》第 3 卷第 2 期，1968 年。

——《符号·初文与字母——汉字树》，香港：商务印书馆（香港）有限公司，1998 年。见钱存训书评，《汉学研究》第 16 卷第 2 期，1998 年，第 413—416 页；《文献》1999 年第 2 期，第 258—261 页。

——《战国楚简笺证》，香港，1955 年。

饶宗颐主编：《甲骨文通检》5 册，香港：香港中文大学出版社，1989—1998 年。

饶宗颐、曾宪通编著：《楚帛书》，香港：中华书局香港分局，1985 年。

饶宗颐、曾宪通：《云梦秦简日书研究》，香港：香港中文大学出版社，1982 年。

任继愈主编，中国国家图书馆编：《中国国家图书馆藏敦煌遗书》，南京：江苏古籍出版社，1999 年—　　。

容庚：《古石刻零拾》，北平：考古学社，1934 年。

——《金文编》5 册，上海：商务印书馆，1936 年；再版增修，香港：商务印书馆，1939 年；三版增订，北京：科学出版社，1959 年；四版，张振林、马国权摹补，北京：中华书局，1985 年。

——《金文续编》2 册，上海：商务印书馆，1935 年。

——《鸟书考》，《燕京学报》第 16 期，1934 年，第 195—203 页；《鸟书考补正》，《燕京学报》第 17 期，1935 年，第 173—178 页。

——《秦始皇刻石考》，《燕京学报》第 17 期，1935 年，第 125—171 页。

——《商周彝器通考》上下册，北平：哈佛燕京学社，1941 年。

容庚、张维持：《殷周青铜器通论》，北京：文物出版社，1984 年。

（清）阮元撰：《积古斋钟鼎彝器款识》4 册，清嘉庆九年（1804）阮元刻本。

山东省文物考古研究所：《曲阜鲁国故城》，济南：齐鲁书社，1982 年。

山西省文物工作委员会编辑：《侯马盟书》，上海：文物出版社，1976 年。

山西省文物工作委员会、雁北行政公署文化局、大同市博物馆：《山西浑源毕村西汉木椁墓》，《文物》1980 年第 6 期，第 42—51、97、101 页。

山西省文物管理委员会侯马工作站：《山西侯马上马村东周墓葬》，《考古》1963 年第 5 期，第 220—245、3—6 页。

陕西省考古研究所、陕西省文物管理委员会、陕西省博物馆编：《陕西出土商周青铜器》4 册，北京：文物出版社，1978—1984 年。

陕西省雍城考古队：《凤翔马家庄一号建筑群遗址发掘简报》，《文物》1985 年第 2 期，第 1—29、98 页。

陕西周原考古队：《扶风县齐家村西周甲骨发掘报告》，《文物》1981 年第 9 期，第 1—7、97 页。

——《陕西岐山凤雏村发现周初甲骨文》，《文物》1979 年第 10 期，第 38—43、100—103 页。

——《陕西扶风庄白一号西周青铜器窖藏发掘简报》，《文物》1978 年第 3 期，第 1—18、98—104 页。英译本见 Dien, Albert, et al。

商承祚：《长沙古物闻见记》2 册，成都：金陵大学中国文化研究所，1939 年。

——《战国楚帛书述略》，《文物》1964 年第 9 期，第 8—22、60—63 页。

商承祚辑：《殷契佚存》2 册，南京：金陵大学中国文化研究所，1933 年。

商承祚辑，中国科学院考古研究所编：《石刻篆文编》2 册，北京：科学出版社，1957 年。

上海博物馆青铜器研究部编：《上海博物馆藏钱币：先秦钱币》，上海：上海书画出版社，1994 年。

上海博物馆、上海古籍出版社编：《上海博物馆藏敦煌吐鲁番文献》2 册，上海：上海古籍出版社，1993 年。

上海古籍出版社、法国国家图书馆编：《法国国家图书馆藏敦煌西域文献》19 册，上海：上海古籍出版社，1994 年—　。

上海古籍出版社、天津市艺术博物馆编：《天津市艺术博物馆藏敦煌文献》7 册，上海：上海古籍出版社，1996—1997 年。

上海图书馆、上海古籍出版社编：《上海图书馆藏敦煌吐鲁番文献》4 册，上海：上海古籍出版社，1999 年。

商志 ：《记商承祚教授藏长沙子弹库楚国残帛书》，《文物》1992 年第 11 期，第 32—33、35、98、102 页。

（宋）邵博：《邵氏闻见后录》，《学津讨原》第 18 集第 3、4 册。

（宋）沈括：《梦溪笔谈》，《四部丛刊》，上海：商务印书馆，1934 年。

（唐）释道宣：《广弘明集》，《四部丛刊》，上海：商务印书馆，1929 年。

石声汉校释：《齐民要术今释》4 册，北京：科学出版社，1957—1958 年。又见贾思勰。

史树青：《长沙仰天湖出土楚简研究》，上海：群联出版社，1955 年。

石璋如：《第七次殷墟发掘 E 区工作报告》，李济总编辑，傅斯年等编辑：《安阳发掘报告》第 4 期，1933 年，第 709—728 页。

——《骨卜与龟卜探原》，《大陆杂志》第 8 卷第 9 期，1954 年，第 265—269 页。

——《商周彝器铭文部位例略》，《大陆杂志》第 8 卷第 5 期，1954 年，第 129—134 页。

——《小屯》，台北："中央研究院"历史语言研究所，1992 年。

——《殷墟最近之重要发现》，《中国考古学报》第 2 期，1947 年，第 1—81 页。

睡虎地秦墓竹简整理小组编：《睡虎地秦墓竹简》7 册，北京：文物出版社，1977 年；平装，1978 年；修订版，1990 年。

（汉）司马迁：《史记》，清光绪十年（1884）上海同文书局石印四史本。英文节译见 Chavannes and Watson。

宋应星：《天工开物》，《国学基本丛书》，上海：商务印书馆，1937 年。英译本见 Sun, I-tu Zen, and Hsioh chuan Sun。

宋镇豪主编，宋镇豪、常耀华编纂：《百年甲骨学论著目》，北京：语文出版社，1999 年。

宿白主编，中华人民共和国重大考古发现编辑委员会编：《中华人民共和国重大考古发现》，北京：文物出版社，1999 年。

（宋）苏易简辑：《文房四谱》，《丛书集成初编》，上海：商务印书馆，1936 年。

苏莹辉：《敦煌学概要》，台北：中华丛书编审委员会，1964 年。

——《赫蹏考》，《大陆杂志》第 34 卷第 11 期，1967 年，第 333—336 页。

——《论铜器铭文为石器行格及胶泥活字之先导》，《故宫季刊》第 3 卷第 3 期，1969 年，第 20 页。

——《"中央图书馆"所藏汉简中的新史料》，《大陆杂志》第 3 卷第 1 期，1951 年，第 23—25 页。

隋唐五代墓志汇编编辑委员会：《隋唐五代墓志汇编》30 册，天津：天津古籍出版社，1991—1992 年。

随县擂鼓墩一号墓考古发掘队：《湖北随县曾侯乙墓发掘简报》，《文物》1979 年第 7 期，第 1—14、98—105 页。

孙海波撰，商承祚校订：《甲骨文编》，北平：哈佛燕京学社，1934 年；增订本，中国科学院考古研究所编辑，北京：中华书局，1965 年。

孙慰祖主编：《两汉官印汇考》，上海：上海书画出版社、大业公司，

1993 年。

孙慰祖、徐谷甫编著:《秦汉金文汇编》,上海:上海书店出版社,1997 年。

(清)孙诒让:《周礼正义》,《四部备要》,上海:中华书局,1934 年。

孙稚雏编:《金文著录简目》,北京:中华书局,1981 年。

孙稚雏编:《青铜器论文索引》,北京:中华书局,1986 年。

孙作云:《长沙战国时代楚墓出土帛画考》,《人文杂志》1960 年第 4 期,第 79—80 页。

台静农:《谈写经生》,《大陆杂志》第 1 卷第 9 期,1950 年,第 9—10 页。

唐复年辑:《西周青铜器铭文分代史征器影集》,北京:中华书局,1993 年。

唐兰:《古文字学导论》,北平:国立北京大学出版部,1935 年。

——《侯马出土晋国赵嘉之盟载书新释》,《文物》1972 年第 8 期,第 31—35、58 页。

——《获白兕考》,燕京大学历史学会编辑:《史学年报》第 1 卷第 4 期,1932 年,第 119—124 页。

——《石鼓文刻于秦灵公三年考》,《大陆杂志》第 5 卷第 7 期,1952 年,第 10—11 页;苏莹辉:《石鼓文刻于秦灵公三年说补正》,《大陆杂志》第 5 卷第 12 期,1952 年,第 4—6 页。

唐兰著,故宫博物院编:《唐兰先生金文论集》,北京:紫禁城出版社,1995 年。

(唐)唐玄宗撰,(唐)李林甫等奉敕注,〔日〕近卫家熙校:《大唐六典》8 册,三浦义质写,1836 年。

陶正刚、王克林:《侯马东周盟誓遗址》,《文物》1972 年第 4 期,第 27—32、71、33—37、75、77、79 页。

(明)陶宗仪:《辍耕录》,《津逮秘书》,1922 年。

(明)陶宗仪:《说郛》120 卷,160 册,清顺治四年(1647)宛委山堂刻本;100 卷,40 册,上海:商务印书馆,1927 年。

滕壬生:《楚系简帛文字编》,武汉:湖北教育出版社,1995 年。

滕昭宗：《尹湾汉墓简牍概述》，《文物》1996 年第 8 期，第 32—36 页。

田野：《陕西省灞桥发现西汉的纸》，《文物参考资料》1957 年第 7 期，第 78—79 页。

童恩正、张陞楷、陈景春：《关于使用电子计算机缀合商代卜甲碎片的初步报告》，《考古》1977 年第 3 期，第 205—209 页。

吐鲁番文书整理小组、新疆维吾尔自治区博物馆：《吐鲁番晋—唐墓葬出土文书概述》，《文物》1977 年第 3 期，第 21—29、20 页。

万金丽：《文房四宝精品鉴赏与价值》，北京：中国致公出版社，1994 年。

（清）王昶编：《金石萃编》64 册，清嘉庆十年（1805）青浦王昶经训堂刻本。

王辰辑：《续殷文存》，北平：考古学社，1935 年。

（汉）王充：《论衡》，《四部丛刊》，上海：商务印书馆，1929 年。

（宋）王黼：《宣和博古图》30 册，清乾隆十七年（1752）刻本。

王根富、张敏：《江苏仪征烟袋山汉墓》，《考古学报》1987 年第 4 期，第 471—501、537—540 页。

王国维：《简牍检署考》，《海宁王静安先生遗书》第 26 册，海宁，1936 年。

——《释史》，《海宁王静安先生遗书》第 3 册。

——《魏石经考》，《海宁王静安先生遗书》第 8 册。

王辉等：《秦公大墓石磬残铭考释》，《"中央研究院"历史语言研究所集刊》第 67 本第 2 分，1996 年，第 263—310 页。

（晋）王嘉：《拾遗记》，《汉魏丛书》第 32 册，上海：商务印书馆，1925 年。

王梦鸥：《汉简文字类编》，台北：艺文印书馆，1974 年。

王明：《蔡伦与中国造纸术的发明》，《考古学报》1954 年第 2 期，第 213—221 页。

——《隋唐时代的造纸》，《考古学报》1956 年第 1 期，第 115—126、172—173 页。

王明钦：《试论〈归藏〉的几个问题》，古方、徐良高、唐际根编：《一剑集：北京大学考古专业 86 级毕业 10 周年纪念文集》，北京：中国妇女出版社，1996 年。

（清）汪士铎：《释帛》，《汪梅村先生集》，清光绪七年（1881）刻本。

王世民、李学勤等：《晋侯苏钟笔谈》，《文物》1997 年第 3 期，第 54—66、100 页。

王树枏辑：《汉魏六朝砖文》2 册，上海：商务印书馆，1935 年。

王素、宋少华、罗新：《长沙走马楼简牍整理的新收获》，《文物》1999 年第 5 期，第 26—44 页。又见胡平生。

王献唐编：《临淄封泥文字叙目》，济南：山东省立图书馆，1936 年。

——《黄县曩器》，济南：山东人民出版社，1960 年。

（晋）王羲之：《笔势论》，《古今图书集成》，台北印本，1964 年。

（晋）王隐撰，（清）毕沅辑：《晋书》，《广雅丛书》第 438—443 册，番禺徐绍棨汇印，1920 年。

（宋）王应麟：《困学纪闻》，《四部丛刊》，上海：商务印书馆，1935 年。

王尧：《新疆藏文简牍考述及释例》，《文物》1984 年第 9 期，第 55—61 页。

王冶秋：《刊登砚史资料说明》，《文物》1964 年第 1 期，第 49—52、66—70 页。

王镛、李淼编撰：《中国古代砖文》，北京：知识出版社，1990 年。

王毓瑚：《中国农学书录》，北京：中华书局，1957 年。

王毓铨：《我国古代货币的起源和发展》，北京：科学出版社，1957 年。

王宇信：《甲骨学通论》，北京：中国社会科学出版社，1989 年。

——《建国以来甲骨文研究》，北京：中国社会科学出版社，1981 年。

——《西周甲骨探论》，北京：中国社会科学出版社，1984 年。

王宇信、杨升南主编：《甲骨学一百年》，北京：社会科学文献出版社，1999 年。

王振铎：《汉代圹砖集录》，北平：考古学社，1935 年。

王正书：《上海福泉山西汉墓群发掘》，《考古》1988 年第 8 期，第 694—717、770—771 页。

王重民：《刀笔考》，《图书馆学季刊》第 3 卷第 1—2 期，1929 年，第

131—132 页。

——《老子考》，北京：中华图书馆协会，1927 年。

——《说装潢》，《图书馆学季刊》第 5 卷第 1 期，1931 年，第 3—41 页。

（北齐）魏收：《魏书》，清光绪十年（1884）同文书局石印本。

（三国吴）韦昭解：《国语》，《四部丛刊》，上海：商务印书馆，1929 年。

（唐）魏徵：《隋书》，清光绪十年（1884）上海同文书局石印本。

闻一多：《释桑》，《闻一多全集》第 2 册，上海：开明书店，1948 年。

文物编辑部：《文物 500 期总目索引（1950. 1—1998. 1）》，北京：文物出版社，1998 年。

文物编辑委员会编：《文物资料丛刊》1—10 册，北京：文物出版社，1977—1987 年。

文物出版社编辑：《长沙楚墓帛画》，北京：文物出版社，1973 年。

吴承洛原著，程理濬修订：《中国度量衡史》，上海：商务印书馆，1936 年。

（清）吴大澂编：《古玉图考》2 册，清光绪十五年（1889）同文书局石印本。

吴浩坤、潘悠：《中国甲骨学史》，上海：上海人民出版社，1985 年。

吴九龙释：《银雀山汉简释文》，北京：文物出版社，1985 年。

吴九龙、毕宝启：《山东临沂西汉墓发现〈孙子兵法〉和〈孙膑兵法〉等竹简的简报》，《文物》1974 年第 2 期，第 15—26、71—78 页。

吴荣曾：《汉刑徒砖志杂释》，《考古》1977 年第 3 期，第 193—196 页。

（清）吴式芬、（清）陈介祺辑：《封泥考略》10 册，清光绪三十年（1904）石印本。

（元）吾丘衍：《学古编》，《说郛》卷九十七，上海：商务印书馆，1927 年。

吴哲夫、吴昌廉主编：《中华五千年文物集刊：帛书篇》，台北：中华五千年文物集刊编辑委员会，1984 年。

吴镇烽编：《金文名人汇编》，北京：中华书局，1987 年。

吴镇烽编著：《陕西金文汇编》，西安：三秦出版社，1989 年。

吴镇烽、雒忠如：《陕西省扶风县强家村出土的西周铜器》，《文物》

1975 年第 8 期，第 57—62、103—104 页。

吴梓林：《秦都咸阳遗址发现的陶文》，《文物》1964 年第 7 期，第 59 页。

夏含夷（Edward L. Shaughnessy）：《温故知新录：商周文化史管见》，台北：稻禾出版社，1997 年。

——《芝加哥大学所藏商代甲骨》，马泰来等：《中国图书文史论集》，台北：正中书局，1991 年，第 197—208 页；北京：现代出版社，1992 年，第 231—243 页。

夏鼐：《长沙近郊古墓发掘记略》，《考古学报》1953 年第 7 期；又《文物参考资料》1952 年第 2 期，第 68—77 页。

——《我国古代蚕、桑、丝、绸的历史》，《考古》1972 年第 2 期，第 12—27 页。

——《新获之敦煌汉简》，《中央研究院历史语言研究所集刊》第 19 本，1948 年，第 235—265 页。

夏商周断代工程专家组编著：《夏商周断代工程 1996—2000 年阶段成果报告·简本》，北京：世界图书出版公司北京分公司，2000 年。

晓菡：《长沙马王堆帛书概述》，《文物》1974 年第 9 期，第 40—44 页。

孝感地区第二期亦工亦农文物考古训练班：《湖北云梦睡虎地十一号秦墓发掘简报》，《文物》1976 年第 6 期，第 1—10、95—99 页。

肖楠（赵诚）：《安阳小屯南地发现的"𠂤组卜甲"——兼论"𠂤组卜辞"的时代及其相关问题》，《考古》1976 年第 4 期，第 234—241 页。

——《论武乙文丁卜辞》，《古文字研究》第 3 辑，1980 年，第 43—79 页。

（南朝梁）萧子显撰：《南齐书》，清光绪十年（1884）上海同文书局石印本。

谢桂华、李均明、朱国炤：《居延汉简释文合校》上下册，北京：文物出版社，1987 年。

（明）谢肇淛：《五杂俎》，明万历四十四年（1616）潘膺祉如韦馆刻本。

辛冠洁编：《陈介祺藏镜》，北京：文物出版社，2001 年。

新疆维吾尔自治区博物馆：《新疆民丰县北大沙漠中古遗址墓葬区东汉合葬墓清理简报》，《文物》1960 年第 6 期，第 9—12、5—6 页。

徐谷甫、王延林：《古陶字汇》，上海：上海书店出版社，1994 年。

（唐）徐坚等：《初学记》12 册，清光绪九年（1883）南海孔氏三十有三万卷堂刻本。

徐森玉：《西汉石刻文字初探》，《文物》1964 年第 5 期，第 1—9、40、封 3—4 页。

徐中舒主编：《甲骨文字典》，成都：四川辞书出版社，1988 年。

徐中舒主编，四川大学历史研究所编：《殷周金文集录》，成都：四川辞书出版社，1986 年。

徐自强编：《石刻论著汇编》，北京：北京图书馆出版社，1997 年。

徐自强主编：《北京图书馆藏北京石刻拓片目录》，北京：书目文献出版社，1994 年。

——《北京图书馆藏石刻叙录》，北京：书目文献出版社，1988 年。

——《北京图书馆藏中国历代石刻拓本汇编》101 册，郑州：中州古籍出版社，1989—1991 年。

许获：《略谈临沂银雀山汉墓出土的古代兵书残简》，《文物》1974 年第 2 期，第 27—31 页。

许国霖辑：《敦煌石室写经题记》，上海：商务印书馆，1937 年。

许鸣岐：《瑞光寺塔古经纸的研究》，《文物》1979 年第 11 期，第 34—39 页。

徐锡台编：《周原甲骨文综述》，西安：三秦出版社，［1987 年］。

徐信印、徐生力：《安康出土的古代铜镜》，《文物》1991 年第 5 期，第 61—65 页。

薛英群：《居延汉简通论》，兰州：甘肃教育出版社，1991 年。

（清）严可均辑：《全汉文》，《全上古三代秦汉三国六朝文》第 5—8 册，1930 年。

——《全晋文》，《全上古三代秦汉三国六朝文》第 25—36 册，1930 年。

阎文儒：《房山云居寺》，《文物参考资料》1955 年第 9 期，第 48—53 页。

严一萍：《楚缯书新考》3 册，《中国文字》第 26—28 册，台北：艺文印书馆，1967—1968 年。

——《甲骨学》，台北：艺文印书馆，1978 年。

严一萍编：《金文总集》10 册，台北：艺文印书馆，1983 年。

——《商周甲骨文总集》16 册，台北：艺文印书馆，1984 年。评介见 David N. Keightley, "Sources of Shang History." *JAOS*, vol. 110 (1990)：51–53。

严一萍辑：《甲骨缀合新编》，台北：艺文印书馆，1975 年。

（春秋）晏婴：《晏子春秋》，《四部丛刊》，上海：商务印书馆，1929 年。

杨殿珣编：《石刻题跋索引》增订三版，北京：商务印书馆，1990 年。

杨家骆著，世界学院中国学典馆编：《四库全书学典》，上海：世界书局，1946 年。

杨士骧等修，孙葆田等纂：《山东通志》128 册，济南：山东通志刊印局，1915 年。

（汉）扬雄：《法言》，《四部丛刊》，上海：商务印书馆，1929 年。

杨钟羲辑：《雪桥诗话续集》，北京：文物出版社，1984 年。

扬州博物馆：《江苏邗江姚庄 101 号西汉墓》，《文物》1988 年第 2 期，第 19—43、101—104 页。

——《江苏仪征胥浦 101 号西汉墓》，《文物》1987 年第 1 期，第 4—19、99—101 页。

姚宝猷：《中国丝绢西传史》，重庆：商务印书馆，1944 年。

（宋）姚宽：《西溪丛语》，《学津讨原》第 12 集，上海：涵芬楼，1922 年。

姚名达：《中国目录学史》，上海：商务印书馆，1938 年。

姚迁、古兵编著：《六朝艺术》，北京：文物出版社，1981 年。

姚世鳌：《中国造纸术输入欧洲考》，《辅仁学志》第 1 卷第 1 期，1928 年，第 1—85 页。

姚孝遂、肖丁（赵诚）：《小屯南地甲骨考释》，北京：中华书局，1985 年。

姚孝遂主编、肖丁（赵诚）副主编：《殷墟甲骨刻辞类纂》，北京：中华书局，1989 年。

叶昌炽：《语石》，《丛书集成初编》，上海：商务印书馆，1936 年。

银雀山汉墓竹简整理小组：《银雀山汉墓竹简（一）》，北京：文物出版社 1985 年。

殷涤非、罗长铭：《寿县出土的"鄂君启金节"》，《文物》1958 年第 4 期，第 8—11、7 页。

殷荪编著：《中国砖铭文字征》3 册，上海：上海书画出版社，1996 年。

（唐）虞世南辑：《北堂书钞》20 册，清光绪十四年（1888）南海孔氏三十有三万卷堂刻本。

于省吾：《双剑誃古器物图录》2 册，北平：琉璃厂函雅堂，1940 年。

于省吾主编，姚孝遂按语编撰：《甲骨文字诂林》4 册，北京：中华书局，1996 年。

于省吾编著：《商周金文录遗》，北京：中华书局，1993 年。

原韶山灌区文物工作队：《湖南湘乡汉墓》，《文物资料丛刊》第 2 期，北京：文物出版社，1978 年，第 92—100 页。

袁仲一：《秦代陶文》，西安：三秦出版社，1987 年。

袁仲一、刘钰：《秦文字类编》，西安：陕西人民教育出版社，1993 年。

《云梦睡虎地秦墓》编写组：《云梦睡虎地秦墓》，北京：文物出版社，1981 年。

曾宪通撰集：《长沙楚帛书文字编》，北京：中华书局，1993 年。

（宋）翟耆年：《籀史》，《守山阁丛书》，上海：博古斋，1922 年。

张秉权：《甲骨文与甲骨学》，台北：编译馆，1988 年。

张长寿：《论井叔铜器——1983～1986 年沣西发掘资料之二》，《文物》1990 年第 7 期，第 32—35、102 页。

张德钧：《关于"造纸在我国的发展和起源"的问题》，《科学通报》1955 年第 10 期，第 85—88 页。

张凤辑并释：《汉晋西陲木简汇编》，上海，1931 年。

张光裕：《从新出土的材料重新探讨中国文字的起源》，《香港大学中国文化研究所学报》第 12 卷，1981 年，第 91—150 页。

张光裕编：《郭店楚简文字编》，台北：艺文印书馆，1999 年。

张光裕主编，袁国华编：《包山楚简文字编》，台北：艺文印书馆，1992 年。

张光裕、滕壬生、黄锡全主编：《曾侯乙墓竹简文字编》，台北：艺文印书馆，1997 年。

张国淦：《历代石经考》3 册，北平：燕京大学国学研究所，1930 年。

张颔：《侯马东周遗址发现晋国朱书文字》，《文物》1966 年第 2 期，第 1—4 页。

（晋）张华：《博物志》，清嘉庆二十三年（1818）士礼居黄氏丛书刻本。

（唐）张怀瓘：《书断》，《说郛》卷九十二，上海：商务印书馆，1927 年。

张家山二四七号汉墓竹简整理小组编著：《张家山汉墓竹简：二四七号墓》，北京：文物出版社，2001 年。

张家山汉墓竹简整理小组：《江陵张家山汉简概述》，《文物》1985 年第 1 期，第 9—15、98 页。

章楷：《我国蚕业发展概述》，《农史研究集刊》第 2 册，1960 年，第 109—124 页。

张守中撰集：《包山楚简文字编》，北京：文物出版社，1996 年。

——《睡虎地秦简文字编》，北京：文物出版社，1994 年。

（清）张澍编辑：《三辅故事》，清道光元年（1821）刻二酉堂丛书本。

张心澂：《伪书通考》，上海：商务印书馆，1939 年。

张秀民：《中国印刷史》，上海：上海人民出版社，1989 年。

张亚初编著：《殷周金文集成引得》，北京：中华书局，2001 年。

张亚初、刘雨：《从商周八卦数字符号谈筮法的几个问题》，《考古》1981 年第 2 期，第 155—163、154 页。英译本见 Shaughnessy, Edward L.。

（唐）张彦远：《法书要录》，《津逮秘书》，上海：博古斋，1922 年。

——《历代名画记》，《津逮秘书》，上海：博古斋，1922 年。

张政烺：《试释周初青铜器铭文中的易卦》，《考古学报》1980 年第 4 期，第 403—415 页。英译本见 Huber, H. et al。

——《王逸集牙签考证》，《中国科学院历史语言研究所集刊》第 14 本，1949 年，243—248 页。

赵超：《中国古代石刻概论》，北京：文物出版社，1997 年。

赵诚：《甲骨文字学纲要》，北京：商务印书馆，1993 年。又见肖楠。

赵铨、钟少林、白荣金：《甲骨文字契刻初探》，《考古》1982 年第 1 期，第 85—91 页。

（汉）赵岐纂：《三辅决录》，清道光元年（1821）刻二酉堂丛书本。

赵铁寒：《读熹平石经残碑记》，《大陆杂志》第 10 卷第 5 期，1955 年，第 145—155 页。

赵万里撰，中国科学院考古研究所编辑：《汉魏南北朝墓志集释》6 册，北京：科学出版社，1956 年。

　　（宋）赵希鹄：《洞天清录》，（清）陈元龙：《格致镜原》，清雍正十三年（1735）刻本。

　　（宋）赵彦卫：《云麓漫钞》，清咸丰六年（1856）别下斋丛书刻本。

　　（汉）赵晔撰，（宋）徐天祐音注：《吴越春秋》，《四部丛刊》，上海：商务印书馆，1939 年。

　　赵振华：《洛阳两周卜用甲骨的初步考察》，《考古》1985 年第 4 期，第 371—379 页。

　　浙江省文物管理委员会、浙江省文物考古研究所、绍兴地区文化局等：《绍兴 306 号战国墓发掘简报》，《文物》1984 年第 1 期，第 10—25、97、99—103 页。

　　郑阿财、朱凤玉主编：《敦煌学研究论著目录（1908～1997）》，台北：汉学研究中心，2000 年。

　　郑良树：《竹简帛书论文集》，北京：中华书局，1982 年。

　　郑绍宗：《汉砚资料四则》，《文物》1964 年第 10 期，第 42—43、36 页。

　　（汉）郑玄注，（唐）贾公彦疏：《仪礼注疏》，《十三经注疏》，清光绪十三年（1887）脉望仙馆石印本。英译本见 Steele，John。

　　（汉）郑玄注，（唐）陆德明音义，（唐）贾公彦疏，（清）阮元校勘：《周礼注疏》，《十三经注疏》，清光绪十三年（1887）南昌刻本。

　　郑有国编著：《中国简牍学综论》，上海：华东师范大学出版社，1989 年。

　　郑振铎编辑：《伟大的艺术传统图录》第 1 辑，上海：上海出版公司，1951—1952 年。

　　浙江省文物管理委员会、浙江省文物考古所、绍兴地区文化局、绍兴市文管会：《中国敦煌学百年文库》35 册，兰州：甘肃文化出版社，1999 年。

　　中国古物保管委员会编辑委员会：《六朝陵墓调查报告》，南京：中央古物保管委员会，1935 年。

　　中国考古学会编：《中国考古学年鉴》，北京：文物出版社，1984—2000 年。

中国科学院考古研究所编：《新中国的考古收获》，北京：文物出版社，1961 年。

中国科学院考古研究所编辑：《居延汉简甲编》，北京：科学出版社，1959 年。

中国科学院考古研究所编著：《长沙发掘报告》，北京：科学出版社，1957 年。

中国科学院考古研究所、北京市文物管理处、房山县文教局琉璃河考古工作队：《北京附近发现的西周奴隶殉葬墓》，《考古》1974 年第 5 期，第309—321、344—348 页。

中国科学院考古研究所、甘肃省博物馆编：《武威汉简》，北京：文物出版社，1964 年。

中国科学院考古研究所、湖南省博物馆写作小组：《马王堆二、三号汉墓发掘的主要收获》，《考古》1975 年第 1 期，第 47—57、61、75—79 页。

中国科学考古研究所、陕西省西安半坡博物馆编：《西安半坡：原始氏族公社聚落遗址》，北京：文物出版社，1963 年。

中国青铜器全集编辑委员会编：《中国青铜器全集》，北京：文物出版社，1996 年—　　。

中国社会科学院考古研究所安阳工作队：《1991 年安阳花园庄东地、南地发掘简报》，《考古》1993 年第 6 期，第 468—479、559—561 页。

——《1958—1959 年殷墟发掘简报》，《考古》1962 年第 2 期，第 63—67、3—5 页。

——《1973 年安阳小屯南地发掘简报》，《考古》1975 年第 1 期，第27—46、80—82 页。

——《安阳殷墟五号墓的发掘》，《考古学报》1977 年第 2 期，第 57—98、163—198 页。

中国社会科学院考古研究所编：《居延汉简：甲乙编》2 册，北京：中华书局，1980 年。又见劳榦《居延汉简考释》。

——《小屯南地甲骨》上下册 5 分册，北京：中华书局，1980—1983年。评介见 David N. Keightley. "Sources of Shang Dynasty." *JAOS*, vol. 110（1990）：53－59。

——《新出金文分域简目》，北京：中华书局，1983 年。

——《殷周金文集成》18 册，北京：中华书局，1986—1994 年。

中国社会科学院考古研究所编著：《辉县发掘报告》，北京：科学出版社，1956 年。

——《殷墟的发现与研究》，北京：科学出版社，1994 年。

——《殷墟妇好墓》，北京：文物出版社，1980 年。

——《张家坡西周墓地》，北京：中国大百科全书出版社，1999 年。

中国社会科学院考古研究所图书资料室编：《中国考古学文献目录（1949—1966）》，北京：文物出版社，1993 年。

中国社会科学院考古研究所资料信息中心编：《中国考古学文献目录（1971—1982）》，北京：文物出版社，1998 年。

中国社会科学院考古研究所资料信息中心编：《中国考古学文献目录（1983—1990）》2 册，北京：文物出版社，2001 年。

中国社会科学院考古研究所、北京市文物研究所琉璃河考古队：《北京琉璃河 1193 号大墓发掘简报》，《考古》1990 年第 1 期，第 20—31、97—99 页。

中国社会科学院历史研究所、中国敦煌吐鲁番学会敦煌古文献编辑委员会、英国国家图书馆、伦敦大学亚非学院编：《英藏敦煌文献》7 册，成都：四川人民出版社，1990—1992 年。

中法汉学研究所编辑：《风俗通义通检》2 册，北平：中法汉学研究所，1943 年。

《中国文物报》，北京，2000 年。

《中国文物精华》编辑委员会编：《中国文物精华》，北京：文物出版社，1997 年。

中医研究院医史文献研究室：《武威汉代医药简牍在医学史上的重要意义》，《文物》1973 年第 12 期，第 23—29 页。

《中原文物》，开封：河南博物馆。

钟志成：《江陵凤凰山一六八号汉墓出土一套文书工具》，《文物》1975 年第 9 期，第 20—22 页。

周宝中、王菊芬、宋曼：《铅丹防蠹纸的研究》，《中国历史博物馆馆刊》1980 年第 2 期，第 194—206、193 页。

周法高主编：《金文诂林》16 册，香港：香港中文大学出版社，1974—1975 年。

周法高主编：《金文诂林补》8 册，台北："中央研究院"历史语言研究所，1982 年。

周何总编：《青铜器铭文检索》，台北：文史哲出版社，1995 年。

周进考藏，孙浔、孙鼎类次：《季木藏匋》4 册，上海，1943 年。

周匡明：《嫘祖发明养蚕说考异》，《科学史集刊》第 8 期，1965 年，第 55—64 页。

（明）周嘉胄：《装潢志》，《丛书集成初编》，台北：商务印书馆，1964 年。

周晓陆、刘瑞：《90 年代之前所获秦式封泥》，《西北大学学报（哲学社会科学版）》1998 年第 1 期，第 76—83 页。

朱德熙、裘锡圭：《关于侯马盟书的几点补释》，《文物》1972 年第 8 期，第 36—38、48 页。

朱凤瀚：《古代中国青铜器》，天津：南开大学出版社，1995 年。

朱国炤：《上孙家寨木简初探》，《文物》1981 年第 2 期，第 27—34 页。

竺可桢：《中国近五千年来气候变迁的初步研究》，《考古学报》1972 年第 1 期，第 15—38 页。

朱歧祥：《殷墟甲骨文字通释稿》，台北：文史哲出版社，1989 年。

（清）朱彝尊原辑，（清）于敏中修，（清）窦光鼐等纂：《钦定日下旧闻考》40 册，清乾隆三十九年（1774）武英殿刻本。

（战国）庄周撰，（晋）郭象注，（唐）陆德明音义：《南华真经》，《四部丛刊》，上海：商务印书馆，1929 年。

日文文献

白川静：《金文通释》56 辑，神户：白鹤美术馆，1962—1984 年。

长泽规矩也：《书志学序说》，东京：吉川弘文馆，1960 年。

岛邦男：《殷墟卜辞研究》，弘前：中国学研究会，1958 年。又见温天河、利寿林译本。

——《殷墟卜辞综类》增订二版，东京：汲古书院，1971 年。评介见 David N. Keightley，*MS*，vol. 28（1969）：467－471。

岛田翰：《古文旧书考》5 册，北京：藻玉堂，1927 年。

高田忠周：《古籀篇》62 册，东京：古籀篇刊行会，1925 年。

米田贤次郎：《居延汉简とその研究成果》，《古代学》第 2 卷第 3 期，1953 年，第 252—260 页；第 3 卷第 2 期，1954 年，第 174—178 页。

内藤虎次郎：《东洋文化史研究》，东京：弘文堂书房，1933 年。

——《纸の话》，《东洋史研究》，1933 年，第 75—84 页。

平冈武夫：《竹册と支那古代の记录》，《东方学报》（京都）第 13 卷，1943 年，第 163—188 页。

森鹿三：《居延汉简研究序说》，《东洋史研究》第 12 卷第 3 期，1953 年，第 193—203 页。

松丸道雄、高岛谦一编：《甲骨文字字释综览》，东京：东京大学出版会，1994 年。

香川默识编：《西域考古图谱》（大谷光瑞作序，2 册），东京：国华社，1914 年。

小场恒吉、榧本龟次郎：《乐浪王光墓》，汉城：朝鲜古迹研究会，1935 年。

小泉显夫、滨田耕作：《乐浪彩箧塚》，汉城：朝鲜古迹研究会，1934 年。

中村不折：《新疆と甘肃の探险》，东京：长阪金雄，1934 年。

中下弥三郎：《书道全集·殷至唐》1—8 卷，东京：平凡社，1954—1960 年。

佐野光一编：《木简字典》，东京：雄山阁出版，1985 年。

西文文献

American Paper and Pulp Association. *Dictionary of Paper*, 3rd ed. New York：American Paper and Pulp Association，1965；5th ed. Atlanta，GA.：TAPPI

Press, 1996.

Ames, Roger T. 安乐哲, and Henry Rosemont Jr. 罗思文, trans. *The Analects of Confucius: A Philosophical Translation*; *A New Translation Based on the Dingzhou Fragments and Other Recent Archaeological Finds*. New York: Ballantine Books, 1999.

Bagley, Robert 贝格立. *Shang Ritual Bronzes in the Arthur M. Sackler Collections*. Cambridge, Mass.: Arthur M. Sackler Museum, 1987.

Barnard, Noel 巴纳. *The Ch'u Silk Manuscript: Translation and Commentary*. Canberra: Department of Far Eastern History, Australian National University, 1973.

——. "The Nature of the Ch'in *Reform of the Script* as Reflected in Archeological Documents Excavated under Conditions of Control". In *AC/SEC*, 181 – 213.

——. "New Approaches and Research Methods in Chin-shih-hsueh". *Tōyō bunka kenkyūo kiyō*, vol. 19 (1959): 1 – 31.

——. "A Preliminary Study of the Ch'u Silk Manuscript: A New Reconstruction of the Text". *MS*, vol. 17 (1958): 1 – 11.

——. *Scientific Examination of an Ancient Chinese Document as a Prelude to Decipherment, Translation, and Historical Assessment — The Ch'u Silk Manuscript*. Canberra: Department of Far Eastern History, Australian National University, 1972.

——. *The Shan-fu Liang Ch'i Kuei and Associated Inscribed Vessels*. Taipei: SMC Publishing, 1996.

——. "Some Remarks on the Authenticity of a Western Chou Style Inscribed Bronze". *MS*, vol. 18 (1959): 213 – 244.

Barrett, T. H. "The Feng-tao k'o and Printing on Paper in Seventh-Century China." *BSOAS*, vol. 60, pt. 3 (1997): 538 – 540.

Bergman, Folke. "Travels and Archeological Field-Work in Mongolia and Xinjiang." In *History of the Expedition in Asia, 1927 – 1935*, edited by Sven Anders Hedin, part 4, *General Reports of Travels and Field-Work*. Sino-Swedish

Expedition, publication no. 26. Stockholm: Göteborg Elander, 1945.

Bien Mei-nien 卞美年. "On the Turtle Remains from the Archeological Site of Anyang, Henan." *Bulletin of the Geological Society of China*, vol. 17, no. 1 (1937). See also White, W. C., *Bone Culture of Ancient China*, 51, for extract.

Blanchet, Augustin. *Essai sur l'histoire du papier*, Paris: E. Leroux, 1990.

Blanford, Yumiko F. "A Textual Approach to *Zhanguo Zonghengjia shu*: Methods of Determining the Proximate Original Word among Variants." *Early China*, vol. 16 (1991): 187 – 207.

Blum, Andre. *On the Origin of Paper*. Translated by Harry Miller. Lydenberg, New York: R. R. Bowker, 1934.

Bodde, Derk 卜德. *China's First Unifier: A Study of the Ch'in Dynasty as Seen in the Life of Li Ssu*. Leiden: E. J. Brill, 1938.

——, trans. *Statesman, Patriot, and General in Ancient China*. New Haven: American Oriental Society, 1940.

Boltz, William G. 鲍则岳. "The Fourth-Century B. C. Guodiann Manuscripts from Chuu and the Composition of the Laotzyy." *JAOS*, vol. 119 (1999): 590 – 608.

——. "Notes on the Authenticity of the So Tan Manuscript of the Lao Tzu." *BSOAS*, vol. 59, pt. 3 (1996): 508 – 515.

——. *The Origin and Early Development of the Chinese Writing System*. New Haven: American Oriental Society, 1994.

Boyer, Auguste, M. *Kharosthi Inscriptions Discovered by Sir Aurel Stein in Chinese Turkestan*. 2 vols. Translated by E. J. Rapson and A. E. Senart. London: Clarendon Press, 1920 – 1927.

Brashier, K. E. "Evoking the Ancestor: The Stele Hymn of the Eastern Han Dynasty." Ph. D. diss., University of Cambridge, 1997.

Britton, Roswell S. 白瑞华. "Chinese Interstate Intercourse before 700 B. C." *American Journal of International Law*, vol. 29 (October, 1935): 616 – 635.

——. "Oracle-Bone Color Pigments." *HJAS*, vol. 2 (1937): 1 – 3. With report on microchemical analysis of pigments by Professor A. A. Benedetti Pichler.

Bumbacher, Stephan Peter. "The Earliest Manuscripts of the Laozi Discovered to Date." *Asiatische Studien*, vol. 52 (1998): 1175 - 1184.

Bushell, S. W. 卜士礼. "The Stone Drums of the Chou Dynasty." *JNCB-RAS*, n. s., no. 8 (1874): 133 - 179.

Cai Fangpei 蔡芳沛 et al. *A Concordance of the Xiaotun Nandi Oracle-Bone Inscriptions* 小屯南地甲骨索引. Berkeley: Society for the Study of Early China, 1988.

Cambridge Factfinder. 3rd ed. Cambridge staff. Cambridge: Cambridge University Press, 1998.

Carpenter, H. C. H. "Preliminary Report on Chinese Bronzes", 李济总编辑, 傅斯年等编辑:《安阳发掘报告》第 4 期, 第 677—679 页。

Carter, Thomas Francis 卡特. *The Invention of Printing in China and Its Spread Westward*. New York: Columbia University Press, 1925; 2nd ed. rev. by L. C. Goodrich. New York: Ronald Press, 1955.

Cerny, Jaroslav. *Paper and Books in Ancient Egypt*. London: H. K. Lewis, 1952.

Chang, K. C. 张光直, ed. *Studies of Shang Archaeology: Selected Papers from the International Conference on Shang Civilization*. New Haven: Yale University Press, 1986.

——. "*T'ien kan*: A Key to the History of Shang." In *AC/SEC*, 12 - 42.

Chang, Kuang-yuan 张光远. "Late-Shang Divination: An Experimental Reconstruction of Methods of Preparation, Use and Inscription of Oracle Bone Materials." *National Palace Museum Bulletin*, vol. 18, nos. 1 - 2 (1983): 1 - 25; nos. 3 - 4 (1983): 1 - 25.

——. "Late Shang Dynasty Bronze Seals." Translated by Rob Linrothe. *National Palace Museum Bulletin*, vol. 23 (1988): 1 - 37.

Chavannes, Édouard 沙畹. *Les documents chinois découverts par Aurel Stein dans les sables du Turkestan Oriental*. Oxford: Imprimerie de l'Universite, 1913.

——. "Les livres chinois avant l'invention du papier." *JA*, series 10, 5 (1905): 1 - 75.

——. *Les memoires historiques de Se-ma Ts'ien*. 5 vols. Paris, 1900.

——. *Mission archéologique dans la Chine septentrionale*. 2 vols. Paris：Ernest Leroux, 1909 – 1915.

Childs-Johnson, Elizabeth 江伊莉, trans. "Excavation of Tomb No. 5 at Yinxu, Anyang." *Chinese Sociology and Anthropology*, vol. 15, no. 3 (1983).

Chou Chao-hsiang 周兆祥. "Pottery of the Chou Dynasty." *BMFEA*, vol. 1 (1929)：29 – 37.

Chou Chuan-ru 周传儒. "The Study of Inscriptions on the Oracle Bones." *Philobiblon*, vol. 1, no. 1 (1946)：3 – 12.

Chou Hung-hsiang 周鸿翔. "Computer Matching of Oracle Bone Fragments." *Archaeology*, vol. 26 (1973)：176 – 181.

——. *Oracle Bones Collections in the United States* 美国所藏甲骨录. University of California Press, 1976.

Clapperton, Robert Henderson. *Paper: An Historical Account of Its Making by Hand from the Earliest Times Down to the Present Day*. Oxford：Clarendon Press, 1934.

Conrady, August 孔好古, ed. *Die Chinesischen Handschriften-und Sonstigen Kleinfunde Sven Hedins in Lou-lan*. Stockholm：Generalstabens Lithografiska Anstalt, 1920.

Cook, Constance 柯鹤立. "Auspicious Metals and Southern Spirits：An Analysis of the Chu Bronze Inscriptions." Ph. D. diss., University of California, Berkeley, 1990.

Creel, Herrlee Glessner 顾立雅. *The Birth of China: A Study of the Formative Period of Chinese Civilization*. New York：John Day, 1937.

——. "Bronze Inscriptions of the Western Zhou Dynasty as Historical Documents." *JAOS*, vol. 56 (1936)：335 – 349.

——. *Confucius: The Man and the Myth*. New York：John Day, 1949.

——. "On the Origins of the Manufacture and Decoration of Bronze in the Shang Period." *MS*, vol. 1 (1935)：39 – 69.

——. *The Origins of Statecraft of China*, vol. 1 of *The Western Chou*

Empire. Chicago: University of Chicago Press, 1970.

——. *Studies in Early Chinese Culture*, first series. Baltimore: Waverly Press, 1937.

Crump, J. L., Jr. 柯迂儒/柯润璞. *Intriques Studies of the Chan-kuo-ts'e*. Ann Arbor, Mich.: University of Michigan Press, 1964. See T. H. Tsien for review, *JAS*, vol. 24 (1965): 328 - 329.

——, trans. *Chan-kuo ts'e*. Oxford: Clarendon Press, 1970.

Deydier, Christian 戴克成. *Les Jiaguwen: essai bibliographique et synthese des etudes*. Paris: École française d'Extrême-Orient, 1976.

Dien, Albert 丁爱博, Jeffrey K. Riegel 王安国, and Nancy T. Price, trans. "A summary report on the excavation of Western Zhou bronzes from pit no. 1 at Zhuangbai in Fufeng, Shaanxi." *Chinese Archaeological Abstracts*, vol. 2 (1985): 512 - 529.

Diringer, David. *The Hand-Produced Book*. New York: Philosophical Library, 1953.

Doty, Darrel P. 杜德伦. "The Bronze Inscriptions of Ch'i: An Interpretation." Ph. D. diss., University of Washington, 1982.

Drège, Jean-Pierre 戴仁. "L'analyse fibreuse des papiers et la datation des manuscrits de Dunhuang." *JA*, vol. 174 (1986): 403 - 417.

——. *Les bibliothéques en Chine au temps des manuscrits: jusqu' au Xe siecle*. Paris: École Française d'Extrême-Orient, 1991.

——. "The Dunhuang and Central Asian Manuscripts and the History of Books." In *Chinese Studies: Papers Presented at a Colloquium at the School of Oriental and African Studies*, *University of London*, 24 - 26 *August*, 1987, edited by Frances Wood, 171 - 174. London: British Library, 1988.

——. "Notes codicologiques sur les manuscrits de Dunhuang et de Turfan." *BEFEO*, vol. 74 (1985): 485 - 504.

——. "Note sur les couleurs des papiers des manuscrits de Dunhuang." *Cahiers d'Extrême-Asie*, vol. 3 (1987): 147 - 150.

——. "Papiers de Dunhuang: essai d'analyse morphologique des manuscrits chinois ÿate." *TP*, vol. 67（1981）：305－360.

Du Halde, Jean Baptiste. *The General History of China*. 4 vols. London：
John Watts, 1736－1741.

Dubs, Homer 德效骞, trans. *The History of the Former Han Dynasty*. vols.
1－3. Baltimore：Waverly Press, 1938－1956. 又见班固《汉书》。

Duyvendak, J. J. L. 戴闻达, trans. *The Book of Lord Shang*. London：
Probsthain, 1928.

Ebrey, Patricia 伊沛霞. *The Aristocratic Families of Early Imperial China: A
Case Study of the Po-ling Ts'ui Family*. Cambridge：Cambridge University Press,
1978.

——. "Later Han Stone Inscriptions." *HJAS*, vol. 40, no. 2（1980）：325－353.

Edkins, Joseph 艾约瑟. "On the Origin of Paper Making in China." *Notes
and Queries on China and Japan*, vol. 1, no. 6（June, 1867）：67－68.

Erkes, Eduard 何可思. "The Use of Writing in Ancient China." *JAOS*, vol.
61（1941）：127－130.

*An Exhibition of Chinese Antiquities from Ch'ang-sha Lent by Cox, March 26
to May 31, 1939 under the Auspices of the Associates in Fine Arts at Yale
University*. With "A Brief Guide to the Chinese Antiquities from Ch'angsha by
John Cox." Changsha,［1939］.

Fong Wen 方闻, ed. *Great Bronze Age of China*. New York：Metropolitan
Museum of Art, 1980.

Fracasso, Riccardo. *A Technical Glossary of Jiaguology（Oracle Bone
Studies）*. Napoli：Instituto Universitario Orientale, 1988.

Fu Zhenlun 傅振伦. "Cai Jingzhong zaozhi kao" 蔡敬重造纸考（A study
of the art of paper-making by Cai Lun）. *Bulletin of the Library Association of
China*, vol. 8（1933）.

Fung Yu-lan 冯友兰. *A Short History of Chinese Philosophy*. New York：
Macmillan, 1953.

Giele, Enno 纪安诺. "Early Chinese Manuscripts：Including Addenda and
Corregenda to *New Sources of Early Chinese History*：An Introduction to the

Reading of Inscriptions and Manuscripts." *Early China*, vols. 23 − 24 (1998 − 1999): 247 − 337.

Giles, Lionel 翟林奈. "Dated Chinese Manuscripts in the Stein Collection." *BSOAS*, vol. 7 (1935): 809 − 836; vol. 8 (1936): 1 − 26; vol. 9 (1937): 1 − 25; vol. 10 (1940): 317 − 344; vol. 11 (1943): 148 − 173.

——. *Descriptive Catalogue of the Chinese Manuscripts from Tunhuang in the British Museum*. London: British Museum, 1957.

Goodrich, L. Carrington 傅路德. "Documents Issuing from the Region of Tunhuang by Henri Maspero." *BIHP*, vol. 28 (1956): 197 − 218.

——. "Paper: A Note on Its Origin." *Isis*, vol. 42, part 2, no. 128 (June 1951): 145.

——. Review of *Juyan hanjian kaoshi*. *FEQ*, vol. 13, no. 3 (1954): 350 − 352.

——. *A Short History of the Chinese People*. Rev. ed. New York: Harper & Brothers, 1951.

Goossaert, Vincent 高万桑. "Portrait Epigraphique d'un culte: Inscriptions des dynasties Jin et Yuan de temples du Pic de l'Est." *Sanjiao wenxian* 三教文献, vol. 2 (1998): 41 − 83.

Graham, A. C. 葛瑞汉. *Later Mohist Logic: Ethics and Science*. Hong Kong: Chinese University of Hong Kong and the School of Oriental and African Studies, London, 1978.

Gray, William S. *The Teaching of Reading and Writing: An International Survey*. Paris: Unesco, 1956.

Hansford, Sidney Howard 韩思复. *A Glossary of Chinese Art and Archaeology*. London: China Society, 1954.

Harper, Donald John 夏德安. "The Conception of Illness in Early Chinese Medicine, as Documented in Newly Discovered Third and Second Century B. C. Manuscripts (Part 1)." *Sudhoffs Archiv*, vol. 74 (1990): 210 − 235.

——. *Early Chinese Medical Literature: The Mawangdui Medical Manuscripts*. London and New York: Kegan Paul, 1998.

He Zhiguo 何志国 and Vivienne Lo 罗维前. "The Channels: A Preliminary

Examination of a Lacquered Figurine from the Western Han Period." *Early China*, vol. 21 (1996): 81 – 123.

Helliwell, David, trans. "The Repair and Binding of Old Chinese Books." *East Asian Library Journal*, vol. 8, no. 1 (1998): 27 – 150.

Henning, W. B. 亨宁. "The Date of the Sogdian Ancient Letters." *BSOAS*, vol. 12 (1948): 601 – 615.

Henricks, Robert G. 韩禄伯. *Lao-tzu Te-Tao Ching: A New Translation Based on the Recently Discovered Mawang-dui Texts*. New York: Ballantine Books, 1989.

Hirth, Friedrich 夏德. *China and the Roman Orient: Researches into their Ancient and Medieval Relations as Represented in Old Chinese Records*. Shanghai and Hongkong: Kelly & Walsh, 1885.

——. "Die Erfindung des Papiers in China." *TP*, vol. 1 (1890): 1 – 14.

Hoernle, A. F. Rudolph. "Who Was the Inventor of Rag-Paper?" *JRAS* (1903): 663 – 684.

Hsia Nai 夏鼐. "Arts and Crafts of 2300 Years Ago." *China Reconstructs*, vol. 1 – 2 (1954): 31 – 35.

——. "New Archeological Discoveries." *China Reconstructs*, vol. 4 (1952): 13 – 18.

Hu Pingsheng 胡平生. "Some Notes on the Organization of the Han Dynasty Bamboo Annals Found at Fuyang." Translated by Deborah Porter. *Early China*, vol. 14 (1989): 1 – 25.

Huber, H. et al. "An Interpretation of the Divinatory Inscriptions on Early Zhou Bronzes." *Early China*, vol. 6 (1980 – 1981): 95 – 115.

Hulsewé, A. F. P. 何四维. "Les insignes en deux parties (fou) sous la dynastie des T'ang (618 – 907)." *TP*, vol. 45 (1957): 1 – 50.

——. "Qin and Han Legal Manuscripts." In *NSECH*, 212 – 221.

——. *Remnants of Qin Law*. Leiden: E. J. Brill, 1985.

Hummel, Arthur W. 恒慕义. "The Development of the Book in China." *JAOS*, vol. 61 (1941): 71 – 76.

Hunter, Dard. *Paper Making: The History and Technique of an Ancient Craft*. 2nd ed. Rev. and enlarged. New York: Alfred A. Knopf, 1947.

Jones, Robert A. "Late Bronze Age Seals of Szechwan." *MS*, vol. 37 (1986 – 1987): 233 – 275.

Kalinowski, Marc 马克. "Les traites de Shuihudi et l'hémérologie chinoise a la fin des Royaumes Combattants." *TP*, vol. 72 (1986): 175 – 188.

Karlbeck, O. "Anyang Moulds." *BMFEA*, vol. 7 (1935): 39 – 60.

Karlgren, Bernhard 高本汉. "Ancient Chinese Terms for Textiles." In *Investigation of Silk from Edsen-Gol and Lop-Nor*, edited by Vivi Sylwan, 170 – 174. Stockholm, 1949.

——. "Early Chinese Mirror Inscriptions." *BMFEA*, vol. 6 (1934): 9 – 79.

——. "New Studies on Chinese Bronzes." *BMFEA*, vol. 9 (1937): 1 – 118.

——. "On the Date of the Piao Bells." *BMFEA*, vol. 6 (1934): 137 – 149.

——. "On the Script of the Zhou Dynasty." *BMFEA*, vol. 8 (1936): 157 – 181.

——. "Some Early Chinese Bronze Masters." *BMFEA*, vol. 16 (1944): 1 – 24.

——. "Yin and Chou in Chinese Bronzes." *BMFEA*, vol. 8 (1936): 9 – 156.

Kecskes, Lily 陈家仁. "Chinese Ink and Inkmaking." *Printing History*, vol. 8 (1986): 3 – 12.

Keightley, David N. 吉德炜. "Graphs, Words, and Meanings: Three Reference Works for Shang Oracle-Bone Studies, with an Excursus on the Religious Role of the Day or Sun [review article]." *JAOS*, vol. 17, no. 3 (1997): 507 – 524.

——. "Shang Oracle Bone Inscriptions." In *NSECH*, 15 – 56.

——. *Sources of Shang History: The Oracle-Bone Inscriptions of Bronze Age China*. Berkeley: University of California Press, 1978.

——. "Sources of Shang History: Two Major Oracle-Bone Collections Published in the People's Republic of China." *JAOS*, vol. 110 (1990): 39 – 59.

Kenyon, Frederick. *Ancient Books and Modern Discoveries*. Chicago: Caxton Club, 1927.

Kern, Martin 柯马丁. *The Stele Inscriptions of Ch'in Shih-huang: Text and*

Ritual in Early Chinese Imperial Representation. Winona Lake, Ind.: Eisenbrauns, 2000.

Konow, Sten 寇诺. "Note on the Inscription on the Silk-Strip No. 34: 65." In *Archeological Researches in Sinkiang*, by Folke Bergman, 231 – 234. Stockholm: Bokförlags Aktiebolaget Thule, 1945.

Kudō, Motoo 工藤元男. "The Ch'in Bamboo Strip Book of Divination (*Jih-shu*) and Ch'in Legalism." *Acta Asiatica*, vol. 58 (1990): 24 – 27.

Kuhn, Dieter. "The Silk-Workshops of the Shang Dynasty (Sixteenth-Eleventh Century B. C.)." 李国豪、张梦闻、曹天钦主编:《中国科技史探索》(Explorations in the History of Science and Technology in China), 上海: 上海古籍出版社, 1982 年, 第 367—408 页。

Kuhn, Dieter, and Helga Stahl. *Shiliao Xinbian* 史料新编 (New collections of historical documents). Wiesbaden: Forum, 1991.

Lao Gan 劳榦. "The Early Use of Tally in China." In *AC/SEC*, 91 – 98.

Latourette, Kenneth Scott 赖德烈. *The Chinese: Their History and Culture*. 3rd ed. New York: Macmillan, 1946.

Lau, D. C. 刘殿爵. *Chinese Classics: Tao Te Ching*. Hong Kong: Chinese University of Hong Kong Press, 1982.

Laufer, Berthold 劳佛. *Jade: A Study in Chinese Archeology and Religion*. Chicago: Field Museum of Natural History, 1912.

——. *Paper and Printing in Ancient China*. Chicago: Caxton Club, 1931.

——. *Sino-Iranica: Chinese Contributions to the History of Civilization in Ancient Iran*. Chicago: Field Museum of Natural History, 1919.

Le Blanc, Charles 白光华. *Le Wenzi: à la lumiere de l'histoire et de l'archéologie*. Montreal: Presses de l'Université de Montréal, 2000.

Le Comte, Louis Daniel 李明. *Memoirs and Observations*. London: Tooke, 1697.

Lefeuvre, J. A. 雷焕章. "Les inscriptions des Shang sur carapaces de tortue et sur os; aperçu historique et bibliographique de la découverte et des premieres etudes." *TP*, vol. 61 (1975): 1 – 82.

Legge, James 理雅各, trans. *The Ch'un Ts'ew with Tso Chuen*. 2 vols. London： Trübner, 1871.

———. *The Confucian Analects*. London： Trübner, 1861.

———. *The Li Ki*. Oxford： Clarendon Press, 1885.

———. *The Life and Works of Mencius*. London： Trübner, 1875.

———. *The She King*. 2 vols. London： Trübner, 1871.

———. *The Shoo King; or The Book of Historical Documents*. 2 vols. London： Trübner, 1865.

Li Chi 李济. *The Beginnings of Chinese Civilization*. Seattle： University of Washington Press, 1957.

Li Ch'iao-p'ing 李乔苹. *The Chemical Arts of Old China*. Easton, PA.： Journal of Chemical Education, 1948.

Li Feng 李峰. "Ancient Reproductions and Calligraphic Variations： Studies of Western Zhou Bronzes with Identical Inscriptions." *Early China*, vol. 22 (1997)： 1 – 41.

Li Ling 李零. "Formulaic Structure of Chu Divinatory Bamboo Slips." Translated by William G. Boltz. *Early China*, vol. 15 (1990)： 71 – 86.

Li Ling 李零 and Constance A. Cook. "Translation of the Chu Silk Manuscript." In *Defining Chu: Image and Reality in Ancient China*. Edited by Constance A. Cook and John S. Major, 171 – 176. Honolulu： University of Hawaii Press, 1999.

Li Shuhua 李书华. "The Early Development of Seals and Rubbings." *Tsing Hua Journal of Chinese Studies*, n. s., 1, no. 3 (1958)： 61 – 87.

———. *The Spread of the Art of Paper-Making and the Discoveries of Old Paper*. Taibei： Historial Museum, 1958. 中英文合订本, 1959。

Li Xueqin 李学勤. *The Wonder of Chinese Bronzes*. Beijing： Foreign Languages Press, 1980.

Liao, W. K. 廖文魁. *The Complete Works of Han Fei Tzu*. 2 vols. London： Probsthain, 1939 – 1959.

Lin Yutang 林语堂. *A History of the Press and Public Opinion in China*.

Chicago： University of Chicago Press, 1936.

Lippiello, Tiziana 李集雅. "Le pietre parlano： Il valore dell'epigrafia come fonte storica per lo studio della società Han orientale." In *Le Fonti per lo Studio della Civiltà Cinese*, edited by Maurizio Scarpari, 13 – 26. Venezia： Cafoscarina, 1995.

Liu Xiang 刘翔. "Research Review on the Silk Book Entitled *Huangdi shu* from a Han Dynasty Tomb at Mawangdui." Translated by Harold Lemke, *Chinese Studies in Philosophy*, vol. 20, no. 4 (Summer, 1989)： 72 – 90.

Loehr, Max 罗越. *Chinese Bronze Age Weapons*. Ann Arbor： University of Michigan Press, 1956.

Loewe, Michael 鲁惟一. " The Almanacs (*jih-shu*) from Shui-hu-ti： A Preliminary Survey." *Asia Major* 3rd ser. 1, no. 2 (1988)： 1 – 27.

——. "Divination by Shells, Bones and Stalks during the Han Period." *TP*, vol. 74 (1988)： 81 – 118.

——, ed. *Early Chinese Texts: A Bibliographical Guide*. Berkeley： Society for the Study and Ancient China, 1993. 中译本见李学勤等。

——. "Han Administrative Documents." In *NSECH*, 161 – 192.

——. "Han Administrative Documents： Recent Finds from the North-West." *TP*, vol. 72 (1986)： 291 – 314.

——. "Manuscripts Found Recently in China： A Preliminary Survey." *TP*, vol. 63, nos. 2 – 3 (1977)： 99 – 136.

——. " The Manuscripts from Tomb Number Three, Ma-Wang-Tui." In *PCS/LP*, 181 – 198.

——. *Records of Han Administration*. 2 vols. Cambridge： Cambridge University Press, 1967.

——. "The Study of Han Wooden Documents： Recent Developments." *TP*, vol. 79 (1993)： 154 – 159.

——. "Wooden Documents from China and Japan： Recent Finds and Their Value." *Modern Asian Studies*, vol. 40 (1980)： 159 – 162.

Loewe, Michael 鲁惟一, and Edward L. Shaughnessy 夏含夷, eds. *Cambridge*

History of Ancient China: From the Origins of Civilization to 221 *B. C.* Cambridge and New York: Cambridge University Press, 1999.

Maeder, Erik W. 梅德. "Some Observations on the Composition of the Core Chapters of the *Mozi*." *Early China*, vol. 17 (1992): 27 – 82.

Martinique, Edward. *Chinese Traditional Book-Binding: A Survey of Its Evolution and Techniques.* Asian Library Series, no. 19. Taipei: Chinese Materials Center, 1983.

Maspero, Henri 马伯乐. *Les documents chinois de la troisième expédition de Sir Aurel Stein en Asie Centrale.* London: British Museum, 1953. See Goodrich, L C., for translation of introduction.

Mattos, Gilbert L. 马几道. "Eastern Zhou Bronze Inscriptions." In *NSECH*, 85 – 124.

——, trans. "On the Method of Studying Ancient Chinese Script by Qiu Xigui." *Early China*, vol. 11 – 12 (1985 – 87): 301 – 316.

——. *The Stone Drums of Ch'in.* Nettetal: Steyler Verlag, 1988.

Mattos, Gilbert L. 马 几 道., and Jerry Norman 罗 杰 瑞, trans. *Chinese Writing*, by Qiu Xigui 裘 锡 圭. Berkeley: Society for the Study of Early China, 2000.

McCue, Floyd A. *Chinese Handmade Paper.* Newton, PA., 1986, See review by T. H. Tsien in *Fine Prints*, vol. 13, no. 3 (July, 1963): 156, 172.

Mei Yi-pao 梅 贻 宝, trans. *The Ethical and Political Works of Motse.* London: Probsthain, 1929.

Mote, Frederick W. 牟复礼. "The Oldest Book at Princeton." *Gest Oriental Journal*, vol. 1, no. 1 (1986): 34 – 44.

Nivison, David S. 倪德卫, and Edward L. Shaughnessy 夏含夷. "The Jin Hou Su Bells Inscription and Its Implications for the Chronology of Early China." *Early China*, vol. 25 (2000): 29 – 48.

Pelliot, Paul 伯希和. "Une bibliothèque mediévale retrovée au Kan-sou." *BEFEO*, vol. 8 (1908): 501 – 29.

——. "Les bronzes de la collection Eumorfopoulos publiés par M. W. P.

Yetts（Ⅰ et Ⅱ）.” *TP*, vol. 27（1930）: 359 – 406.

——. *Les débuts de l'imprimerie en Chine*. Paris: Imprimerie Nationale, 1953.

Peng Ke 彭柯. “Coinage in Classical China.” Ph. D. diss. University of Chicago, 2000.

Qiu Xigui 裘锡圭. “An Examination of Whether the Charges in Shang Oracle-Bone Inscriptions Are Questions.” *Early China*, vol. 14（1989）: 77 – 114.

Rao Zongyi 饶宗颐. “Le plus ancien manuscrit daté（471）de la Collection Pelliot chinois de Dunhuang.” *JA*, vol. 269（1981）: 109 – 118.

Rawson, Jessica. *Chinese Bronzes: Art and Ritual*. London: British Museum, 1987.

——. *Western Zhou Ritual Bronzes from the Arthur M. Sackler Collections*. 2 vols. Cambridge, Mass.: Arthur M. Sackler Museum, 1990.

Roy, David T. 芮效卫, and Tsuen-hsuin Tsien 钱存训, eds. *Ancient China: Studies in Early Civilization*. Hong Kong: Chinese University of Hong Kong Press, 1978.

Schindler, B. “Preliminary Account of the Work of Henri Maspero Concerning the Chinese Documents on Wood and Paper Discovered by Sir Aurel Stein on His Third Expedition in Central Asia.” *Asia Major*, n. s., 1（1949）: 216 – 264.

Schuessler, Axel 许思莱. *A Dictionary of Early Zhou Chinese*. Honolulu: University of Hawaii Press, 1987.

Serruys, Paul L-M. 司礼义. “Basic Problems Underlying the Process of Identification of the Chinese Graphs of Shang Oracular Inscriptions.” *BIHP*, vol. 53（1982）: 435 – 494.

——. “The Language of the Shang Oracle Inscriptions.” *TP*, vol. 60（1974）: 12 – 120.

——. “Towards a Grammar of the Language of the Shang Bone Inscriptions.” In *PCS/LP*, 313 – 364.

Shaughnessy, Edward L. 夏含夷. *Before Confucius: Studies in the Creation of the Chinese Classics*. Albany, N. Y.: State University of New York

Press, 1997.

———. *I Ching, The Classic of Changes: The First English Translation of the Newly Discovered Second Century B. C. Mawangdui Texts.* New York: Ballantine Books, 1996.

———, ed. *New Sources of Early Chinese History: An Introduction to the Reading of Inscriptions and Manuscripts.* Berkeley: Society for the Study of Early China and the Institute of East Asian Studies, University of California, 1997. See review by Enno Giele in *Early China*, vol. 23 (1998).

———. "On the Authenticity of the Bamboo Annals." *HJAS*, vol. 46 (1986): 149 – 180.

———. "Recent Approaches to Oracle-Bone Periodization: A Review." *Early China*, vol. 8 (1982 – 1983): 1 – 13.

———. "Some Observations about Milfoil Divination Based on and Zhou *Bagua* Numerical Symbols." *Early China*, vol. 7 (1981 – 1982): 46 – 55.

———. *Sources of Western Zhou History: Inscribed Bronze Vessels.* Berkeley: University of California Press, 1991.

———. "The Wangjiatai *Gui cang*: An Alternative to *Yi jing* Divination." In *Facets of Tibetan Religious Tradition and Contacts with Neighboring Cultural Areas*, edited by A. Cadonna and E. Bianchi, 95 – 126. vol. 12 of *Orientalia Venetiana*. Firenze: Leo S. Olschki Editore, 2002.

———. "Zhouyuan Oracle-Bone Inscriptions: Entering the Research Stage?" *Early China*, vol. 11 – 12 (1985 – 1987): 146 – 163.

Shim, Jae-hoon 沈嘉熏. "The *Jinhou Su Bianzhong* Inscription and Its Significance." *Early China*, vol. 22 (1997): 43 – 75.

Skosey, Laura Ann. "Lin Yun's The Xiaotun Nandi Excavation and the Periodization of the Yinxu Oracle Bones." Master's thesis, East Asian Languages and Civilizations, University of Chicago, 1987.

So, Jenny 苏芳淑. *Eastern Zhou Ritual Bronzes from the Arthur M. Sackler Collections.* Cambridge, Mass.: Arthur M. Sackler Museum, 1995.

Sommarström, Bo. *Archaeological Researches in the Edsen-Gol Region,*

Inner Mongolia, 2 Parts. Stockholm, 1956 - 1958.

Starr, Kenneth, trans. *Cheng-tzu-yai: The Black Pottery Culture Site at Lung-shan-chen in Li-chen-hsien, Shantung Province*. New Haven： Yale University Press, 1956. 又见李济：《城子崖》。

Steele, John, trans. *The Ili*; or, *Book of Etiquette and Ceremonial*. London： Probsthain, 1917.

Stein, Mark Aurel 斯坦因. *Ancient Khotan: Detailed Report of Archaeological Exploration in Chinese Turkestan*. 2 vols. Oxford： Clarendon Press, 1907.

——. "Notes on Ancient Chinese Documents Discovered along the Han Frontier Wall in the Desert of Tun-huang." *New China Review*, vol. 3 (1921)： 243 - 253.

——. *Ruins of Desert Cathay*. London： Macmillan, 1912.

——. *Serindia: Detailed Report of Explorations in Central Asia and Westernmost China*. 4 vols. Oxford： Claredon Press, 1921.

Sullivan, Michael 苏立文. "Pictorial Art and the Attitude toward Nature in Ancient China." *Bulletin of College Art Association of America*, vol. 37, no. 1 (March, 1954). Fig. 1, Silk Scroll from Changsha.

Sun, Zen I-tu 任以都 and Shiou-chuan Sun 孙守全. *T'ien-kung k'ai-wu： Chinese Technology in the Seventeenth Century*. University Park, PA.： Pennsylvania State Universtity Press, 1966.

Sylwan, Vivi. *Investigation of Silk from Edsen-Gol and Lop-Nor*. Sino-Swedish Expedition, publication no. 32. Stockholm： Goteborg Elander, 1949.

——. "Silk from the Yin Dynasty." *BMFEA*, vol. 9 (1937)： 119 - 126.

Tchang, Mathias 张璜. *Synchronismes chinois*. Shanghai： Imprimerie de la Mission catholique, 1905.

Teng Ssu-yu 邓嗣禹 and Knight Biggerstaff 毕乃德. *An Annotated Bibliography of Selected Chinese Reference Works*. Rev. ed. Cambridge： Harvard University press, 1950.

Thorp, Robert L. "The Sui Xian Tomb： Re-Thinking the Fifth Century." *Artibus Asiae*, vol. 43 (1981 - 1982)： 67 - 110.

Tsien, Tsuen-hsuin 钱存训. "Chan kuo ts'e" 战国策. In *ECT*, 1–11.

——. *China: An Annotated Bibliography of Bibliographies*, in collaboration with James K. M. Cheng. Boston: G. K. Hall, 1987.

——. "A History of Bibliographical Classification in China." *Library Quarterly*, vol. 22 (1952): 307–324.

——. *Paper and Printing*. In *Science and Civilisation in China*, edited Joseph Needham, vol. 5, part 1. Cambridge: Cambridge University Press, 1985; 3rd rev., 1987. 中译本见《纸和印刷》《造纸及印刷》。

——. "Raw Material for Old Papermaking in China." *JAOS*, vol. 93, no. 4 (Oct.–Dec., 1973): 510–519.

——. "Sealing Clays in the University of Chicago Library." *Committee on East Asian Libraries Bulletin*, vol. 83 (1988): 15–16. 中译本见钱存训:《封泥小识》。

——. "Silk as Writing Material." *Midway*, vol. 11 (1962): 92–105.

——. "Why Paper and Printing were Invented First in China and Used Later in Europe." In *Explorations in the History of Science and Technology in China*, 459–470. Shanghai: Shanghai Chinese Classics Publishing House, 1982.

——. *Written on Bamboo and Silk: The Beginnings of Chinese Books and Inscriptions*, Chicago: University of Chicago Press, 1962; 2nd rev. 2004. 中文本、日文本、韩文本见钱存训:《中国古代书史》等。

Tung Tso-pin 董作宾. *An Interpretation of the Ancient Chinese Civilization*. Taipei, 1952.

——. "Ten Examples of Early Tortoise-Shell Inscriptions." *HJAS*, vol. 11 (1948): 119–129.

van Gulik, R. H. 高罗佩. *Chinese Pictorial Art as Viewed by the Connoiseur*. Rome: Instituto Italino per il ed Estreme Oriente, 1958.

——. *Mi Fu on Ink-Stones*, Beiping: Henri Vetch, 1938.

——. "A Note on Ink Cakes." *MN*, vol. 11, no. 1 (1955–1956): 84–85.

Vanderstappen, Harrie 范德本, ed. *T. L. Yuan Bibliography of Western Writings on Chinese Art and Archaeology*. With a preface by T. H. Tsien.

London： Marshall, 1975.

Vaudescal. Le Commandant. "Les pierres gravées du Che King Chan et le Yün Kiu Sseu." *JA* (1914)： 374–459.

von Falkenhausen, Lothar 罗泰. "Issues in Western Zhou Studies： A Review Article." *Early China*, vol. 18 (1993)： 139–226.

——. *Suspended Music: Chime-Bells in the Culture of Bronze Age China.* Berkeley： University of California Press, 1993.

Wang Chi-chen 王际真. "Notes on Chinese Ink." *Metropolitan Museum Studies*, vol. 3, part 1 (1930)： 114–133.

Wang Ming-ke 王明珂. "Western Zhou Remembering and Forgetting." *Journal of East Asian Archaeology*, vol. 1, nos. 1–4 (1999)： 231–250.

Wang Yuquan 王毓铨. "Distribution at Coin Types in Ancient China." *American Numismatic Society Museum Notes*, vol. 3 (1948)： 131–151.

——. *Early Chinese Coinage*. New York： American Numismatic Society, 1951.

Watson, Burton 华兹生. *Records of the Grand Historian of China.* 2 vols. New York： Columbia University press, 1961.

Watson, William. *Ancient Chinese Bronzes*. London： Farber and Farber, 1962.

Weld, Susan 罗凤鸣. "Chu Law in Action： Legal Documents from Tomb 2 at Baoshan." In *Defining Chu: Image and Reality in Ancient China*, ed. Contance A. Cook and John S. Major. Honolulu： University of Hawaii Press, 1999.

——. "The Covenant Texts from Houma and Wenxian." In *NSECH*, 125–160.

White, William Charles 怀履光. *Bone Culture of Ancient China.* Toronto： University of Toronto Press, 1945.

——. *Bronze Culture of Ancient China*. Toronto： University of Toronto Press, 1956.

——. *Tombs of Old Lo-Yang.* Shanghai： Kelly and Walsh, 1934.

Whitfield, Susan 魏泓 and Frances Wood 吴芳思, eds. *Dunhuang and Turfan: Contents and Conservation of Ancient Documents from Central Asia.* London： British Library, 1996.

Wiborg, Frank Bestow. *Printing Ink: A History with a Treatise on Modern Methods of Manufacture and Use.* New York and London: Harper & Bros., 1926.

Wilkinson, Endymion 魏根深. *Chinese History: A Manual.* Cambridge, Mass.: Harvard-Yenching Institute, 1998; rev. ed. Cambridge, Mass.: Harvard University Press, 2000.

Williamson, Leslie. *Archaic Chinese Script and Ritual Bronzes.* Bridgewater, U. K.: Wib Yi, 1996.

Winkleman, John H., trans. "A Study of the Book Knives in Han China." *Chinese Culture*, vol. 21, no. 1 (March, 1971): 87 – 101. 又见钱存训:《汉代书刀考》。

Wu, K. T. 吴光清. "Libraries and Book Collecting in China before the Invention of Printing." *Tien Hsia Monthly*, vol. 5 (1937): 237 – 260.

Wu Shih-chang 吴世昌. "On the Marginal Notes Found in Oracle Bone Inscriptions." *TP*, vol. 43 (1954): 34 – 74.

Yang Lien-sheng 杨联陞. *Money and Credit in China: A Short History.* Cambridge, Mass.: Harvard University press, 1952.

Yates, Robin 叶山. *The Five Lost Classics: Tao, Huang-Lao, and Yin-Yang in Han China.* New York: Ballantine Books, 1997.

——. "The Mohists on Warfare: Technology, Technique, and Justification." *Journal of the American Academy of Religion*, vol. 47, no. 3 (1980): 549 – 603.

Yetts. W. Perceval 叶兹. "Bird Script on Ancient Chinese Swords." *JRAS* (1934): 547 – 552.

——. *The George Eumorfopoulos Collection Catalogue of the Chinese and Corean Bronzes, Sculpture, Jades, Jewellery, and Miscellaneous Objects.* 3 vols. London: Ernest Benn, 1929.

Zheng Zhenduo 郑振铎. "Building the New, Uncovering the Old." *China Reconstructs* (November – December, 1954): 18 – 22.

图　版

图版一　　龟腹甲卜辞（约公元前 1200 年）

右半上，自左至右："丙子卜，韦贞；我受年？"

左半上，自右至左："丙子卜，韦贞；我不其受年？"

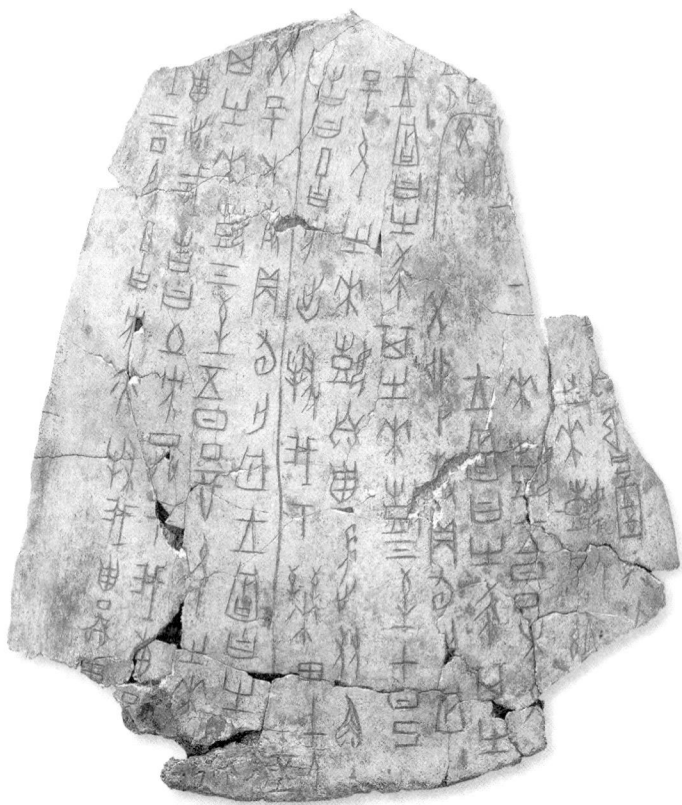

图版二　　兽骨卜辞（约公元前 1200 年）

卜旬辞三段，共 128 字，释文见正文第 67 页。

（甲）

（乙）

图版三　　兽骨记事文

（甲）虎骨刻辞（公元前1073年），释文见正文第69页。

（乙）鹿头骨刻辞（约公元前1100年）。

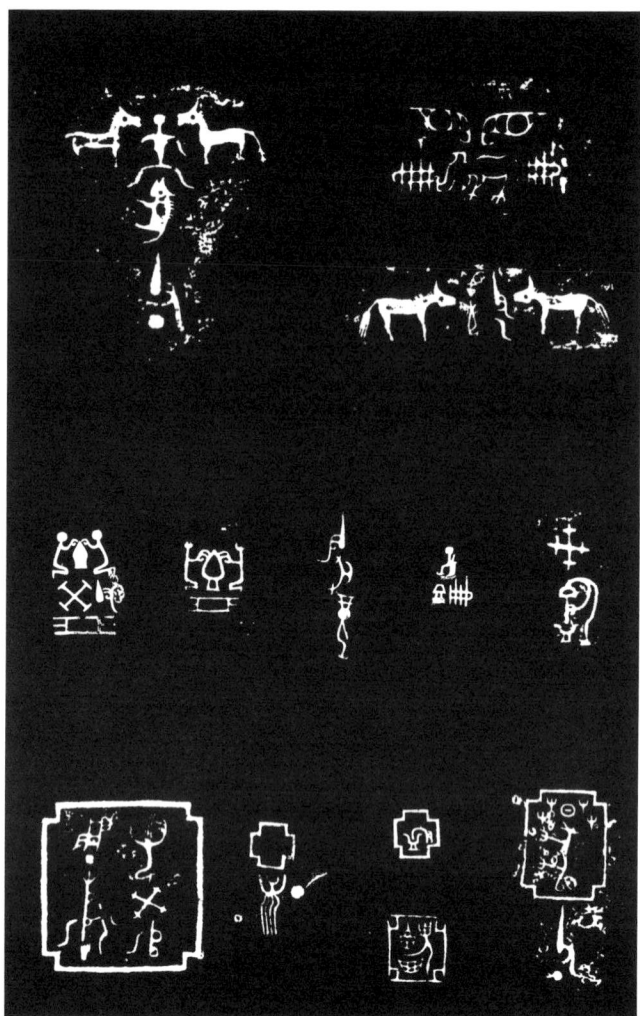

图版四　　商代金文

上，有动物的象形文字。　中，表达人类生活的文字。
下，有亚形的文字。

图版五　　周代铜器铭文

西周的周公簋（约公元前 11 世纪）铭文铸于器底，释文见第 79 页。

图版六　　铜镜铭文

东汉的铜镜，花纹精细，铭文构成一内圈，围绕正中方
形十二支名称。释文见正文第 82 页。

图版七　　古钱文字

（甲）刀币。　　（乙）（丙）布币。　　（丁）圆孔钱。

（戊）方孔钱。　　（己）郢爰。（此图版由任双伟先生提供）

（甲）

（丁）

（乙）

（丙）

（戊）

图版八　　印章及封泥文字

（甲）安阳铜印印文。　　（乙）晚周铜印及印文。

（丙）封泥及印文。　　（丁）汉代泥印。

（戊）芝加哥大学藏汉代封泥，下方为"郃阳、都水"联封。

　　　（此图版由芝加哥大学图书馆提供）

（甲）

（乙）

（丙）

图版九　　陶器及砖瓦铭文

（甲）秦陶量残片。　　（乙）汉砖铭文。

（丙）永平七年（公元64年）砖铭。

图版一〇　　瓦当文字

上，汉代瓦当全形。　下，"长乐未央"铭文拓本。

（甲）

（乙）

（丙）

图版一一　　周秦石刻

（甲）石鼓全形。　　（乙）石鼓文拓本。

（丙）山东琅邪台秦石刻拓本。

图版一二　　墓志铭及地券

（甲）铅质买地券（公元85年）。　（乙）石刻菅洛墓碑（公元291年）。

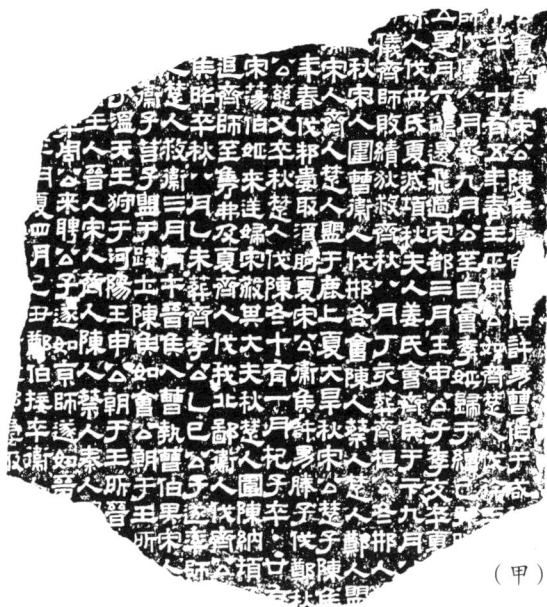

图一三　　汉魏石经

（甲）东汉石经残片《公羊传》。　　（乙）魏三体石经《春秋》。

图版一四　　佛经石刻

北京房山7000多块佛经石刻之一。自7世纪初迄11世纪末，经过500余年始完成。

人毋故而毀橋若虫及須眉 是二恙氣處之乃㿋

莽屨以紙即止矣

图版一五　　战国及秦代竹简

左，湖北云梦秦简（约公元前 3 世纪），其中有"纸"字（下图放大）。

右，湖北包山战国楚简（公元前 316 年），字迹清晰。

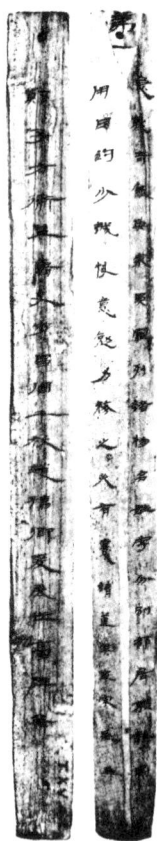

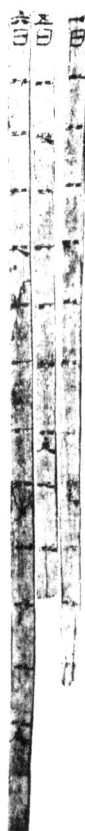
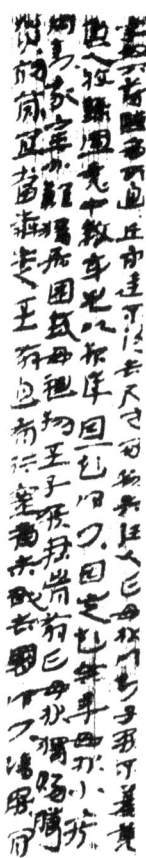

（甲） （乙） （丙） （丁）

图版一六　　汉代木牍

（甲）教学用的三面棱柱形木牍。

（乙）汉太始三年（公元前94年）木牍。

（丙）汉元康三年（公元前63年）历书。

（丁）书有四行文字的木牍。

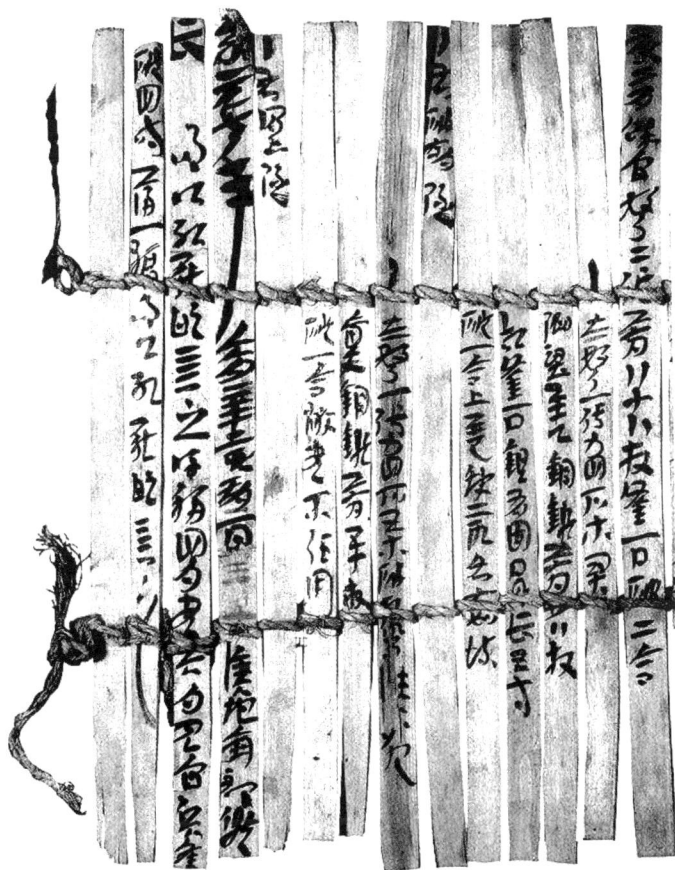

图版一七　　东汉器物册

居延出土永元五年至七年（公元 93 年至 95 年）间所写的《永元
兵物册》，即兵站检查器物清册。此册共有木简 77 枚，编以两
道书绳，全长约 122 厘米。

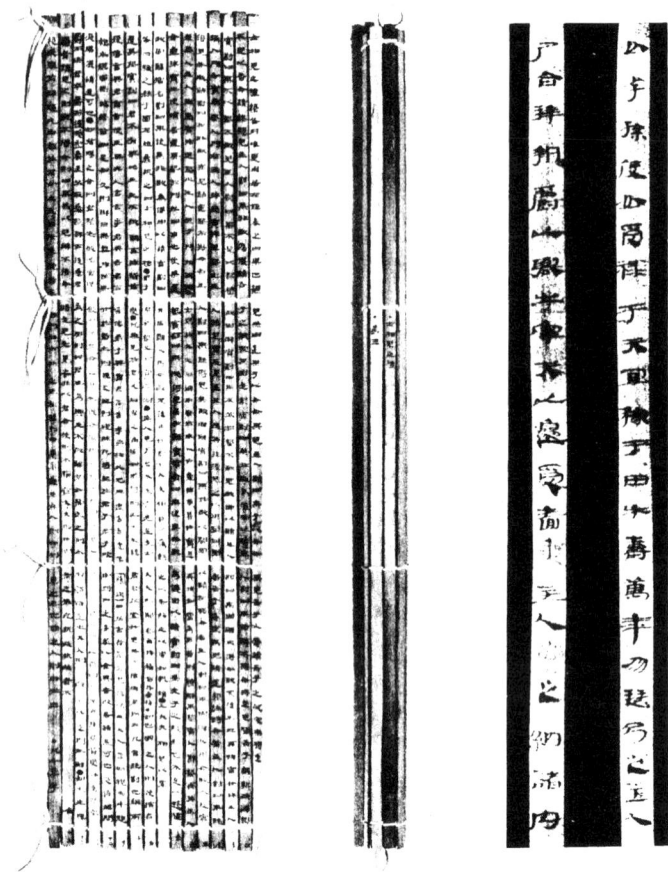

图版一八　　东汉武威长简

左，甘肃武威出土《仪礼》简。中，编绳四道，可卷成一卷。
右，长简部分。

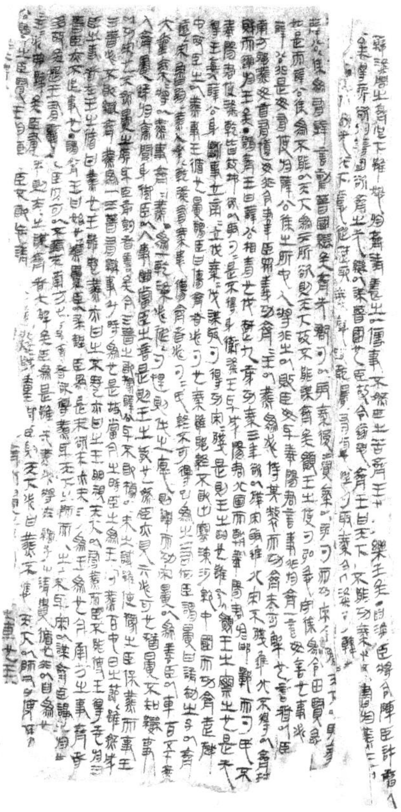

（甲） 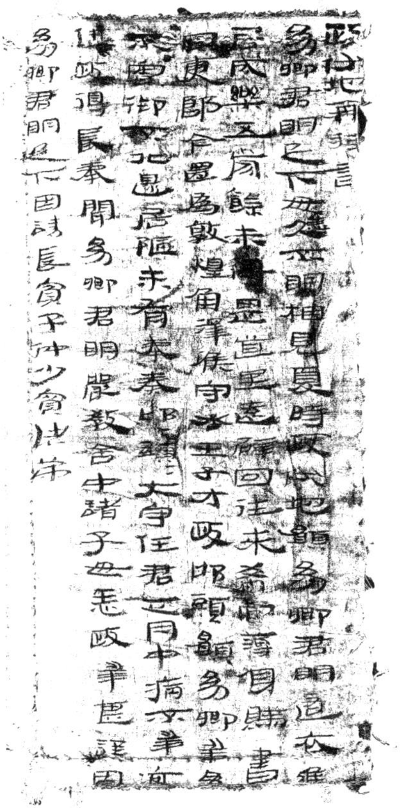　　　　　　　　　　　（乙）

图版一九　　汉代帛书

（甲）长沙马王堆出土西汉帛书《战国纵横家书》。

（乙）敦煌发现东汉帛书函柬。

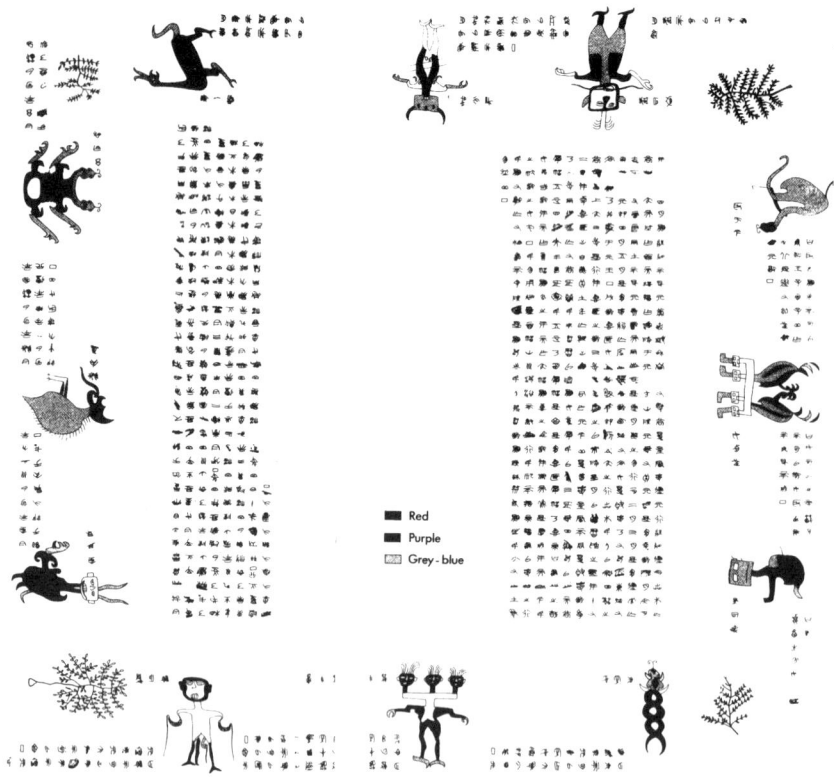

图版二〇　　战国楚缯书

长沙出土书写及绘画的战国帛书。正文两段，颠倒排列，四边为彩绘十二月神像，四角为彩色植物。此图系摹本。

（甲）

图版二一　　汉晋残纸

（甲）敦煌悬泉出土西汉有字残纸。　（乙）同地出土西晋纸文书。

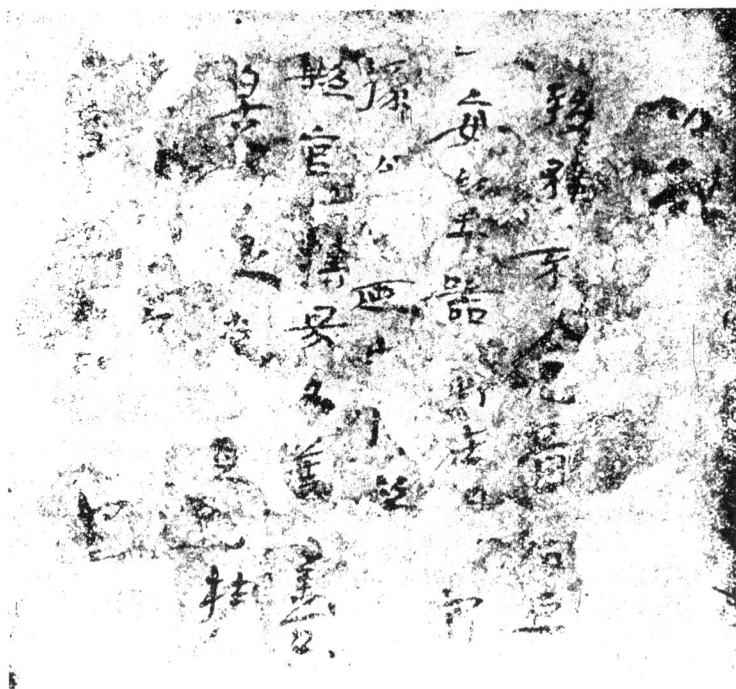

图版二二　　东汉有字残纸

居延出土，有隶书 20 余字，约与蔡伦同时。

和大怨必有餘怨安可以為善是以聖人執左契而

不責於人有德司契无德司徹天道无親常與善人

小國寡民使有什佰人之器而不　使民重死而不

遠徙唯有舟輿无所乘之雖有甲兵无所用之使

民復結繩而為之甘其服安其居樂其俗鄰

國相望雞狗之聲相聞民至老死不相往來

信言不美言不信善者不辯者不善知者不博者

不知聖人不積既為人已愈有既以與人已愈多天

下之道利而不害聖人之道為而不爭

太上玄元道德經卷終

建衡二年庚寅五月五日燉煌郡索紞寫已

图版二三　　敦煌早期写本

三国吴末帝建衡二年（公元 270 年）索紞书《道德经》卷尾。

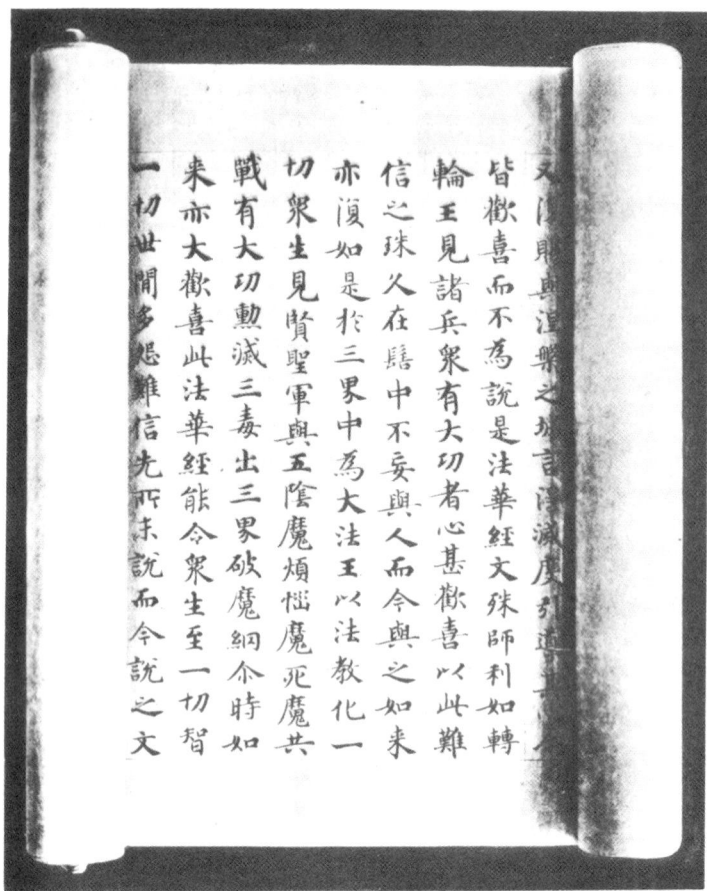

又復即與涅槃之城言眾鄙滅度引導…

皆歡喜而不為說是法華經文殊師利如轉

輪王見諸兵眾有大功者心甚歡喜以此難

信之珠久在髻中不妄與人而今與之如來

亦復如是於三界中為大法王以法教化一

切眾生見賢聖軍與五陰魔煩惱魔死魔共

戰有大功勳滅三毒出三界破魔網尒時如

來亦大歡喜此法華經能令眾生至一切智

一切世間多怨難信先所未說而今說之文

图版二四　　唐人写经纸卷

敦煌发现唐大历九年（公元774年）所写佛经纸卷。

图版二五　　唐代经折本

敦煌发现《入楞伽经疏》，计 211 页，折叠相连。

（甲）

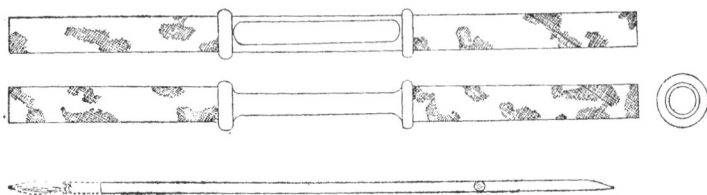

（乙）

（丙）

（丁）

图版二六　　古代毛笔

（甲）长沙出土战国毛笔及笔管。（乙）睡虎地出土秦代毛笔管及笔杆。
（丙）居延出土汉代木杆毛笔。（丁）居延附近出土之木笔管及毛笔头。

（甲）

（乙）

（丙）

图版二七　　石砚及古墨

（甲）睡虎地出土秦代石砚及研石。（乙）新疆和阗出土古墨。
（丙）河北望都汉墓壁画中"主记史"座前的三足砚、墨研及水盂。

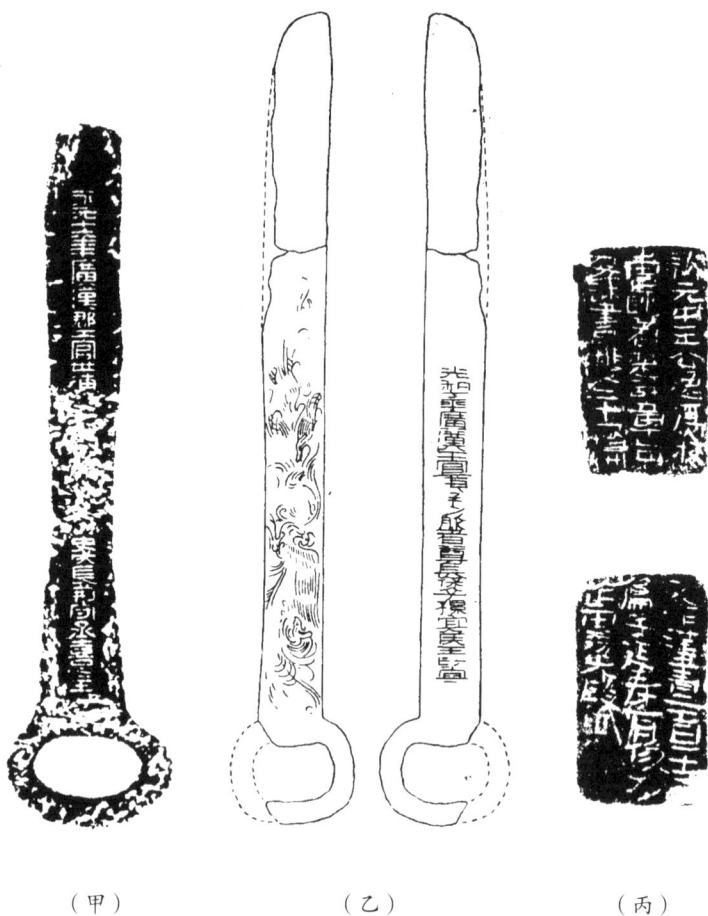

（甲）　　　　　　　（乙）　　　　　　　（丙）

图版二八　　书刀及书签

（甲）汉永元十六年（公元104年）书刀，铭文镂金。

（乙）成都出土汉光和七年（公元184年）飞凤书刀。

（丙）晋王逸牙签。